**엉터리 보수
무늬만 진보**

가짜
이념의
나라

**엉터리 보수
무늬만 진보**

가짜 이념의 나라

류순열의 우회 없는 직설

어나더북스

책을 펴내며

이념은 수단일 뿐 사람 위에 있지 않다
종교화한 이념보다 상식과 실용을 믿는다

한국은 이분법 사회다. 둘 중 하나를 강요한다. 그런 폭력을 나는 거부한다. 좌냐 우냐, 보수냐 진보냐 하는 편 가르기에 낄 생각 없다. 허깨비 같은 논쟁일 뿐이다. 실체는 진영논리, 권력다툼, 밥그릇 싸움이다.

종교화한 이념보다 상식과 실용을 믿는다. 이념은 수단일 뿐 사람 위에 있지 않다. 양극단만 아니라면 좌냐 우냐는 중요치 않다. 누가 개혁을 하고, 누가 세상을 바꾸고, 누가 시민 삶을 개선하느냐. 그 길이 때론 우파적일 수도 때론 좌파적일 수도 있다. 정치의 최종 결과물은 이념이 아니라 정책이다. 보수도 진보도 오염됐다. 보수 가치를 짓밟는 보수, 기득권에 빨대 꽂은 진보가 다 무슨 소용인가. 엉터리 보수, 무늬만 진보의 이념전쟁은 백해무익하다. 기득권 정치의 밥그릇 싸움 이상도 이하도 아니다.

애초 이념전쟁은 기만이다. 비장하게 내건 약속 지키지도 않는다. 하이에크의 자유시장주의를 신봉한 정치인들이 실제론 어떤 정책을 폈던가. 역설적이게도 케인스 방식을 충실히 따랐다. 신자유주의 시대를 연 로널드 레이건은 "우리 호주머니에 간섭하지 않는 정부를 만들자."라며 하이에크적 구호로 집권하더니 정작 정부지출을 마구 늘리는 강력한 케인스적 정책을 폈다.

이명박, 박근혜 정부도 시장 자유를 외쳤지만 행동은 달랐다. 시장에 간섭했고 기업에 손 벌리며 정경유착의 구태를 답습했다. 그 맥을 잇는 윤석열 정권도 다르지 않다. 자유를 외치면서 자유를 억압하는 모순을 보란듯이 시전 중이다. 조순은 타계 2년 전 필자와의 인터뷰에서 "보수는 처음부터 실패했다. 보수가 없었다."라고 했다. 보수가 나라의 중심을 잡는 법인데, 그런 일을 하는 진짜 보수가 없었다는 말이었다.

이미 기득권이 되어 버린 진보도 문제다. 촛불혁명 덕에 집권한 문재인 정권은 무능한 데다 기만적이기까지 했다. 부동산 정책이 대표적이다. 다주택자에게 온갖 혜택을 몰아줘 투기천국, 주거지옥을 만들었다. 독재정권에 맞서 싸우며 민주화에 기여했으나 이젠 기득권을 깔고 앉아 입으로만 개혁을 외치는 정치세력. 홍세화는 이들을 '민주건달'로 칭하며 "한국에 진보는 없다."라고 했다.

이분법 사회에서 경계에 서는 건 외로운 일이다. 양쪽에서 공격받는다. 문재인 정권의 정책무능과 내로남불을 비판했더니 귓가에 "국힘 도와줄 일 있느냐."라는 비난이 날아와 꽂혔다. 윤석열 정권의 무능과 오만, 퇴행 역시 비판 대상인데, 그 길목에서 좌파 운운 빛바랜 색깔론이 이빨을 드러내고 으르렁댄다.

숙명이라고 생각한다. 진영논리에 갇히는 순간 언론인으로선 끝이다. 기댈 곳은 상식과 실용뿐이다. 극단으로 치우치지 않는 상식과 실용이 균형을 잡아갈 것이다. 노무현의 명언처럼 '역사는 더디다. 그러나 진보한다.'고 믿는다. 나의 글이 그 더딘 역사 발전에 한 줌 거름으로 쓰인다면 더 바랄 것 없는 영광이겠다.

어느덧 칼럼 쓴 세월이 십수 년이다. 쉬워질 법도 한데 전혀 그렇지 않다. 매번 막막하다. 언제까지 세상을 향해 거친 말들을 쏟아내야 하는가. 해법은 절필뿐일 듯하다. 어서 펜을 놓고 싶다. 세상이 빨리 순조로워지면 좋겠다. 펜을 놓는 그날까지 지향점은 분명하다. 둘 중 어느 쪽이냐가 아니라 다양성이 인정되는 사회, 보수와 진보가 제 모습을 되찾고 함께 가는 세상이다.

과분한 추천사로 필자에게 힘과 용기를 주신 경제석학 박승,

정치인 유승민 두 분에게 가슴 깊이 감사의 말씀을 드린다. 내 글의 진정성을 알아봐 주고 출판을 제안한 권무혁 대표에게도 감사드린다. 변함없이 나를 응원해 준 아내 오미영과 날카로운 비평을 아끼지 않던 지음회 친구들에게도 감사의 말씀을 전한다.

특히 내 글의 애독자로 때론 낯선 비판, 때론 뜨거운 지지로 게으른 나를 채찍질해준 나의 영원한 베프 윤의영과 나를 주제로 노래까지 지어준 절친 유용창에게 무한감사를 표한다. 끝으로 나의 열렬한 지지자이자 영원한 동지 정영원의 건강 회복을 기원한다.

2023년 12월 초순 여의도 사무실에서
류순열

p.s 나의 글은 대중적이다. 쉽고 간결하다. 어려운 말, 복잡한 문장 따윈 없다. 되도록 쉬운 말을 썼고, 긴 문장은 끊었다. 군더더기는 쳐냈다. 리듬감 있게 단숨에 읽히면서 메시지가 분명한 글. 필자가 생각하는 좋은 글쓰기다. 대중적 글쓰기를 원하는 이들에게 도움이 되길 바란다.

책 사용법 책이 제법 두껍다. 겁먹을 필요 없다. 책 전체를 관통하는 일관된 가치는 있지만 각개 글들은 독립적이다. 잡히는 대로 펼쳐 읽어도 된다. 그러다 졸음이 밀려오면 베개로 쓰시라.

추천의 글 1

시장경제를 존중해야 하지만
사회적 불평등 방치해서는 안 돼

박승(중앙대 명예교수, 전 한국은행 총재)

저자 류순열과 나는 그가 세계일보 기자 때부터 서로 잘 아는 사이로 지내왔습니다. 그는 여러 차례 나와의 인터뷰를 기사화하였고 중요한 경제 이슈가 있을 때면 자주 내 의견을 물어 기사를 썼습니다. 그는 경제정책이 특정 이념이나 이해관계에 편향되지 않고 실용주의로 가야 하고 시장경제를 존중해야 하지만 깊어지고 있는 사회적 불평등과 사회적 불의를 방치해서는 안 된다는 생각을 늘 나와 공유했습니다.

대표적인 사례가 부동산 문제였습니다. 지나친 집값 상승은 당장 집 소유자의 부(富)를 늘려 소유자는 좋아하겠지만 집을 마련해야 하는 집 없는 사람들과 후세들의 희생으로 이루어지는 것입니다. 그런데 우리나라는 1945년 해방 이래 부동산이 개인의 대표적인 투자수단이 되어 지금까지도 부동산 중심국으로 남아 있습니다, 이런 나라는 경제가 성장해도 국민 생활이 풍요해지지 않는 이른바 고소득 저생활국으로 가게 되는 것입니다. 지난 50년 동안 물가가 30배 올랐는데 집값은 3천 배나 올랐습니다. 그래서 부동산이 이재 수단으로서 투기 대상이 되지 않도록 부동산 보유과세를 선진국 수준으로 강화해야 한다는 점을 나는 늘 강조해 왔습니다. 여기에 적극 공감한 류순열 기자는 이러한 나의 생각을 여러 번 기사화하였고 UPI뉴스 편집인으로 있었던 2021년 7월에는 그러한 정책 방향에 대해 인터뷰 기사로 내보낸 일도 있습니다.

류순열 기자는 그가 서문에서 밝힌 것처럼 탈이념 실용주의자입니다. 그리고 그는 사회정의에 확고한 소신을 가진 사람입니다. 기득권에 저항하고 빈부격차와 사회적 부정을 용납하지 않는 개혁지향적인 대기자입니다. 그래서 그의 글은 현실적응력이 있고 가슴에 와 닿는 맛이 있습니다.

그동안 써온 글을 모아 이번에 책을 낸다고 합니다. 큰 흐름에서 볼 때 우리 경제는 그 동안의 상승 국면에서 하강 국면에 들어서고 있습니다. 경제성장 활력이 갈수록 침체되고 있어 얼마 전까지 세계 10위였던 우리나라 경제력 순위가 이제 해마다 밀려나는 추세에 있습니다. 경제활력을 되살리는 데 우리 모두 지혜를 모아야 할 때입니다. 차제에 기자로서 예리한 통찰력과 풍부한 현장경험을 가진 저자의 직설적인 지적이 좋은 길잡이가 되리라 생각합니다.

추천의 글 2

정의의 프리즘으로 세상을 바라보며
현실의 정치, 경제, 사회, 역사 헤집어

유승민(전 국회의원)

글을 접하면 그 사람이 보입니다. 기자 류순열의 글이 그렇습니다. 류순열의 글에는 적당히 봐주는 게 없습니다. 겉 다르고 속 다른 이중성도 없습니다. 가난한 자들의 아픔, 억울한 자들의 분노, 서민을 속이고 등쳐먹고 사는 권력 엘리트들의 위선과 반칙…. 보수와 진보를 가리지 않고 류순열의 펜은 약자에 대한 사랑과 강자에 대한 채찍을 있는 그대로 그려냅니다.

류순열이 평생 마음에 지니고 살아왔던 것은 무엇일까요? 그것은 정의라고 저는 느낍니다. 정의는 공공선의 으뜸입니다. 정의는 평등한 자유, 공정, 인간의 존엄, 인권과 법치 같은 소중한 가치들 중에서도 으뜸 가는 가치입니다. 류순열이 정의라는 자신의 프리즘으로 세상을 바라보며 현실의 정치, 경제, 사회,

역사를 헤집어보면서 만들어낸 것이 이 책에 실린 글들입니다.

세계일보 정치부 기자였던 류순열을 만난 이후 제법 많은 세월이 흘렀습니다. 이명박, 박근혜 정권 때는 여당이라 류순열의 글에 부끄러웠던 적이 많았습니다. IMF 위기 직후 다니던 직장에 사표를 던지고 김대중, 노무현 정권을 앞장서서 비판하면서 보수가 집권하면 분명 더 잘할 거라고 다졌던 각오와 기대가 막상 집권하고 와르르 무너지는 데에는 긴 시간이 필요하지 않았습니다. 그래서 류순열의 글에 저는 더 부끄러웠던 것 같습니다.

그러나 류순열의 글에서 용기를 얻었던 순간들도 있었음을 고백합니다. 국회 대표연설에서 '진영을 넘어 미래를 위한 합의의 정치'를 하자고 호소하면서 '증세 없는 복지는 허구'라는 상식을 말했다가 보수 진영에서 공공의 적으로 취급받았을 때 류순열의 칼럼 하나가 저에게 따뜻한 힘을 선사했습니다.

극단으로 갈려 싸우는 양 진영 모두가 멀리하는 기자가 훌륭한 기자입니다. 류순열이 그런 기자입니다. 그의 글 하나하나에서 여러분은 자칭 보수, 진보라는 사람들의 위선과 민낯을 만나게 됩니다. 하나의 글을 읽을 때마다 우리 정치가 얼마나 부패하고 타락했는지, 폭정을 막기 위해 우리 정치를 왜 뜯어고쳐야 하는지 실감하실 겁니다. 막스 베버가 말한 정치인의 신념윤리와 책임윤리가 왜 중요한지 류순열의 글들 하나하나가 일깨워줍니다.

'민주건달'에 대한 류순열의 비판은 문재인 정권의 부동산 정책이 얼마나 사기였는지를 질타할 때 절정에 이릅니다. 그런데 류순열은 똑같은 예리함으로 지금 살아있는 윤석열 권력의 자유가 도대체 누구의 자유인지를 질타하고 있습니다. 그 질타는 홍범도 장군 흉상 이전 사건에 이르러 우리 역사를 거슬러 올라 친일을 청산하지 못한 보수 권력 엘리트들을 향합니다.

기자는 글을 쓰는 사람입니다. 사실과 진실에 대해 글을 씁니다. 그런데 기자가 어느 날 아침 국회의원이 되고 대통령실 대변인이 되어도 조금도 놀랍지 않은 세상입니다. 이 혼탁한 세상에서 기자 류순열은 딸각발이 같은 존재입니다. 서문에서 저자는 절필을 얘기합니다만 저는 이렇게 말하고 싶습니다. "그 뜨거운 가슴과 차가운 머리로 계속 쓰는 것이 당신의 소명입니다."

차례

책을 펴내며
이념은 수단일 뿐 사람 위에 있지 않다
종교화한 이념보다 상식과 실용을 믿는다 ——— 4

추천의 글 1 | 박승
시장경제를 존중해야 하지만
사회적 불평등 방치해서는 안 돼 ——— 8

추천의 글 2 | 유승민
정의의 프리즘으로 세상을 바라보며
현실의 정치, 경제, 사회, 역사 헤집어 ——— 11

1장 | 미완의 역사 청산, 내일의 범죄에 용기를 주다 ——— 19

홍범도 논란에 어른거리는 친일파 그림자 21 | 가해자, 피해자 뒤바뀐 한일관계 27 | 벚꽃 선물에 담긴 일본인의 속내는 무엇이었나 31 | A국장은 어쩌다 '아베'가 되었나 36 | "아직 알 수 없다."…후쿠시마 오염수에 대한 과학적 태도 39 | 백선엽도 박원순도 반성 없이 떠났다 43 | 일본 전범은 어떻게 한국전쟁에 참전하게 되었나 48 | 백선엽이 이순신, 홍범도와 같다고? 52 | 전두환 할아버지 업보 떠안고 혹독하게 대가 치르는 손자 56 | 식민지근대화론은 불편한 허구 59

2장 | 보수는 죽었다. 애초 없었다 ——————— 69

대한민국은 정의로운가 71 | 훌륭한 지도자는 역사를 바꾸고 저열한 권력자는 역사책을 바꾼다 75 | 조국, 나경원, 황교안의 공통점 79 | 대한민국 리더십의 이중잣대 83 | 보수 정치인 유승민의 꿈 87 | '낡은 기득권' 품에 안긴 안철수의 새정치 90 | 유시민의 빽바지, 류호정의 원피스 94 | '자칭 보수'의 실력 97 | 신뢰를 무너뜨린 죄 101 | 지지율 5.6% 허경영은 왜 여론조사에서 빼나? 고독한 '허의 전쟁' 105

3장 | 윤석열 정권의 자유·상식·공정 ——————— 109

윤석열 대통령의 자유는 누구를 위한 것인가 111 | 그렇다면 '매국 방송' MBC를 고소하라 115 | 입으론 '언론자유' 손발은 '재갈 물리기'… 윤석열의 이중성 119 | 운전면허 없는 윤석열 대통령의 국정운영 123 | 검찰권력 확장이 윤석열의 법치인가 126 | 윤석열 대통령의 가짜 공정, 가짜 정의의 끝은 어디인가 129 | "정순신, 대한민국에 살 자격 없다."…이재오의 이유 있는 분노 132 | 마광수 잡아 가둔 검찰, 윤재순은 수사 안 하나 136 | 당당함 사라지고 지지율 추락하는 윤석열 대통령 139 | 윤석열 정부 '부자감세'가 연출하는 '대국민 사기극' 142

4장 | 촛불혁명 배신한 문재인 정권 ——————— 147

민주당이 친서민 정당이라는 거대한 착각 149 | 지역정당으로 퇴보… '노무현 유산' 탕진한 민주당 153 | 민주당, '깻잎 한 장' 차 패배에 집착하나 156 | 선거 참패하고도 민심 못 읽는 문재인 정권 159 | 참 공허했던 100분…끝내 사과는 없었다 163 | 쇄신은 건너뛰고…민주당, 또 반사이익 기대하나 167 | 인사가 망사(亡事)가 된 문재인 정부 171 | 추미애더러 누가 부모 자식 연 끊으라 했나 175 | 금태섭 징계는 위헌이다 179 | 이재명 살린 비명계 징계하겠다는 친명들 182

5장 | 가짜 이념에 질식된 상식과 실용 — 187

반지하 서민에게 정부는 너무 멀고, 야박했다 189 | 문재인에 속고 윤석열에 꽂힌 '이대남' 193 | 정신 못 차린 민주, 내로남불 국힘, 가슴 치는 국민 197 | 노태우의 개혁, 문재인의 반개혁 200 | 신분 사칭, 반칙이지만 후회하지 않는다 204 | 국가부채 폭탄? 나라가 거덜나기라도 했나 207 | 비정상이 정상화(?)하는 대한민국 211 | 탐욕 보고서 215 | 숫자에 가려진 민생 220 | 이은재의 혈서와 보수의 품격 224

6장 | 신자유주의라는 허구 — 227

살아 있는 '브룩슬리 본'의 경고 229 | 뻔한 거짓말, '증세 없는 복지' 233 | 평균의 함정 237 | 비트코인의 사회학 241 | 규제를 위한 변명 245 | 버블 터진 뒤 반성문 쓰려는가 249 | '양치기'의 침묵 253 | 재앙의 씨앗, 화장발 경제 257 | 배신당한 건 민생이다 261 | 황교안의 '민부론' vs 애덤 스미스의 '국부론' 265

7장 | 미래세대 등치는 부동산공화국 — 275

'빌라왕' 만든 '나쁜 정책' 되살린 윤석열 정부 277 | 부동산 개혁가 김헌동의 고독한 전쟁 280 | 사는 집 말고 팔라면서 투기 부추긴 문재인 정권 285 | 가계부채 해법, 주택정책에 달렸다 289 | 집값 떠받치는 가계부채 대책 293 | 문재인 정부 부동산 정책은 사기(詐欺)다 297 | '경제는 심리'라는데… 301 | 망국적인 '미친 집값', 남 탓하는 문재인 정권 305 | 집 부자 세금 깎아주겠다는 이재명의 '자기모순' 310 | 무풍지대, 재벌 저택…루소가 본 대한민국 313

8장 | 사람과 사람…의미 없는 삶은 없다 ─────────── 317

"처음부터 보수는 실패했다."-삶의 끝자락까지 시대 흐름 놓치지 않는 경제학자 조순 319 | 가난을 어떻게 해결할 것인가?-학창시절부터 거대담론 품은 경제석학 박승 330 | "복지가 좌파정책? 세계 어디서도 들어본 적 없는 얘기."-좌우 넘나드는 책사 김종인 341 | "한민족 정체 밝혀내 미래 열겠다!"-역사학자로 변신한 금융경제위기 대책반장 김석동 351 | 원망 삭인 280일 수의생활, 태아처럼 다시 태어나다-누명 벗고 새 삶 도전하는 김광수 전 금융정보분석원장 362 | 설계 잘못된 한국 사회 '리셋' 하고 싶다-정치권 뛰어든 주진형 전 한화증권 사장 372 | 시위대 맨 앞줄의 서울 법대생, 경제 파수꾼 되다-허창언 금융보안원장 381 | 노인환자의 인간다움 지키려 권력 갑질과 싸우다-김옥희 참예원의료재단 행정원장 389 | 25년째 빨간펜 들고 매일 언어 수술하는 구순의 국어학자-이수열 솔애울 국어순화연구소장 399 | 성에 능동적인 여성 그렸다는 이유로 공권력에 짓밟히다-비운의 문인 마광수 교수 407

9장 | 기자의 시선, 1,000자 칼럼 ─────────── 413

박근혜 vs 이재오 415 | 장준하 417 | 유시민, 이정희 419 | 萬事兄通 이상득 421 | 정치자금 423 | 진보의 가치 425 | 일본 제국주의 427 | 아리랑 429 | 신용카드 431 | 아파트 재건축 433 | 전세(傳貰) 435 | 렌트푸어 437 | 프로젝트 파이낸싱 439 | 배당인가 증여인가 441 | 최후의 결제수단, 금 443 | 피의사실공표죄 445 | 비정규직과 성상납 447 | 4대강 vs 가뭄 449 | 샌드위치와 폭탄주 451 | 복권의 경제학 453 | 잡년 행진(Slut Walk) 455 | 범털 457 | 선행학습 459 | 아마존의 눈물 461

1장

미완의 역사 청산, 내일의 범죄에 용기를 주다

01 홍범도 논란에 어른거리는 친일파 그림자

2023. 09. 20.

소련 공산당 가입을 문제삼는 무지하고 비열한 색깔론

1~3공화국 파워엘리트 435명 전수조사, 45%가 친일 이력

한국 현대사는 모순의 역사다. 해방이 되고도 일제강점기의 갈등과 모순이 해소되지 않았다. 침략자에 빌붙어 일신의 영달을 꾀한 민족반역자들은 죗값을 치르지 않았다. 단죄되기는커녕 권력 중심부로 돌아와 다시 권력을 잡았다. 그 결과 대한민국은 친일하면 삼대가 흥하고 독립운동하면 삼대가 망한다는 속설이 입증돼 버린 '역설의 나라'로 전락했다. 불의가 득세하고 정의가 패배하는 사회가 된 것이다. 목숨 바쳐 일제에 저항했던 독립지사들이 지하에서 통곡할 일이다.

작금 '갑툭튀' 홍범도 장군 흉상 이전 논란도 결국 이런 잘못된 흐름에서 삐져나온 파열음이다. 역사 청산이 말끔하고 명쾌하게 되었더라면 해방 80년이 다 된 지금 이런 어처구니없는 논란이 벌어지진 않았을 것이다. 홍범도 장군은 1868년생이다. 대한제국이 을사늑약(1905)으로 외교권을 빼앗기고 일제 식민지로 전락했을 때 38세였다. 이후 전설적인 봉오동 전투와 청산리 전투(1920)를 치를 때가 53세였다. 76세(1943년)로 삶을 마감할 때까지 조국은 여전히 일제 식민지였다.

윤석열 정권은 홍범도의 사상을 문제 삼는다. 소련 공산당 입당(1927)이 문제라는 건데, 나라를 잃은 그 시절 공산주의는 독립운동의 방략이었다. 소련과 미국이 손잡고 일제와 싸우던 시대이기도 하다. 홍범도 말고도 숱한 독립운동가들이 소련 공산당에, 중국 공산당에, 심지어 일본 공산당에도 입당했다. 이유는 단 하나였다. 조국 독립을 위해 싸울 수 있고, 그렇게 해야 조금이라도 조국 해방을 앞당길 수 있다고 생각했기 때문이다 (윤상원 전북대 사학과 교수, 2017년 논문 〈홍범도의 러시아 적군 활동과 자유시사변〉).

이런 시대 상황을 거세하고 마치 홍범도란 인물이 대한민국의 국익과 정체성에 반하는 인물인 양 매도하는 것은 무지하고 비열한 색깔론일 뿐이다. 오죽하면 조선일보조차 사설을 통해 "100여 년 전 공산주의 이념을 가졌다고 해서 곧바로 대한민국의 적이 될 수는 없다. 대한민국 정부가 있지도 않았고 홍범도는 정부가 수립되기 전 사망했다. 당연히 대한민국을 적대한 사실도 없다."라면서 개탄(8월 31일 자 사설 '지금 홍범도 흉상 갖고 논란 벌일 때는 아니지 않은가')했겠나.

친일인사 득세, 역사 왜곡하는 가짜뉴스까지

이런 푸대접과 모욕은 홍 장군이 처음이 아니다. 해방된 조국에서 독립지사들은 찬밥 신세였다. 의열단 출신 김승곤 전 광복회장은 생전(2006년) 필자와의 인터뷰에서 "고국 돌아와 보니 친일파가 활개쳐 독립운동했다는 말도 못 꺼냈다."라고 했다. 김 전 회장은 당시 서울 둔촌동 보훈병원 병상에서 힘겹고 쓸쓸한 말년을 보내고 있었다. 해방된 조국에서 항일독립운동가들은 우리 사회의 중심에서 밀려나고 반민족 친일세력이 다시 부와 권력을 쥐는 흐름이 이어졌다. 필자는 2006년 '1~3공화국 파워엘리트 해방 전 이력 대해부'를 통해 이런 흐름을 구체적으로 확인했다. 한국언론재단 재정지원을 받아 민족문제연구소와 손잡고 벌인 기획이었다.

해방 후 20년간 나라 기틀을 다진 1~3공화국의 입법·사법·행정,군·경 파워엘리트 435명(연인원)의 이력을 전수 조사했다. 해방 전후 기록물 십여 종과 관련 서적들을 뒤졌다. 옛 만주국이 자리했던 중국 창춘(長春), 옌지(延吉), 룽징(龍井), 안투(安圖)를 돌며 그들의 행적을 추적했다. 두 달에 걸쳐 취재와 분석을 이어갔다. 그 결과 1~3공화국 파워엘리트 435명(직함 기준) 가운데 45.1%인 196명이 일제 집행 또는 협력 기관에 몸담았던 이력이 처음으로 확인됐다. 이에 비해 일제에 저항 경력이 있는 이들은 10명 중 1.2명에 불과했다.

치욕의 역사를 명명백백하게 정리해야 하는 이유

시간이 갈수록 항일인사들이 권력의 중심에서 밀려나는 흐름도 확인할 수 있었다. 1공화국에선 20% 정도 되던 항일인사 비율이 3공화국에서 3.4%로 줄어들었다. 박정희, 정일권, 백선엽 등 일제 식민지 전쟁에 자발적으로 참여한 만주 군맥 10인의 해방 전 행적과 해방 후 서로 도우며 권력을 잡아가는 흐름도 구체적 증언과 사료를 통해 확인할 수 있었다. 왜곡된 기록들, 즉 '가짜뉴스' 그것도 역사를 왜곡하는 심각한 기사도 다수 찾아냈다. 정일권 등은 1987년 펴낸 『만주국군지』에서 자신들을 "일제 탄압하에서 독립정신과 민족의식을 함양하며 무예를 연마한 사람들."로 소개했다. 날조된 이력은 일찍이 광복군(1967년), 창군전사(1980년), 육사졸업생(1984년) 등을 통해 수정되지 않고 확대·재생산되었음을 확인했다. 박정희 전 대통령이 육군본부가 펴낸 창군전사에 여전히 비밀광복군으로 기록돼 도서관에 비치된 사실도 처음으로 확인했다.

취재부터 보도까지 쉬운 일이 아니었다. 돈과 권력을 쥔 친일파 후예들이 미화·은폐·왜곡한 역사를 바로잡는 일이었다. 친일파들은 해방 후에도 개과천선은커녕 반민특위를 무너뜨리고, 독재와 부패 끝에 5·16과 10월유신을 불러들인 자들 아니던가. 친일역사 청산은 힘센 기득권과의 전쟁이었다. 특히 박정희 신화가 큰 걸림돌이었다. 일체의 비판도 용납하지 않겠다는 강고한 프레임이었다. "과거를 캐려는 거 보니 빨갱이."라는 색깔론 공세가 이어졌다. 그러나 한국에서 가장 영향력 있는 인물 박정희는 그 자체로 역사다. 산업화의 공이 크지만 일제에 협력한 과도 엄연하다. 과가 있다고 공을 송두리째 부정할 수 없듯 공이 있다고 과를 모두 덮을 수도 없는 일이다. 과는 과대로 비판받고 공은 공대로 평가받아야 후세가 역사에서 교훈을 얻을 것이다. 그래야 역사가 전진한다.

 친일역사는 청산되어야 한다. 그 왜곡된 역사를 바로잡지 못한 채 또다시 국난이 맞는다면 어느 누가 주저 없이 대의를 품고 공동체를 위해 헌신할 것인가. 이 시대의 안중근, 윤봉길, 이육사는 망설이고 숱한 기회주의자들이 추호의 망설임 없이 이광수, 최남선, 서정주의 길을 갈 것이다. 모두 치욕의 역사를 바로잡지 못한 결과다. 과연 '어제의 범죄를 벌하지 않는 것은 내일의 범죄에 용기를 주는 일'(알베르 카뮈)이었다. 아무리 늦더라도 끝내 치욕의 역사를 명명백백하게 정리해야 하는 이유다.

 친일문제연구의 선구자 임종국 선생은 "역사는 꾸며서도 과장해서도 안 되며 진실만을 밝혀서 혼의 양식으로 삼아야 한다."라고 말씀했다. 임 선생의 말씀처럼 민족의 제단 앞에서 허물 있는 자는 허물을 벗어 도약의 제수로 바쳐야 한다. 그래야 후세들이 역사에서 교훈을 얻어, 정의로운 사회에서 자긍심을 갖고, 대한민국의 미래를 만들어갈 수 있을 것이다.

02 | 가해자, 피해자 뒤바뀐 한일관계

2023. 03. 22.

피해자 한국이 사정하고 가해자 일본이 베푸는 상황?
강제동원 없었다는 일본, 외교 지렛대 스스로 놓는 한국 정부

"일본은 이미 수십 차례 반성과 사과를 표했다."라는 윤석열 대통령의 말은 틀렸다. 반성과 사과는 되돌릴 수 없는 것이어야 한다. 어제 사과해놓고 오늘 부정한다면 그게 무슨 반성이고 사과인가. 한일관계는 이 수준을 벗어나지 못하고 있다. '미래를 위한 결단'이었다는 이번 한일정상회담은 이런 답보상태를 재확인하는 계기였을 뿐이다. 이런 과거사의 매듭을 풀지 않고 양국의 새로운 미래가 열릴 거라고 기대한다면 그건 환상이다.

당장 일본의 태도가 말해준다. 윤 대통령의 구애만 화끈했다.

강제징용피해 해법으로 대법원 판결까지 뒤집고 제3자배상이라는 선물 보따리를 안겼다. 보수진영에서도 위헌이라는 비판이 나올 만큼 파격적 구애였는데도 일본의 태도는 냉정했다. 외무상 하야시 요시마사는 "강제동원은 없었다."라며 찬물을 끼얹고 기시다 후미오 총리는 '조선반도 출신 노동자 문제'라는 표현을 고집했다. 역시 강제동원은 없었다는 얘기다.

현찰을 주고 어음을 받은 모양새만이 문제가 아니다. 그보다 가해자와 피해자가 뒤바뀐 듯한 형국이 진짜 문제다. 피해자가 사정하고 가해자가 베푸는 듯한 상황을 왜 피해자 스스로 만든단 말인가. 그런 게 미래를 위한 결단이라는 건 가당찮다. 개인이든 국가든 가해자의 반성과 사과는 새로운 미래의 대전제다. 그 과거사의 매듭이 풀리지 않는 한 한일관계는 미래로 나아갈 수 없다. 미래로 가다가도 과거로 돌아가는 도돌이표 구간을 무한 반복할 뿐이다.

역류는 이미 시작된 듯하다. NHK 등 일부 일본 언론보도에 따르면 기시다 총리는 고작 오므라이스를 대접하면서 '위안부 문제 합의 이행'과 '후쿠시마 수산물 수입'을 요구하고, '다케시마'(독도)에 대한 입장을 전달했다는 것 아닌가.

이번 정상회담의 의제도 아니거니와 더욱이 영토주권의 문제 등 하나같이 민감하기 짝이 없는 이슈를 밥 먹다 불쑥 테이블에 올리는 그 오만과 무례, 자신감은 어디서 솟구쳐나온 것인가. 한국이 외교 지렛대를 스스로 놓아버리니 막 질러도 된다고 생각한 것인가.

귀를 의심할 정도로 몰역사적이고 망국적인 발언

박진 외무장관은 "한국 정부를 믿나, 일본 언론을 믿나."라며 큰소리쳤지만 그의 국회 답변을 쫓다 보면 일본 언론 보도가 사실일 가능성이 커 보인다. "기시다 총리의 언급은 있었던 거 아니냐?"라는 물음에 "확인해보니 그런 얘기 없었다."라는 똑 부러진 답변은 끝내 하지 못했다. "구체적 말씀을 드리기는 적절치 않다."라거나 "정식 의제로 다뤄진 적 없다."만을 반복할 뿐이었다. 만찬장에 배석하지도 않았으면서 "제 기억엔 없다."라거나 "그런 얘기 나올 분위기는 아니었다고 생각한다."라는 '뇌피셜'로 대응하기도 했다.

이쯤 되면 총체적으로 이해불가다. 이럴 거면서 왜 그렇게 화끈했나. 왜 그렇게 조급했나. 그러다 보니 "천공 스승이 남쪽의 귀인에게 잘하라고 했나 보다."라는 얘기까지 회자한다. 우스갯소리만은 아닌 것 같다. 놀랍게도 천공이 일본에 대해 참으로 놀라운 발언을 한 사실이 드러났다. "사회를 이끌고 나갈 사람들은 일본에게 참 고마운 생각을 해야 해요. 우리가 힘이 없을 때 일본이 힘이 돼주고 도움을 받은 적은 있어도 일본한테 당한 사람이 없다. 일본한테 고마운 생각을 해야 하는 것이다.

참 고마운 마음, 미안한 마음."

이게 다 무슨 소린가. 듣는 귀를 의심할 정도로 몰역사적이고 망국적인 발언이다. 정말 이런 정신 나간 가르침을 충실히 따르는 '천공 장학생'인 것인가. 그렇다면 이건 의심의 여지없이 주술정치이고 주술외교다. 사실이라면 정말 큰일이다.

03 벚꽃 선물에 담긴 일본인의 속내는 무엇이었나

2023. 03. 28.

대륙 집어삼키던 시절의 상징물을 복원하려는 의도?
일본의 이중성, 손에는 아름다운 국화 허리에는 차가운 칼

벚꽃의 계절이다. 비로소 다시 봄을 느끼고 즐긴다. 사람이 만든 게 아니다. 자연의 선물일 뿐이다. 그런데 불편한 진실이 있다. 우리가 즐기는 이 땅의 벚꽃은 우리 꽃이 아니다. 국회 뒷길 벚꽃도, 진해의 벚꽃도 모두 일본산이다. 시민단체 '왕벚프로젝트2050'의 조사로 확인됐다. 작년과 올해 국회 뒷길과 진해 벚꽃을 전수조사했더니 거의 모두 일본산 '소메이요시노'더라는 것이다.

알고 보면 이상할 것 없다. 당연한 얘기다. 애초 이 땅의 벚꽃은 일제가 심었다. 일본령을 알리는 침략의 징표로 방방곡곡 꽂혔다. 그 시절 벚꽃은 일본 제국주의 군대와 함께 행진했다. 군인들은 천황을 위해 사쿠라 꽃잎처럼 스러졌다. 일본 군국주의자들은 벚꽃을 침략전쟁의 수단으로 활용했다. 해방 후 거리의 벚나무들이 잘려나간 이유다. 이 땅의 벚꽃 역사는 그렇게 단절됐다. 그런데 1960년대 중반 이후 부활했다. 일본 기업인, 언론인들이 대거 묘목 기증에 나섰다. 배로, 비행기로 묘목을 실어날랐다고 한다. 필자는 관련 사료를 발굴해 10년 전 『벚꽃의 비밀』이란 책을 썼다. 일본산 벚꽃이 무슨 잘못이겠나. 자연엔 죄가 없다. 문제는 저들의 의도다. 미래 친선의 선물인가, 식민지배의 추억인가. 대륙을 집어삼키던 그 시절 상징물을 복원하려는 의도는 없었나. 과거사를 부정하며 우경화한 일본을 보면 그 순수성을 믿기 어렵다.

　일본인은 속마음을 잘 드러내지 않는 걸로 유명하다. 감정의 표출을 수치로 여기는 정서가 있다고 한다. 그래서 '혼네'(本音·본심)와 '다테마에'(建前·겉모습)가 다르다. 미국 인류학자 루스 베네딕트는 저서 『국화와 칼』(1946년)에서 이 같은 일본인의 이중성을 날카롭게 해부했다. 베네딕트의 눈에 포착된 일본인은 손에는 아름다운 국화를 들고 있지만 허리에는 차가운 칼을 차고 있다. 속으로는 칼을 품고 있으면서(혼네) 겉으로는 국화를 쥔(다테마에) 이중적 모습이다. 게다가 정교하다. 꽃조차 가공할 전쟁 무기로 활용한 이들이다. 이번 한일정상회담에서도 그 정교한 실력을 유감없이 발휘한 듯하다. 왜 게이오 대학이고 왜 오 므라이스였나. 게이오대는 일본 근대화의 아버지 후쿠자와 유키치가 1858년 설립한 학교다. 그의 탈아론(脫亞論)은 일본 제국주의 침략전쟁을 정당화하는 이론으로 이어졌다. 이토 히로부미가 제자다.

벚꽃에 쌓인 역사의 먼지, 우리 꽃 왕벚꽃으로 털어내자

윤석열 대통령은 왜 하필 그런 대학에서 설상가상 조선 멸시론자 오카쿠라 덴신을 인용해 연설한 것인가. 오카쿠라 덴신은 『일본의 각성 日本の覺醒』이란 책에서 "조선 반도는 선사시대 동안 우리의 식민지였을 것."이라고 주장한 침략론자다. "일본은 정치적으로도 경제적, 군사적으로도 조선을 소유물로 할 수밖에 없는데, 그것은 조선이 원래 일본의 영토였기 때문."이라는 게 그의 주장이다. 오므라이스는 또 어떤가. 강제징용된 중국인, 조선인 노동자 부부가 먹고살기 위해 만든 음식(역사학자 배기성 주장)이라는데 왜 또 하필 그런 음식이었나.

이 모든 게 우연인가. 역사의 미세한 조각까지 기막히게 활용하는 일본의 정교함이 느껴진다. 벚꽃엔 죄가 없다. 꽃마저 전쟁범죄 수단으로 활용한, 추악한 인간사가 문제일 따름이다. 그러고도 반성과 사과는 없다. 했다고만 할 뿐 뒤집고 부정하는 게 지금 한일관계 현주소다. 이 땅의 벚꽃엔 그래서 역사의 먼지가 그대로다. '왕벚프로젝트 2050'은 이런 역사적 맥락에서 출범했다. 2050년까지 거리의 벚꽃을 우리 꽃 왕벚으로 바꿔나가자는 시민운동이다. 이들은 창립선언서에서 "벚꽃에 쌓인 역사의 먼지, 우리 꽃 왕벚꽃으로 털어내자."라고 외쳤다.

사단법인 왕벚프로젝트2050 창립선언서

벚꽃에 쌓인 역사의 먼지, 우리 꽃 왕벚꽃으로 털어내자

벚꽃은 특별하다. 단순한 자연이 아니다. 문화이고 역사다. 한국인에게 벚꽃은 그런 꽃이다. 한국의 봄은 벚꽃 세상이다. 벚꽃 만발한 국토는 눈부시다. 대한민국 시민들은 그 아래서 봄을 만끽한다. 축제를 즐긴다. 그러나 불편한 진실이 있다. 벚꽃엔 역사의 먼지가 쌓여 있다. 한국의 벚꽃은 일제강점기에 심겼다. 단지 아름다워서가 아니다. 조선을 강탈한 일본 제국주의의 상징으로 방방곡곡 꽂혔다. 일본 군사정권은 벚꽃을 그렇게 악용했다. 식민지 영토에 심어 일본 제국령을 알렸다. 전쟁 참여를 독려하는 수단으로 활용했다. "천황을 위해 사쿠라 꽃잎처럼 지라."며 젊은 생명들을 죽음으로 내몰았다.

일제 패망 후 그 많던 벚꽃이 자취를 감췄다. 거리의 벚나무가 베어져 나갔다. 조선 대중의 분풀이 대상이 된 것이다. 그런데 부활했다. 1960년대 들어서다. 영향력 있는 일본인, 일본 기업과 단체가 재일교포와 함께 대거 묘목 기증에 나섰다. 묘목은 배로, 비행기로 대한

해협을 건너왔다. 진해의 벚꽃이 부활했고 국회 벚꽃길도 그렇게 조성됐다. 미래를 위한 친선인가, 식민지배의 향수인가. 수상하게도 묘목 기증이 시작되던 1960년대는 일본에서 신우익의 등장과 함께 과거 회귀 움직임이 가속화하던 시기다.

벚꽃은 죄가 없다. 오직 벚꽃에 투영된 인간사 부조리가 문제일 따름이다. 일본은 여전히 벚꽃을 추악한 과거사에 묶어두고 있다. 위안부 추모비 철거를 요구하면서 벚나무 기증을 조건으로 제시한다. 벚꽃으로 반인륜 범죄를 덮으려는 꼴이다. 저들이 반성하고 바로잡기를 마냥 기다릴 수만은 없다. 이제 우리가 바로잡아야 한다. 한국인 스스로 추악한 인간사에 포획된 벚꽃을 놓아주어야 한다. 그 눈부신 자태를 오염시킨 역사의 먼지를 털어내야 한다.

벚꽃이 일본의 나라꽃이라고 하지만 애초 벚꽃에 국적이 따로 있을 수 없다. 벚꽃은 북반구 아열대·온대지방에 분포하는 자연일 뿐이다. 종류도 200가지가 넘는다. 우리 땅에도 벚꽃은 있다. 왕벚꽃의 원산지가 제주, 해남이다. 여기서부터 시작해야 한다. 방방곡곡 심긴 벚꽃을 하나하나 우리 꽃 왕벚꽃으로 바꿔나가자. 역사의 먼지를 털어내고 당당하게 우리 꽃을 즐기자. 왕벚꽃을 널리 알리고 보급하는 일. 벚꽃을 해방시키는 첫걸음이다.

04 | A국장은 어쩌다 '아베'가 되었나

2019. 05. 03.

일제강점기에 경제발전의 기틀이 마련됐다?
독재 미화·일제 찬양의 DNA가 생존하는 이유

  A국장은 엘리트다. 국내 최고 대학을 나왔다. 미국 유명 대학에서 박사 학위도 받았다. 경제 분야 공공기관에서 승승장구했다. 그에게 최근 특이한 별명이 붙었다. '○○○아베'다. 직원들의 블라인드앱에서 그는 이렇게 불린다. "일제강점기에 경제발전의 기틀이 마련됐다.", "정신대는 자발적으로 돈 벌러 간 거다." 등등. 공공연한 그의 발언이 오명을 불렀다. 이뿐 아니다. "전두환 대통령이 아니었으면 나는 이 자리에 없다." 전씨 집권 당시 정책 수혜자임을 자처하며 그 시절을 미화한다.

  결국 그의 언행이 파열음을 냈다. "전두환이 무슨 짓을 했는지 알고도 그런 말을 하는가." 회식 자리에서 한 간부는 소리쳤다. 분이 풀리지 않은 이 인사는 사무실에서 화분을 바닥에 집어던지기까지 했다. A국장의 주장이 새삼스러울 것은 없다. 그런 이들이 어디 한둘인가. 독재의 효율성을 찬양하고 식민지 근대화론을 주장하는 목소리는 해방 이후 끈질기게 그 DNA를 유지하며 번식했다. 정상은 아니다. 역사 청산을 하지 못한 후유증이다. 해방 후 반민특위가 성공했다면, 학살책임자 전씨가 죗값을 치렀다면 그런 기회주의 DNA는 생명력을 잃었을 것이다.

친일 세력을 등에 업은 이승만 정권이 반민특위를 강제 해산하고, 내란수괴죄로 사형 선고까지 받은 전 씨가 특별사면으로 풀려나 반성 없는 노후를 즐기는 부조리한 역사. 독재 미화·일제 찬양의 DNA가 생존하는 이유다. "민주주의 사회에서 생각은 자유 아니냐."라고 말하는 이도 있다. 이 또한 역사의 비극이다. 민주주의를 망가뜨린 범죄를 민주주의의 이름으로 용인할 수도 있다니, 참으로 궤변이다. 전체주의와 독재의 상흔이 깊은 독일에선 어림없는 일이다. 나치 찬양은 물론이고 나치식 인사, 나치 표식(하켄크로이츠) 소유조차 금한다. 어기면 형사처벌(형법 86조)된다. 잘못된 역사를 확실히 단죄하고 반성한 결과다.

양민학살 책임자를 미화하고 일제 침략을 찬양하는 공직자

　반인륜 역사범죄를 민주주의의 다양성으로 품을 수는 없다. 하물며 공직자가 양민학살 책임자를 미화하고 일제 침략을 찬양하는 건 경악스럽고 위험한 일이다. A국장 논리대로라면 히틀러 집권 시절이 참 좋았다고 할 것이다. 1차대전 배상 책임에 짓눌려 피폐해진 독일 경제를 전쟁으로 다시 팽팽 돌렸으니까. A국장은 조선의 자원 수탈을 위해, 대륙 침략을 위해 일제가 깔아놓은 철도가 그렇게 고마운 것일까. 일제 침탈로 조선 백성의 소득과 부, 의무와 권리의 분배가 왜곡됐든 말든.

　A국장만은 아니다. 과연 공적 가치를 생각이나 하는지 의심케 하는 공직자는 도처에 있다. 수 년 전 어느 교육부 인사는 "민중은 개, 돼지."라고 했다. 세월호 참사 당시 한 여성 공무원은 "TV에서 예능을 안 해 재미없다."라고 했다던가. 그들은 모두 고시 출신, 이 사회의 엘리트로 불린다.

05 | "아직 알 수 없다."… 후쿠시마 오염수에 대한 과학적 태도

2023. 08. 24.

윤석열 정권은 과학의 이름으로 안전성 주장하지만
"이제 시작, 안전성 아직 알 수 없다."라는 과학자 많아

마침내 일은 벌어지고야 말았다. 후쿠시마 원전 오염수 방류가 25일 시작됐다. 끝을 알 수 없는, 길고 긴 여정이다. 약 30년간의 방류라니 그 세월만 해도 까마득한데, 그걸로 끝인지도 알 수 없다. 오염수는 지금 이 순간도 계속 생기고 있다. 빗물, 지하수가 흘러들면서 하루에 100여 톤씩 생겨난다. '깨진 독에 물붓기' 우려가 나오는 이유다. 애초 일본 정부가 예상한 방류 기간은 7.5년이었다. 이게 고무줄처럼 약 30년으로 늘었다. 여기서 더 늘지 않을 것이라고 누가 장담할 수 있나.

일본 언론이 앞장서 의문을 제기하는 터다. 일본 원자력 정책

관계자는 "사고 원전의 폐로(해체)가 30~40년 만에 끝날 것이라고 아무도 생각하지 않는다."(닛폰TV 인터뷰)라고 말했다. 마이니치신문은 아예 "2051년 폐로 완료라는 목표는 이미 파탄났다."라고 단언했다. 안전하기만 하다면야 방류 기간이 무슨 문제겠나. 그런데 과연 안전한가. 윤석열 정권은 과학의 이름으로 안전성을 주장한다. 혈세로 만든 후쿠시마 오염수 안전 홍보영상엔 과학자들이 여럿 등장해 "안전하다."라고 말한다.

"커피 한 잔, 우유 한 잔, 계란 하나에도 다 방사성 물질이 들어 있다. 건강에 문제가 생길 거란 우려는 전혀 하지 않아도 된다."(정용훈 카이스트 원자력공학과 교수)라고 얘기한다. 또한 "지리적 관점으로는 (한국은) 후쿠시마와 1,000킬로미터 거리인데, 해양학적으로는 2만 킬로다. 물이 돌려면 4~5년 걸린다."(강도형 한국해양과학기술원장)라며 안심시킨다. 이들의 말이 맞을지 모른다. 그러나 틀릴 수도 있다. 이들처럼 안전하다고 외치는 과학자도 있지만 위험하다고 경고하는 과학자들도 있고, 안전성 여부를 알 수 없다고 말하는 과학자는 더 많다.

일본 정부 대변하느라 용쓰지 말고 국민 불안 직시해야

그러니 과학의 이름으로 안전성을 주장하는 건 성급하고 섣부르다. 사고 원전의 오염수 방류는 일찍이 인류가 겪어본 적 없는 초유의 사태다. 과학적으로 안전하다고 말할 만큼 관련

연구가 돼 있을 리 만무하다. 일본이 내놓는 데이터를 믿기 어렵다는 과학자들도 적잖다. 수십 년 이어질 오염수 방류가 막 시작된 지금 아직은 알 수 없다고 말하는 게 진정 과학적 태도가 아닐까.

오염수의 위험성은 마땅히 주시하고, 연구하고, 경계할 대상이지 괴담으로 몰 일이 아니다. 다핵종제거설비, 이른바 알프스(ALPS)가 거르지 못하는 삼중수소의 위험성에 대한 연구는 걸음마 단계라고 한다. 체내에서 유기적으로 결합하면 몸 안에 머무는 시간이 길어져 피폭 위험을 배제할 수 없다고 하는 과학자도 있다. 또 사람만의 일인가. 해양생물에 미칠 영향도 결코 가벼운 문제일 수 없다. 오염수에서 살아가야 할 플랑크톤, 새우, 물고기들은 안전할까. 그들이 안전하지 않다면 결국 사람도 안전할 수 없다. 자연은 먹이사슬로 연결돼 있다. 사람도 자연의 일부다.

이제라도 정부가 눈을 돌렸으면 좋겠다. 일본 정부 대변하느라 용쓰지 말고, 국민 불안을 직시하기 바란다. 국민 열 중 여덟이 오염수 방류를 반대한다. 그럼에도 괴담몰이 할 거라면 2~3년 전을 돌아보기 바란다. 국민의힘 김기현 대표는 2020년 의원 시절 국정감사에서 "삼중수소, 트리튬이 남아 있고 이것은 각종 암을 유발한다고 알고 있다."라며 위험성을 주장했다. 주호영 전 국힘 대표 권한대행은 2021년 의원총회에서 "일본 따위에게 오염수 방출을 합리화하고 정당화할 수 있는 어떤 빌미도 우리가 먼저 제공해선 안 될 것."이라고 했다. 그런 게 괴담이라면, 정작 괴담은 누가 먼저 퍼트린 것인가.

06. 백선엽도 박원순도 반성 없이 떠났다

2020. 07. 16.

반민족행위자 백선엽의 악행, 박원순의 충격적 모순
과오를 대하는 두 사람과 진영의 태도는 얼마나 다른가

백선엽과 박원순. 두 사람을 비교하게 될 줄 몰랐다. 한 시대를 풍미한 거물이라는 점 빼고 둘에게 공통점은 없다. 6·25 전쟁영웅, 인권변호사·시민운동가 출신 서울시장. 두 삶의 궤적에서 교집합을 찾기란 불가능하다. 같은 시대를 산다고 같은 세상인 것은 아니다.

두 사람은 최근 하루 차이로 세상을 떴다. 박 시장은 지난 9일 예순넷 나이에 스스로 삶을 마감했고, 백 장군은 10일 백세를 일기로 자연사했다. 마지막 시간의 일치 외엔 삶의 모든 것이 달랐던 두 인사가 똑같이 첨예한 논란을 일으키며 우리 사회를 갈라놓은 게 우연일까. 두 삶의 공과를 저울질해보자는 게 아니니다. 비교하기엔 너무 다른 삶이다. 거꾸로 공통점을 찾아보려 한다. 과오를 대하는 두 사람, 두 진영의 태도는 과연 얼마나 다를까.

장군 백선엽의 삶은 명암이 극명하다. 6·25 전쟁영웅으로 추앙받지만 해방 전엔 친일반민족행위자였다. "조선 독립군은 조선인의 손으로 잡는다."라는 목표로 일제가 만든 조선인 부대, 간도특설대(1938~45)에서 활동했다. 목적이 뚜렷했던 이 특전부대는 일본군보다도 더 지독하다는 소문이 자자할 정도로 만주 일대에서 악명을 떨쳤다. 43년 부임 이후 그의 행적이 구체적으로 드러난 것은 없지만 그의 활동 시기에도 악행 기록은 이어졌다.

"놈들은 녀자는 만나는 족족 강간하고 좋은 물건은 닥치는 대로 빼앗았다."『중국조선민족발자취 총서』1944년 5월의 기록이다. "태어났을 때 이미 조선이란 나라는 없었다."라고? 구차하고 비겁한 변명이다. 그가 자발적으로 일제 침략전쟁에 참여할 때 동년배 청년 김준엽(전 고려대총장·1920~2011)은 학도병으로 강제 징집됐다가 목숨 걸고 탈영해 육천 리 대장정 끝에 광복군이 됐다.

그의 해방 전 이력을 '쉴드치는' 언설이 쏟아지지만 무슨 논리를 갖다 대도 그가 일제 침략전쟁에 자발적으로 참여한 반민족행위자였다는 사실은 변하지 않는다. 스스로 "동포에게 총을 겨눈 것이 사실이고 비판을 받더라도 어쩔 수 없다."(1993년 일본서 출간한 『간도특설대의 비밀』)라고 고백하지 않았나.

진보정치인 박원순의 삶도 충격적 모순으로 막을 내렸다. 인권변호사로 시민운동가로 민주화, 성평등, 인권 신장에 기여했으나 삶의 끝자락에선 그 가치의 믿음을 배신하고 말았다. 2004년 어느 일요일 오후 종로의 불 꺼진 사무실. 그는 등산복 차림으로 스탠드등 하나에 의존해 서류 더미와 씨름하고 있었다. 인터뷰를 요청했더니 일요일 그것도 등산을 마치고 오후 4시에 하자는 희한한 사람, 일밖에 모르는 듯한 워커홀릭. 그랬던 시민운동가(참여연대 사무총장)가 서울시장이 되고 정치권력이 몸에 배니 초심을 잃은 것일까. 인권운동을 상징하는 인물의 성범죄는 한 시대를 무너뜨린 무참한 배신이다.

반성 없는 과오가 시대의 발목을 잡고 있다

과오의 경중을 따지는 건 부질없다. 주목해야 하는 건 두 거물이 세상을 뜨면서 야기한 혼란이다. 진영으로 갈려 내 편의 공적은 부풀리고 과오는 덮는다. 자칭 보수의 우격다짐은 새삼스럽지도 않은데 자칭 진보의 모습도 다를 게 없다. 민주화운동 경력이 벼슬이고 권력인지, 박 시장 조문을 반대하는 젊은 정치인들을 꾸짖는 '꼰대짓'이나 하고 있지 않은가.

혼란의 이유는 의외로 간단하다. 과오를 반성하지 않고 떠났기 때문이다. "골치 아프게 왜 옛날 일 갖고⋯."(2006년 통화)라며 인터뷰를 피하지 않았다면, "잘못된 선택이었다."라고 한마디만 했다면, 유서에 "나의 일탈로 고통받은 이에게 사과한다."라고 한 줄만 더 썼다면 세상은 많이 달라졌을 것이다. 그들은 끝내 용기 내지 못하고 비겁하게 떠났다. 대신 남은 자들이 비싼 대가를 치르고 있다.

그들이 파놓은 '시대의 함정'에서 서로 삿대질하고 침 튀기며 악다구니 쓰고 있다. 누구는 그들의 죽음에 한 시대가 간다고 했지만 나는 그렇게 생각하지 않는다. 우린 여전히 '좌우가 충돌하는 해방공간'에서 '진보꼰대의 내로남불 시대'에서 꼼짝 못하고 있다. '반성 없는 과오'가 끝없이 논란을 충동질하며 시대의 발목을 잡고 있는 탓이다.

과가 있다고 공을 송두리째 부정할 수 없듯 공으로 과를 모조리 덮을 수도 없다. 역사는 신화가 아니다. 다음 시대로 나아가려면 진영논리를 벗어던지고 역사 앞에서 쿨해져야 한다. 18세기 프랑스 사상가 장 자크 루소(1712~78)의 참회록 한 구절부터 깊이 새길 일이다.

언젠가 최후 심판의 나팔 소리가 울려 나오더라도 나는 이 책 한 권을 가지고 심판관인 신 앞에 나아가서 큰소리로 말하리라. 나는 이렇게 행했다고, 나는 이렇게 생각했다고, 나는 이렇게 살았다고. 선악을 가리지 않고 모두 말하리라. 어떠한 잘못도 감추지 않고 어떠한 선행도 과장하지 않고.

루소는 참회록에서 자기 삶의 치부를 몽땅 고백했다.

07 | 일본 전범은 어떻게 한국전쟁에 참전하게 되었나

2020. 06. 24.

일본인 수천 명, 국적 지우고 한국인 이름으로 참전!
우리에겐 비극인 전쟁, 미국과 일본 전범에겐 기회였나

일본은 전범국이다. 식민지 전쟁으로 인류에게 막대한 고통을 준 범죄국가다. 1945년 패망 후 전쟁할 수 없는 나라가 된 이유다. 그래서 일본이 지난 70여 년간 전쟁을 하지 않았을까. 아니다. 경악스럽게도 그들은 패망 후 곧 전쟁에 뛰어들었다. 놀랍게도 6·25 한국전쟁에 그것도 일제 전범들이 참전했다. 이 모든 걸 공식 확인할 수는 없다. 일본인은 전원 국적을 지우고 한국인 이름을 썼다고 한다. 공식 문건이 아니라 기사와 사료들로 확인되는 사실이다. "8,000명으로 이뤄진 유령 부대가 한국 전선에서 싸우고 있다. 그들은 일본에서 건너간 재일 조선인

지원부대다." 1952년 9월 29일 미국 CBS 도쿄지국장 조지 허먼은 이렇게 보도했다.

다음날 재일 한국 대표부 발표 내용은 다르다. "민단계 재일 한국인이 지원해 참전한 건 사실이지만 그 수는 625명에 불과하다." 625명을 뺀 나머지 7,375명은 누구인가. "적어도 일본인 7,375명이 한국전쟁에 참전했다는 사실을 본의 아니게 증명하고 말았다."(류 고이치『현대 한국의 역사』) 일본인 참전 사실을 확인해주는 기사도 있다. 아사히 신문은 1952년 11월 19일 미국과 함께 한국 전선에 참가해 전사한 시게하루 군에 대해 보도했다.

이들은 어떻게 한국전쟁에 참여하게 되었을까. GHQ(General Headquarter· 연합국 최고사령관 총사령부)의 필요에 의한 것이었다. GHQ는 전후 일본에 주둔하면서 점령 통치 전체를 지휘한 조직으로, 더글러스 맥아더 원수가 최고사령관이었다. 패망 후 일본은 6년간 GHQ의 지배를 받았다. 인천상륙작전(1950년 9월 15일)도 일본 전범들에 의존했다. 한국 지형이나 해역의 수심 등에 대해 일본군만큼 풍부한 자료를 갖고 있는 조직이 없었다. GHQ 별관인 유센 빌딩 내 '역사 지리과'엔 수많은 전직 일본 군인 상급 장교가 참여하고 있었다. 핫토리 사쿠시 대령도 그 중 하나. 그는 태평양 전쟁을 주도한 A급 전범 도조 히데키(東條英機)의 비서관이었다.

"일본 경제가 한국전쟁으로 횡재(windfall)를 했다."

이렇듯 맥아더 사령부는 일제 전범 유산을 아낌없이 활용했다. 우익 전범들을 처단하다가 멈추고 1949년 중국 공산화 등 아시아의 공산화 물결을 저지하기 위해 전범들을 다시 불러들였다. 이로써 일제 전범들은 면죄부를 받고 화려하게 부활했다. 한국에서 친일파들이 부활한 배경도 마찬가지다. 맥아더 사령부는 생체실험으로 악명 높은 만주 세균전 부대(731부대)를 이끈 이시이 시로 중장도 비호했다. 소련이 그를 전범으로 지목해 재판에 세우려 했으나 그를 끝까지 감쌌다.

우리에게 6·25 전쟁은 참혹한 비극이다. 수많은 이들이 비참하게, 억울하게 죽어나갔다. 같은 민족끼리 강간과 학살의 악순환을 반복했다. 생이별의 고통과 한이 영구화했다. 미국과 일본은 달랐다. 기회였던 모양이다. "한국은 하나의 축복이었다. 이 땅 혹은 세계의 어딘가에 한국이 없으면 안 되었다."라고, 1952년 당시 미8군 사령관이자 유엔군 사령관 밴 플리트가 말했다. 또 요시다 시게루 일본 총리는 6·25전쟁이 터지자 "덴유(天佑·천우신조)!"라고 했다던가. 전후 피폐해진 일본은 6·25전쟁 병참기지 역할을 하면서 기사회생했다. 당시 일본주재 미국 대사였던 윌리엄 J. 시볼드는 〈미국 CIA 한국전쟁관련 보고서〉에서 "일본 경제가 한국전쟁으로 횡재(windfall)를 했다."라고 썼다.

전쟁 70주년을 맞았다. 전쟁은 아직 끝나지 않았다. 평화는 오지 않고 반목 갈등 증오가 무한 반복 중이다. 첫 단추부터 잘못 꿰였다. 미국과 일본이 기회를 잡는 동안 우리는 동족상잔의 비극만 되풀이했다. 누구를 위한 전쟁이었나. 그러고도 정전협정 현장에 우리는 없었다. 1953년 7월 27일 판문점에서 이뤄진 정전협정에 서명한 이는 연합군 총사령관 클라크(Mark Wayne Clark), 북한군 최고사령관 김일성, 중공인민지원군 사령관 펑더화이(彭德懷) 셋이다. 100년이 넘도록 남의 손에 맡겨진 운명. 전쟁 70주년을 맞아 또다시 자각하게 되는 불편한 진실이다.

08 | 백선엽이 이순신, 홍범도와 같다고?

2020. 06. 10.

백선엽 장군이 자유대한민국을 지킨 영웅?
해방 후 공이 있으면 해방 전 과오를 덮어도 되나

"골치 아프게 왜 옛날 일 갖고…." 그는 만주 시절에 대해 듣고 싶다는 기자를 끝내 만나주지 않았다. 숨기고 싶은 과거여서 그랬을 것이다. 2006년 그의 나이 87세 때의 일이다. 그의 이력은 화려하다. 육참총장, 합참의장, 교통장관을 지냈으며 오랜 세월 전쟁영웅으로 추앙받았다. 올해 만100세를 맞는 장군 백선엽의 삶의 궤적이다. 영광스러운 기억을 물었다면 인터뷰는 어렵지 않았을 것이다.

해방 전 이력이 문제였다. 그의 이력은 해방 전과 후가 극명하게 대비된다. 해방 전 그는 만주국 간도특설대에서 활약했다. 만주국(1932~45년)은 일제가 중국 마지막 황제 푸이(溥儀)를 내세워 세운 괴뢰국 간도특설대(1938~45년)는 "조선 독립군은 조선인의 손으로 잡는다."라는 목표로 일제가 만든 조선인 부대다. 그러니까 그는 해방 전 항일독립군을 토벌하며 일제 침략전쟁에 자발적으로 참여한 인물이다. 스스로 "동포에게 총을 겨눈 것이 사실이었고 비판을 받더라도 어쩔 수 없다."(1993년 『간도특설대의 비밀』)라고 고백했다. "우리가 전력을 다해 토벌했기 때문에 한국의 독립이 늦어졌던 것도 아닐 것이고, 우리가 배반하고 오히려 게릴라가 되어 싸웠더라면 독립이 빨라졌다라고도 할 수 없을 것."이라는 변명도 곁들였다.

당시 만주에서 일제 식민통치의 틀 속에서 출세를 도모했던 이들은 많다. 대다수가 그 시절을 덮으려 했다. "만주에서 독립 정신과 민족의식을 함양하며 무예를 연마했다."(간도특설대 출신으로 2대 해병대 사령관을 지낸 김석범 회고·1987년 『만주국군지』)라고 뻔한 거짓말을 기록으로 남긴 이들도 있다. 그 시절의 선택이 떳떳하지 않았음을 스스로 고백한 꼴이다.

백 장군의 사후 현충원 안장 문제가 연일 논란이다. 미래통합당 중심으로 정치권에서 적극 엄호에 나섰다. 김종인 비상대책위원장은 "낙동강 전선 방어에 혁혁한 공을 세웠다. 그분의 공적을 따질 것 같으면, 그와 같은 논란은 참 부질없는 것."이라고 했다. 원희룡 제주지사는 '6·25의 이순신'이라고 치켜세웠고 안철수 국민의당 대표는 "홍범도 장군이 일제와 맞서 싸운 영웅이라면, 백선엽 장군도 자유대한민국을 지킨 영웅."이라고 두둔했다. 해방 전 이력은 묻지도 따지지도 않았다. 해방 후 전과가 있다면 해방 전 과오를 덮어도 된다는 말일까. 역사가 그렇게 만만한 것인가.

'우상'에 도전하는 '이성'의 행위는 언제나 고통을 무릅쓰는 일

"미친X들이다. 어떻게 대한민국 독립을 막으려던 사람을 (일본과 싸운) 이순신·홍범도와 비교할 수 있나." 책임지는 정치인이라면 김종인, 원희룡, 안철수는 육군장성 출신 박경석(88)의 분노에도 답을 해야 한다. 이순신, 홍범도는 민족을 배신한 적이 없다. 박경석은 "프랑스였다면 백선엽은 극형감."(오마이뉴스 인터뷰)이라고 했다. "아무리 후사에 공적을 세웠더라도 조국을 배반한 것이 입증되면 프랑스에선 극형."이라는 말이다. 더욱이 해방 후의 낙동강 전선 다부동 전투의 공적도 부풀려졌다고 했다. "낙동강 전선이 240km였고 여기에 한국군 5개 사단과 미군 3개 사단이 배치돼 있었다. 그렇게 8개 사단이 합심해서 지킨 것이다. 백선엽은 그 중 8분의 1의 역할을 한 것이다."

때로 진실을 마주하는 것은 불편한 일이다. 다 지난 일, 좋은 게 좋은 거다, 덮고 가면 어때? 당장은 편할지 몰라도 부끄러운 역사는 필연적으로 반복될 것이다. 어제의 범죄를 벌하지 않는 것은 내일의 범죄에 용기를 주는 일이므로. 언론인 리영희는 '우상'에 도전하는 '이성'의 행위는 언제나 고통을 무릅쓰는 일이라고 했다. 그 괴로움 없이는 인간의 해방과 행복, 사회의 진보와 영광은 있을 수 없다고 했다. 작금 논란에서 곱씹어볼 명언이 아닐 수 없다.

09 | 전두환 할아버지 업보 떠안고 혹독하게 대가 치르는 손자

2023. 03. 16.

세상을 향한 고해성사, "전두환 할아버지는 학살자!"
할아버지 업보를 짊어지고 자살 기도할 만큼 죽도록 번민

전두환의 후손들은 정상적으로 살아갈 수 있을까? 독재자·학살자 후손이라는 낙인이 찍힌 채 온전한 삶을 누릴 수 있을까? 가끔 궁금했다. 후안무치 할아버지의 멘탈을 빼닮았다면 마찬가지로 뻔뻔하게 살아가겠지만 사람에 대한 예의와 양심이라는 게 조금이라도 있다면 혼란스러운 삶을 살게 되지 않을까 했다. 과연 그랬다. 손자 전우원은 할아버지의 업보를 짊어지고 자살을 기도할 만큼 죽도록 번민했던 모양이다. 죽음의 문턱까지 갔던 번뇌의 끝이 '할아버지는 학살자, 영웅이 아니라 범죄자'라는 세상을 향한 고해성사였던 거다.

전우원은 "내가 정신질환으로 고통받은 것보다 5·18 사태로 죽은 자들, 불구가 된 자들, 그분들의 가족들, 자녀분들이 받았을 정신질환의 크기가 더 크다."라고 했다. 고해성사의 이유로 "정의로워서가 아니라 두렵기 때문."이라고 했다. 신의 심판이 두렵다는 것이다. 그의 가족들은 그가 정신질환으로 큰 고통을 받고 있다면서 비정상인으로 몰고 있지만 전우원이야말로 그 집안에서 가장 정상적이고 이성적인 인물로 보인다. 문제없다는 병원 진료 기록까지 공개했다. 전우원은 "그렇게 걱정이 됐느냐. 그런데 자살 기도로 열흘간 병원에 있는 데도 전화 한통, 메시지 한 통 없었느냐."라고 반문했다.

반성도 사죄도 없는 후안무치한 삶의 대가를 누가?

전우원의 팩트 폭행은 그야말로 전씨 가문의 뼈를 때린다. 한두 층이 아닌 큰아버지(재국) 자택엔 영화관이 달려 있고 연희동 자택엔 스크린골프, 수영장, 농구장까지 있단다. 작은아버지(재만)는 미국 나파밸리 와이너리를 갖고 있으며, 전씨 가족 전체가 해마다 용평 스키리조트에 수주 간 여행을 갔다고 했다. 그 돈 다 어디서 났나. "통장에 29만 원밖에 없다더니 앞뒤가 안 맞는다."라고 전우원은 말했다. 그가 고발하듯, 숨겨놓은 검은돈이 많았다는 얘기다. 재임 시절 전두환 대통령이 재벌 기업에서 거둬들인 뇌물은 1조 원에 육박한다. 법원은 추징금

2,205억 원을 선고했는데 절반가량은 끝내 납부하지 않고 저세상으로 갔다.

가족에게 등 돌린 전우원은 불효자, 패륜아인가. 전씨 집안 사람들은 그렇게 손가락질하고 원망하겠지만 전우원은 아무런 잘못이 없다. 오히려 할아버지의 업보를 끌어안고 번민하다 삶을 포기하려 한, 또 다른 피해자일 뿐이다. 할아버지 전두환은 90 평생을 '멘탈갑'으로 떵떵거리며 살다 세상을 떴다. 시민을 학살한 5·18에 대해 끝까지 "내가 왜 책임이 있어?"라며 정색했고, "천억 추징금 언제 낼 거냐?"(임한솔 정의당 부대표)는 물음에 "네가 좀 내줘라." 하며 뻔뻔함과 여유, 비아냥으로 응수했다.

멘탈갑의 삶은 그렇게 화려하고 당당했는지 몰라도 죽어서는 아니다. 그 당당함이 거꾸로 영원히 풀리지 않을 역사의 멍에가 되고 말았다. 전씨는 영영 용서받을 길이 없다. 반성도 사죄도 없는 그 후안무치한 삶의 대가를 지금 손자 전우원이 대신 치르는 중이다. 세상 뜨기 전에 잘못했다고 한마디만 했어도 오늘 손자의 삶은 자유롭고 편안했을 것이다. 전두환 씨는 후손에게도 결코 좋은 할아버지가 아니다.

10 | 식민지근대화론은 불편한 허구

2019. 09. 06.

『반일 종족주의』의 궤변 "일제는 조선을 수탈하지 않았다."
일제강점기 GDP가 60% 증가해 조선인의 삶이 나아졌다고?

  이영훈 전 서울대 교수 등이 쓴 『반일 종족주의』가 이번 여름 서점가에 돌풍을 일으켰다. 단숨에 베스트셀러가 된 것인데, 그만한 가치가 있기 때문이라고 보기는 어렵다. 그보다는 뜨거운 논란 덕택일 것이다. 그만큼 이 책은 논란거리로 가득하다. "강제징용은 없었다", "일본군 위안부는 성노예가 아니었다.", "독도를 한국 고유의 영토라고 말할 증거가 하나도 없다." 주장 하나하나 일반의 상식에 반하는 것들이다. 그중 가장 근본적이며 포괄적인 것은 "일제는 조선을 수탈하지 않았다.", "일제 지배로 조선 경제가 발전했다."라고 하는 식민지근대화론일 것이다. 이 문제부터 집중적으로 따져보자. 이들의 주장처럼 과연 일제 지배로 조선 경제가 발전하고, 조선 대중의 살림살이가 좋아진 것일까. GDP 증가로 조선인의 삶이 나아졌을까?

『반일 종족주의』 필자 중 한 명인 주익종 낙성대경제연구소 연구위원의 연구에 따르면, 일제강점기 동안 조선인들의 1인당 국내총생산(GDP)은 60% 이상 증가했다. 1인당 소비도 크게 증가했다고 한다. 일제강점기 동안 조선인들의 생활수준이 향상되었다는 주장이다. 당시 통계의 정확성은 접어두자. 일제강점기에 철도, 도로, 통신, 항만 등의 사회기반시설이 확충됐으니 틀림없이 GDP는 꽤 큰 폭으로 증가했을 것이다. 그런데 GDP가 증가했다고 조선 대중의 삶도 나아졌을까. 핵심은 바로 이 대목이다.

경제석학 조지프 스티글리츠(美컬럼비아대 교수)가 『반일 종족주의』를 본다면 코웃음칠 것이다. 2001년 노벨경제학상 수상자인 그는 "GDP는 틀렸다."라고 주장한다. 2010년에는 책을 내기도 했다. 1998년 노벨경제학상 수상자인 아마르티아 센 미(美) 하버드대 교수, 프랑스 경제석학 장 폴 피투시와 함께 쓴 책인데, 이들은 이 책에서 "GDP 증가만을 추구하다가 정작 국민을 더 못사는 사회로 몰아갈 수도 있다."라고 경고한다.

GDP가 경제성장의 척도가 된 지 오래지만 GDP 증가가 삶의 질 향상을 담보하는 것은 아니라는 통찰이다. 경제성장을 측정

할 때 GDP 증가가 절대 가치일 수는 없다. 마약과 매춘이 늘어도 GDP는 증가한다. GDP가 늘면 무조건 좋다는 식의 사고는 그래서 위험하다. 일찍이 스티글리츠 교수는 GDP에 대한 그릇된 이해가 잘못된 자원 개발을 유발한다는 사실에 대해 깊이 우려했다. 개발도상국이 적절한 규제도 없이 환경 훼손이 심한 광산개발권을 저가의 사용료를 받고 허가한다면 GDP는 증가하겠지만 국민의 복지는 저하된다는 것이다. 스티글리츠는 저서 『불평등의 대가 The Price of Inequality』에서 이 문제를 정확히 지적했다. "국내에서 발생한 소득이 다른 나라로 흘러갈 경우 국민소득은 줄어드는데 GDP는 증가할 수 있다."라고 말이다.

실제 파푸아뉴기니에서는 선진국 투자로 금광이 개발되었는데 수익 대부분이 외국회사들 수중으로 들어갔고, 파퓨아뉴기니에는 형편없이 적은 수익이 떨어졌다고 한다. GDP가 국제자본의 수탈을 가리는 위장수단으로 활용될 위험도 있는 것이다. 이런 통찰을 100년 전 일제강점기에 적용해보자. 딱 맞아떨어진다. 식민지근대화론의 허구성이 자연스레 드러난다.

"일본인들은 맹렬한 속도로 조선의 토지를 장악해 갔고, 광공업 자산은 90% 이상이 일본인들 소유였다. 소수의 일본인들이 토지나 자본과 같은 생산수단을 집중적으로 소유했기 때문에 소득분배가 민족별로 불평등할 수밖에 없었다." 허수열 충

남대 경제학과 명예교수는 "민족별 불평등의 확대재생산 과정이 식민지 시대 조선에서 벌어지고 있던 개발의 본모습."이라고 말했다. 따라서 "식민지 체제가 청산되지 않는 한 조선인들은 식민지적 경제구조로부터 벗어날 수 없고 미래에 대한 희망도 가질 수 없게 되었기에 해방이 이 식민지적 경제구조에서 탈피할 수 있는 유일한 길이었다."라는 게 허 교수의 결론이다.

그래도 일제가 식민지 조선을 개발했고 그 덕분에 조선인들도 좀 더 잘살게 되지 않았겠냐? 이에 대해 허 교수는 "조선이라는 지역의 개발과 조선인의 개발을 구별하지 못하는 논리 비약."이라고 말했다. 물론 예외는 있다. 삶의 질이 획기적으로 개선된 조선인들도 있었다. 친일에 앞장선 일부 세력들이다. 그들은 '떡고물'을 톡톡히 챙기며 부를 축적해나갔을 것이다. 국민 90%의 소득이 증가하지 않더라도 상위층 10%의 소득이 급증하면 평균소득이 올라가듯 GDP는 증가하는 법이다. GDP엔 이러한 평균의 함정도 있다.

일본학자도 비판하는 식민지근대화론

식민지근대화론은 해방 이후 질긴 생명력을 갖고 그 DNA를 유지·번식했다. 그에 따라 비판도 확산하고 거세졌다. 청와대 경제수석과 지식경제부 장관을 지낸 최중경 공인회계사회장은 9월 2일 '식민지근대화론이 틀린 이유'라는 제목의 칼럼을 한

경제지에 기고했다. 주장의 요지는 다음과 같다. "남미에서 한때 바람을 일으킨 종속이론에 의하면 주변 국가가 중심 국가에 예속되어 원료 공급지와 소비 시장 역할에 한정되기 때문에 산업 고도화의 기회가 원천 봉쇄된다고 주장한다. 종속이론이 남미의 현실을 정확히 설명하였는지와는 별개로 적어도 식민지와 종주국 사이에서는 종속이론이 100% 성립된다. 중심 국가인 종주국 일본은 당연히 주변국인 식민지 조선을 일본 입맛에 맞게 요리했을 것이다. 조선이 추구할 수 있는 최선을 택하지 않고 일본의 국익을 극대화한다는 목표 함수에 맞춘 최적화를 추구했을 것이기에 일본의 최선과 조선의 차선 이하가 조합된 최적화를 정책 목표로 선택했을 것이다. 내선일체를 내세웠기에 일본인과 조선인이 동등한 대우를 받았다고 주장한다면 이미 학문의 영역을 떠나 정치 선동의 영역을 떠도는 것이니 학문적 양심을 논할 자격이 박탈된다."

"민족별 불평등의 확대재생산 과정이 식민지 시대 조선에서 벌어지고 있던 개발의 본모습."이라는 허수열 교수의 주장과 다르지 않다. 일본학자도 식민지근대화론 비판에 나섰다. 도리우미 유타카 한국역사연구원 상임연구원은 최근 『일본학자가 본 식민지 근대화론』(지식산업사)을 출간했다. 일본학자의 눈으로 일제강점기 토목업을 둘러싼 식민지 근대화론의 근거를 실증적으로 비판한 책이다. 이 책에서 저자는 식민지근대화론의 장밋빛 허구를 낱낱이 파헤친다. 도리우미 연구원의 비판 논리 역시 허수열 교수나 최중경 회장의 비판과 다르지 않다.

"일본인 토목청부업자들은 재정을 들여 조선 경제의 인프라를 확장시킨다는 총독부와 유착해 많은 이익을 취하고 경인·경부철도공사에서 보듯 조선인 청부업자들을 배제시켜 나갔다." 저자는 총독부 통계자료와 칙령은 물론 당시 토목건축업협회 잡지의 실태 조사를 통해 논지를 입증했다. 담합을 유죄로 하면서 정무통감 통첩의 형태로 지명 경쟁입찰을 도입, 청부업자를 구제하는 '악의 시스템'을 고발하는 것이 대표적 예이다. 결국 조선으로 투자된 막대한 자금의 상당 부분은 일본인 청부업자와 지주의 손아귀에 들어가 조선인들은 가난에 허덕였다는 주장이다. 조선인 노동자의 임금을 추정하면서 실태와 조선총독부 통계자료 사이에서도 간극도 찾아냈다. 임금 미지급과 저임금을 통한 착취가 만연했다는 것이다. 또 "산업조사위원회가 결정한 철도 건설과 산미증식 계획은 조선총독부의 예산이 조선인의 승인 없이 조선을 위한다는 대의명분 아래 일본의 건설업자에게 흘러들어가는 구조였다."라는 게 저자의 설명이다.

역사적 진실찾기, 좌우의 문제 아니다

이 논쟁이 좌우의 문제는 아니다. 역사적 진실 찾기에 대한 태도의 문제이며 학자적 양심에 관한 문제일 뿐이다. 반일 종족주의에 대한 비판은 좌우를 가리지 않고 쏟아진다. 홍준표 전 자유한국당 대표는 "보수우파들 기본 생각과도 어긋나는 내용."이라고, 장제원 자유한국당 의원은 "책을 읽는 동안 심한 두통을 느꼈다."라고 했다. 이철우 연세대 법학전문대학원 교수는 이 책을 정면으로 비판하는 글을 페이스북에 올렸는데, 이 교수는 2006년 이영훈 교수 등과 함께 『해방전후사의 재인식』을 펴낸 보수 성향의 학자다. 이 책은 1979년 첫 권 출간 이래 지식인층의 '재야 역사교과서'로 자리잡았던 『해방전후사의 인식』을 비판하기 위한 것이었으며 저술엔 뉴라이트 계열 학자들이 대거 참여했다.

이 교수는 『반일 종족주의』에 대해 "학문을 연구하는 사람의 자세라고 볼 수 없는 서술들로 가득하다."라고 비판에 나선 이유를 밝혔다. "선동적 용어와 표현, 술자리에서나 어울릴 법한 상식 이하의 감정적 발언을 여과 없이 쏟아내면서도 주장과 논리 측면에선 엄밀성이 결여된 책."이라는 것이다. 강제동원이 없었다는 주장에 대해서 이 교수는 "강제로 트럭에 태워 싣고 가는 연행이 없었다면 모두 자발적이었다는 것인데, 이는 국제적으로 공인된 인신매매의 개념에 정면으로 반하는 인식."이라고 지적했다.

인신매매를 금지하는 팔레르모 의정서는 인신매매를 '착취를 목적으로 위협이나 무력행사, 사기, 기만, 권력 남용 등을 통해 사람을 모집하거나 운송 또는 인수하는 행위'로 정의하고 있는데, 전 세계가 합의한 인신매매 개념을 무시하고 강제성이 없었다고 강변하고 있다는 것이다. 도노무라 마사루 도쿄대 교수가 쓴 『조선인 강제연행』이란 책을 보면 '모집과 관 알선'을 통한 동원에서도 엄청난 폭력성이 수반됐음을 알 수 있다. 이 책을 번역한 김철 연세대 명예교수는 "조선인 피연행자는 법이 필요 없는 무법적 존재로서 물건 같은 것이었다."라고 해석했다. 위안부를 '자발적 매춘'으로 규정한 데 대해서도 이철우 교수는 "40년 동안 대두되지 않았다며 뒤늦게 만들어진 가공된 기억이라고 주장하는데, 과거사에 대한 기억이 생성되고 활용되는 과정을 도외시한 단순한 인식."이라고 비판했다.

결론적으로 이 교수는 『반일 종족주의』에 대해 "이 책이 노정하는 적나라한 정치적 목적과 선동적 표현은 존경받을 만했던 저자들의 이전 연구결과에 대한 학계의 신뢰에 칼질을 가했다."라면서 "그런 점에서 저자들이 해괴한 책을 출간함으로써 스스로 학문적 목숨을 끊는 선택을 한 것."이라고 질타했다. 이영훈 교수 등 저자들은 일제강점기 그 잔인한 시대를 견뎌낸 조선인들의 삶은 깊이 들여다보지 않는다. 조선총독부 통계는 보면서 구체적 삶의 증언과 증거들은 무시했다.

불편한 진실이 아니라 불편한 허구

 식민지근대화론자들은 1910년 조선과 1945년 조선을 단순 비교해 그 차이가 식민지배의 성과라는 주장을 편다. 그러나 해방 후 한국은 소득수준이 매우 낮은 나라였다. 오랫동안 보릿고개라는 말이 사라지지 않을 정도로 굶주림에 시달리던 나라였다. 일제강점기에 그렇게 많은 개발이 이뤄지고 경제가 성장했다면서 어떻게 된 일인가. 최중경 회장은 "국민의 묵직한 감성의 함성을 정연한 논리의 창칼로 바꿔 식민지근대화론을 베는 것이 우리의 시대적 소명."이라고 했다. 결국 "식민지근대화론은 '불편한 진실'이 아니라 '불편한 허구'다."(허수열 교수)

2장

보수는 죽었다.
애초에 없었다.

01 | 대한민국은 정의로운가

2010. 08. 17.

오늘의 시선으로 다시 생각하는 정의의 참된 의미
한국 현실에서 정의는 구호가 아니라 실천의 문제다

유년 시절 정의(正義)란 단어는 특별했다. 까닭 모르게 가슴 벅찬 감동을 느끼게 하는 낱말이었다. 그 시절 즐겨보던 TV 만화의 영향이 컸을 것이다. 주인공들은 하나같이 정의로웠다. 언제나 '정의'의 이름으로 악당들을 물리쳤다. 그러나 현실과 만화는 다른 세상이었다. 정의에 관한 감상도 그 경계를 넘지 않았다. 그저 추상적 느낌만으로 가슴 한구석에 머물렀다.

입시 터널을 지나면서 기억조차 가물거리던 정의를 다시 떠올린 건 대학 1학년 때다. 교양과목 강의에서 중년의 교수는 지식인의 조건으로 정의감을 강조했다. 그는 서슬 퍼런 그 시절

반체제 인사였다. 전두환 군사정권에 맞서다 갖은 고초를 겪은 터였다. 그 역시 만화 주인공과 비슷했다. 옳지 못한 일에 분노했고 저항했다.

이명박 정권 반환점이 임박한 요즘 정의가 다시 귓가에 요란하다. 이번엔 올여름 서점가를 휩쓴 한 권의 책 『정의란 무엇인가 Justice』가 발단이다. 미국 하버드대에서 30년째 정치철학을 강의하는 마이클 샌델 교수의 저서다. 이명박 대통령도 여야 대표도 이번 휴가에 이 책을 챙겼다고 한다. 8·15 경축사에서 이 대통령이 강조한 공정한 사회는 샌델 교수의 정의론과 상통한다. 악당, 군부독재의 '이분법 세상'과 다른 점이라면 정의의 기준이 좀더 복잡·미묘해지고 까다로워졌다는 점이다.

샌델 교수에 따르면 "사회가 정의로운지 묻는 것은 우리가 소중히 여기는 것들, 이를테면 소득과 부, 의무와 권리, 공직과 영광 등을 어떻게 분배하는지 묻는 것."이다. 그는 "정의로운 사회는 이것들을 올바르게 분배한다."라고 했다. 이것이 그가 규정한 정의의 전부는 아니지만 작금 한국의 '정의 실현 지수'를 가늠할 잣대로는 충분할 듯하다. 과연 대한민국은 정의로운가.

하나. 8·8개각으로 내각 진용이 다시 짜였지만 후보자들의 도덕성은 나아진 게 없다. 위장전입은 기본이고 교묘한 부동산 투기에 논문표절 등 법적·도덕적 결함이 허다하다. 와중에 국세청은 후보자들의 납세기록 열람을 못 하도록 차단했다. 하기야 병역의무를 기피한 흔적이 역력한 인사는 이미 여당 대표가 되었다. 총리실의 민간인 불법사찰 사건은 '도마뱀 꼬리 자르기' 식으로 매듭지어질 조짐이다. 법치주의를 흔드는 사면도 어김없이 단행됐다. 의무와 권리, 공직과 영광의 올바른 분배는 어디서 찾아야 하는가.

둘. 케인스 경제이론 중 야성적 충동(animal spirit)이란 용어가 있다. 사람들이 언제나 합리적으로 경제적 이익을 추구하지는 않는다는 뜻을 함축한 케인스 이론의 핵심용어다. 한국 경제 현상에서도 쉽게 확인된다. 대표적인 게 아파트다. 탐욕은 과도한 아파트 투자로 질주했고, 그 결과는 본래 가치보다 훨씬 부풀려진 '슈퍼 버블'이다. 케인스 이론대로 야성적 충동은 시장의 과잉을 야기했고 정부는 방조했거나 제어에 실패했다. 자본은 비생산적인 곳에 쏠렸으며, 그 결과로 일자리가 줄면서 '88만원 세대'의 미래는 여전히 캄캄하다. 자, 소득과 부의 분배는 제대로 이뤄지고 있는가.

셋. 일제강점기 정의는 항일(抗日)이었다. 일제의 침탈로 조선 백성의 소득과 부, 의무와 권리의 분배가 심각하게 왜곡됐으므로 이를 바로잡기 위해선 침략자를 물리쳐야 했다. 당시 무장독립운동단체 의열단(義烈團)의 공약 1조는 '천하에 정의로운 일을 맹렬히 실행한다.'는 것이었다. 그러나 해방 후 정의를 가로막았던 친일세력은 이승만 대통령의 '스카우트'로 다시 득세했다. 그 결과 '독립운동을 하면 삼대가 망하고 친일을 하면 삼대가 흥한다.'는 속설은 현실이 됐다. 광복 65주년을 맞은 오늘날 국립현충원엔 수십 명의 친일경력 인사들이 여전히 국가유공자의 이름표를 단 채 안치돼 있다. 한국 근현대사에서 정의는 실현됐는가.

진정 정의를 실현하고자 한다면 이 물음들을 피해갈 수 없다. 정의가 강물처럼 흐르는 공정한 사회는 정치적 수사로 이뤄질 리 만무하다. 샌델 교수는 결론적으론 "정의는 올바른 분배만의 문제는 아니다. 올바른 가치 측정의 문제."라고 했다. 첨언한다면 한국 현실에서 정의는 구호가 아니라 실천의 문제다.

02 훌륭한 지도자는 역사를 바꾸고 저열한 권력자는 역사책을 바꾼다

2015. 11. 06.

거꾸로 흐르는 시간, 역사 교과서 국정화
국정화를 반대하는 사람은 대한민국 국민이 아니다?

자연의 시간은 거꾸로 흐르지 않는다. 계절이 순서를 바꿔 올 수는 없다. 역사의 시간은 다르다. 가끔 미친 듯 거꾸로 흐른다. 역사 교과서 국정화는 거꾸로 흐르는 시간을 증명한다. 5년짜리 정치권력이 수천 년 세월의 역사책 만들기에 직접 뛰어들다니. 2015년 가을 한국 사회는 타임머신을 타고 1970년대 한복판으로 돌아갔다.

공안검사 출신 황교안 총리는 어울리는 조합이었다. 국정화 대국민담화에서 사실상 역사학계 99.9%를 좌편향으로 낙인찍었다. "간첩단 사건 발표 같더라."라고 한 건 심상정 의원만이 아니다. 저마다의 기억 저편에 잠자고 있던 '공안의 추억'은 거꾸로 흐르는 시간을 부여잡고 선명하게 되살아났다. 그 흐름에서 저질의 색깔론도 여지없이 살아나 갈등과 분열의 씨앗을 흩뿌리고 있다. "국정화 반대는 적화통일에 대비하기 위한 것."(이정현 새누리당 최고위원), "북한의 국정화 반대 지령을 받은 단체와 개인을 적극 수사해야 한다."(서청원 최고의원) 등등. 무슨 근거로 그런 말을 내뱉는 것일까. 박 대통령의 복심(腹心)이라는 이 최고위원은 "국정화를 반대하는 사람은 대한민국 국민이 아니다."라는 말도 했다. 권력에 취해 이성을 잃은 것인가. 뇌 구조에 민주주의 개념이 한 조각이라도 박혀 있다면 할 수 없는 말이다.

그런 사람들과 토론은 불가능하다. 무슨 논리를 들이대든 '종북' 낙인만 찍으려 들 것이다. 외국의 시선을 보여주는 게 차라리 효과적일 것이다. 그들에게까지 마구잡이로 '색칠'을 해댈 수는 없을 테니 그저 경청함이 마땅하다. 뉴욕타임스는 일찌감치 한·일 양국을 싸잡아 "두 나라는 교과서를 수정해 역사적 교훈을 부정하려는 위험한 시도를 하고 있다."라고 지적했다. 영국 BBC는 '역사교육을 통제하는 한국'이라는 표현으로 퇴행적 흐름을 전했다. 망신으로만 끝나는 일이 아니다. 한·중·일 과거사 정리에 악영향을 끼칠 중대한 문제가 될 것이다. 당장 정부의 직접 개입이라는 형식만으로도 일본의 과거사 왜곡을 비판

할 자격에 심각한 결함이 생길 수밖에 없다. 네덜란드 학자 군 드 괴스트르(한국학 교수)는 "앞으로 동아시아에서 반성과 화해를 논할 때 어떻게 신뢰를 얻을 수 있겠냐."라고 개탄했다.

일제 지배를 통해 한국 산업화 기반이 닦였다는 식민지근대화론

 나오지도 않은 교과서를 두고 시비 건다고 하겠지만 꼭 봐야 아는가. 황 총리가 뉴라이트 계열이 만든 교학사 교과서 채택률이 0.1%인 점을 지적하며 나머지 99.9%를 사실상 좌편향으로 규정한 것만 봐도 방향은 이미 정해진 것이다. 일제 지배를 통해 조선이 발전하고 한국 산업화의 기반이 닦였다는 식민지근대화론이 뼈대가 될 것이다. 이 계열의 권희영 한국학중앙연구원 교수는 최근 방송에서 일제강점기 조선의 쌀이 일본으로 실려간 것을 두고 "수탈이 아니라 수출."이라고 강변했다. 무엇보다 부친이 친일·독재자로 기억되는 것을 견디지 못하는 박 대통령의 효심이 방향타다.

 논란을 딛고 올바른 교과서가 나온다고 해서 젊은 세대의 머릿속에 정권이 바라는 확고한 국가관이 생길 리도 없다. '국기에 대한 맹세'와 '국민교육헌장'을 달달 외우고 국정교과서로 배우며 자란 과거 386세대는 정작 대학 시절 군부독재에 분노하며 치열하게 반정부 투쟁을 벌이지 않았나. 지금 젊은 세대의 '헬조선' 저주도 편향된 검정교과서가 아니라 미래조차 설계할 수 없는 답답한 현실에서 생겨난 것임을 그들도 모르지 않을 것이다.

정권이 원하는 국가관은 역사 교과서에서 나오지 않는다. 세월호가 침몰해도 국가가 구해줄 거란 믿음을 주고, '개천의 미꾸라지들'에게도 기회가 주어지는 세상을 만들면 저절로 '헬조선'은 사라지고 건강한 국가관이 생길 것이다. 2,200여 년 전 중국 최초의 통일국가 진은 맘에 안 드는 역사서들을 불태우고 비판적인 유생들을 생매장하는 진시황의 폭정으로 15년 만에 멸망했다. 훌륭한 지도자는 역사를 바꾸고 저열한 권력자는 역사책을 바꾼다는 말은 곱씹을수록 명언이다.

03 | 조국, 나경원, 황교안의 공통점

2019. 09. 20.

조국사태의 근본 원인, 자신에게만 관대한 이중성
내로남불 DNA가 뼛속 깊이 박힌 나경원과 황교안의 특권

조국이 위태롭다. 검찰을 지휘해야 할 법무부장관이 검찰 수사를 받는 모순. 끝까지 버틸까, 끝내 물러날까. 혐의를 말끔히 벗는다면 모를까, 자리보전이 쉽지 않아 보인다. 검찰개혁을 향한 소명의식을 의심하지 않는다. 무소불위 검찰의 권력 남용은 손봐야 할 적폐라는 데 동의한다. 문제는 자격 논란과 추진 동력이다. 그의 내로남불은 비판받아 마땅하다. 그는 오랜 세월 멋진 말을 많이 했지만 행동은 달랐다. 특권을 비판하면서 특권을 누렸고, 타인에게 엄격하면서 자신에게는 관대했다. 그 이중성이 '조국 사태'의 근본 원인이다.

이렇듯 그를 향한 돌팔매엔 이유가 분명하다. 교수님들은 시국선언서에서 "사회 정의와 윤리가 무너지는 것을 목도하고 있다."라고 개탄했다. 그런데 의문이다. 우리 사회의 정의가 조국의 내로남불 때문에 무너졌나. 그를 십자가에 매달아 그 이중성을 단죄하면 우리 사회가 다시 정의로워지는 걸까. 이건 동의할 수 없다. 우리 사회의 정의는 아주 오래전 무너졌고, 지금도 물구나무 서 있다. 멀리 갈 것도 없다. 조 장관을 윽박지르는 여의도 선량(選良)들을 보라. 그들이야말로 내로남불의 DNA가 뼛속 깊이 박힌 지 오래다.

조 장관과 서울 법대 82학번 동기인 나경원 자유한국당 원내대표. 그의 아들은 미국에서 고교 재학 중 서울대 의대 인턴 연구 결과로 해외 학술대회에서 제1저자에 올랐고, 미국 고교 과학경진대회에서 입상했다. 나 원내대표 아들의 제1저자 등재는 조 장관 딸의 논문 제1저자 논란과 다른가. 전화 한 통 청탁에 국립대학인 서울대 실험실을 빌리는 일은 또 어떤가. 국민 99%는 상상조차 하기 어려운 특권이다.

"조국은 물러나라." 하면서 삭발한 황교안 자유한국당 대표. 그는 여전히 병역기피 혐의에서 벗어나지 못했다. 만성 두드러기(담마진)로 군 면제를 받았는데, 그의 동창 중 그가 두드러기 때문에 고생했다는 걸 안다는 이가 없다. 홍준표 전 자유한국당 대표는 "2002년부터 10년간 두드러기로 병역 면제된 이는 신검 받은 365만 명 중 단 4명."이라며 "이를 국민에게 납득시키지 않으면 국정농단당, 탄핵당에 이어 두드러기당으로 조롱받을 수 있다."라고 일갈한 바 있다. 황 대표의 두 자녀가 중·고교생 시절인 2001년 보건복지부 장관상을 받은 것도 석연찮다. '장애우와 함께하는 청소년 모임'이라는 사이트를 개설한 지 넉 달 만에 수상했다. 나머지 개인 수상자 3명은 수십 년, 적어도 수년간 봉사 활동을 했던 이들이었다.

조국 사태는 총체적 반성의 기회여야 한다

우렁찬 목소리로 '전투력'을 갖춘 장제원 의원은 사학 가문(동서학원) 출신이다. 그의 부친(故 장성만)은 민정당 국회의원으로 국회부의장을 지낸 정치 거물인데, 사학 비리 전력이 있다. 수십억 횡령으로 유죄 판결을 받았다. 횡령한 돈은 가족 쌈짓돈으로 쓰였다. 내로남불은 차고 넘친다. 전희경 자유한국당 대변인은 논문 부정의 당사자다. 표절이 드러나 그의 이화여대 석사 논문과 학위는 취소됐다. 그런 이가 고개 빳빳이 들고 고교생 논문 부정 의혹에 대해 독설을 날린다. 혀를 차게 하는 블랙코미디다. 같은 당 여상규 법사위원장, 김도읍, 주광덕, 김진태 의원은 국회선진화법 위반 피의자들이다. 자기들(한국당 전신인 새누리당)이 앞장서 만든 법을 앞장서 위반해놓고 수사에 응하지도 않는다. 그런 자들이 법사위 자리를 꿰차고, 조국 후보자를 다그쳤다. 누가 누구를 심판하는가.

  물타기가 아니다. 조 장관의 이중성이 비판받아 마땅하듯 이들의 내로남불도 묵과할 수 없는 일이다. 조국 사태는 총체적 반성의 기회여야 한다. 하나의 잣대로 특권을 누려온 모두를 재단해야 한다. 그래야 우리 사회가 한 걸음이라도 전진한다. 조국 사태는 조국만의 문제가 아니다.

04 | 대한민국 리더십의 이중잣대

2016. 10. 15.

잘 짜인 퍼즐 조각, L씨 어떻게 금감원에 입사했나?
우연일 수 없는 우연, 파워엘리트들의 대규모 병역비리 의혹

단지 우연일까. 금융감독원은 2014년 5월 경력·전문인력 채용 공고에서 법률전문가에 대해서만 경력조건을 없앴다. 정보기술(IT)전문가, 금융회계전문가, 국제전문가 등 다른 분야 전문가 채용에 예외 없이 3년 이상 경력조건을 붙인 것과 대조적이다. 도대체 왜 법률 분야만 경력조건을 없앤 것일까. 여기서 그치지 않고 '2014년 4월 변호사 자격취득자 포함'이라는 이례적 단서까지 붙였다. 로스쿨(법학전문대학원)을 졸업한 지 한 달밖에 되지 않은 30대 초반의 L씨가 금감원에 입사할 수 있었던 이유다.

여기까지만 해도 '맞춤형 전형'의 의심이 가능하다. 게다가 알고 보니 L씨 부친은 여권 고위인사다. 2012년 10월 선진통일당을 탈당해 박근혜 대선후보 지지를 선언하며 새누리당에 입당했던 전직 국회의원이다. 채용 당시의 최수현 금감원장과는 행정고시 25회 동기로 절친이다. 18대 국회에서는 금감원을 감사하는 국회 정무위원이기도 했다. L씨 채용 미스터리를 구성하는 팩트 하나하나는 잘 짜인 퍼즐 조각과 같다. 이 모든 게 우연일까.

필자가 '금수저 특혜채용' 의혹을 단독 보도한 13일 아침 금감원은 해명자료를 통해 "법률 우수인재 영입 차원에서 경력요건을 두지 않았다."라며 의혹을 부인했다. 해명대로라면 실무수습조차 마치지 않은 L씨가 법률 우수인재라는 얘기가 된다. 물론 그럴 수 있다. L씨는 명문대 법대를 졸업했고 같은 대학 로스쿨을 나온 엘리트다. L씨가 출중한 실력으로 16대 1의 경쟁률을 뚫고 합격했을 가능성이 제로라고 단정 지을 수는 없다.

그러나 그게 사실이라고 해도 의혹이 해소되는 게 아니다. 문제는 그런 개개인의 특수성에 있지 않다. 의혹의 핵심은 그의 실력이 검증되기 전에 만들어진 채용기준이다. 기준이 왜 그렇게 바뀐 것인지 합리적으로 설명되지 않는다면 의혹은 그대로 남는다. 당장 "우수인재 영입 차원에서 경력요건을 두지 않았다."라는 해명부터 설득력이 없다.

우연일 수 없는 우연은 많다. 예나 지금이나 맨 앞줄에서 대한민국을 이끄는 파워엘리트 그룹에서 흔하게 발견되는 현상이다. 2004년 정치부 기자 시절 파워엘리트 병역 이행 실태를 대대적으로 취재해 보도한 적이 있다. 대통령부터 장·차관, 국회의원, 법원·검찰 수뇌에 이르기까지 입법·사법·행정 3부 고위직 443명과 그들의 2세를 망라했다. 왜 그렇게 있는 집 자식들은 몸이 부실한 건지, 질병으로 군 면제를 받은 사례들이 쏟아져나왔다. 수핵탈출증(속칭 디스크), 급성간염, 기관지천식, 체중과다…. 면제 사유는 대충 이랬다. 입만 열면 안보 타령이던 '원조보수' K의원은 아들이 셋인데 두 명이 급성간염으로 군 면제를 받았다.

신의 직장 밀어 넣으려고 공단 이사장 윽박지르는 현실

장삼이사의 아들들은 안다. 국민의 4대 의무 중 하나인 병역을 면제받는다는 게 얼마나 어려운 일인지. 그들의 눈에 '있는 집' 2세들의 질병과 군 면제가 우연으로 비칠 것인가. 당시 같은 질병을 앓고도 군에 다녀온 이들의 성토가 뜨거웠다. '금감원 금수저 특혜채용' 의혹도 마찬가지다. "채용비리는 살인죄.", "가장 공정해야 할 공공기관에서부터 저러면 흙수저들은 죽으라는 얘기."…. 취업난에 허덕이는 청년들은 자판을 두드려 분노를 쏟아냈다.

지도층 위선에 대한 분노, 공정한 기회를 빼앗긴 좌절감은 10년 전보다 더하면 더했지 덜하지 않다. "그냥 (채용)해." 경제부총리를 지낸 여권 실세(최경환 새누리당 의원)가 자기 지역구사무소 인턴 출신을 신의 직장(중소기업진흥공단)에 밀어 넣으려고 채용이 어렵다는 공단 이사장을 윽박지르는 현실이다. 그 인턴 출신은 공채 지원자 4,500명 중 2,299등으로 '잠재적 저성과자'다. 앞에선 성과주의를 밀어붙이면서 뒤에서는 이런 일들을 벌이고 있다. 대한민국 리더십은 지금 이중잣대에 오염돼 추동력을 잃고 있다. 사회정의도 길을 잃은 지 오래다. 대한민국의 정의는 지금 어디에서 헤매고 있나.

05

보수 정치인 유승민의 꿈

2020. 02. 19.

이상은 아름다웠으나 현실은 추악했던 5년

대한민국 보수의 지향점을 새삼 일깨운 명연설

한국 정치판에서 유승민은 특별하다. 보기 드물게 좋은 정치인이다. 그에게선 보수의 책임감, 품격 같은 것이 느껴진다. 일찍이 그는 보수가 뭔지, 보수 정치인이 뭘 해야 하는지 절절하게 설파했다. 새누리당(자유한국당의 전신) 원내대표 시절 그의 국회 연설은 기념비적이었다. 그의 연설은 신선하고 따뜻했으며 정직하고 믿음직했다. 보수와 진보의 이분법을 벗어던지고 '진영의 창조적 파괴'의 꿈을 얘기했고, 보수의 존재 이유를 분명히 밝혀 기회주의와 비리, 이념 강박증이 범벅돼 정체를 알 수 없게 된 지 오래인 대한민국 보수의 지향점을 새삼 일깨웠다.

당시 연설의 출발점은 1년이 되도록 진실이 가라앉은 세월호였다. 피붙이 시신이라도 찾아 유가족이 되고 싶은 실종자 가족의 '슬픈 소원'을 전하며 국가의 존재 이유를 물었다. 난치병으로 청력을 잃어가면서도 딸의 뼈라도 껴안고 싶어서 인양 촉구 시위를 벌이는 다윤이 어머니의 눈물을 정치가 닦아줘야 한다고 호소했다. 박근혜 당시 대통령의 공약 '증세 없는 복지'는 허구임을 고백했고, 성장과 복지의 균형발전을 추구하는 데 있어 법인세도 성역이 될 수 없음을 분명하게 밝혔다. 그의 연설은 화려한 포장이 아니라 진실된 내용으로 다가왔다. 나라 운명과 정치, 국민경제에 대한 깊은 고민과 성찰이 연설 전반에서 느껴졌다. "심각한 양극화 때문에 대한민국이라는 공동체는 갈수록 붕괴 위험이 커지고 있다."라면서 "그런 위험으로부터 공동체를 지키는 것도 보수의 책무."라고 했다.

유승민의 꿈은 별처럼 빛나지만 현실은 여전히 아득

그의 연설은 대한민국 정치사에 길이 남을 보수의 양심고백이자 혁신선언이었다. 그는 "새누리당이 보수의 새 지평을 열고자 한다."라고 선언했다. 선언 이후는 익히 아는 대로다. 보수의 새 지평을 열기는커녕 박근혜 대통령에게 배신자로 낙인찍혀 울타리 밖으로 내쳐졌다. 그렇게 이상은 아름다웠으나 현실은 추악했다. 5년이 흘렀지만 달라진 건 없다. 보수의 새 지평은 아직 열리지 않았다. 총선이 다가오자 묻지도 따지지도 않고 서둘러 합당만 했을 뿐이다. 새누리당 사람들은 그렇게 서로 헤어져 삿대질하다 다시 한 지붕 아래 모였다.

그런데 그 범보수 통합신당(미래통합당) 출범식 현장에 유승민은 없었다. "나는 왜 정치를 하는지에 대한 저의 오래된 질문을 다시 생각하며 숨 고르는 시간을 갖겠다."라는 예고대로 칩거에 들어간 듯하지만 개운치 않다. "왜 정치를 하는가."라는 물음엔 일찍이 "보수다운 보수, 고통받는 국민의 편에 서서 용감한 개혁을 하고 싶다."라고 밝힌 터다. 오히려 그의 부재는 정치공학 셈법으로 일단 합치고 본 미래통합당에서 과연 보수의 새 지평을 열 수 있을까 하는 근본적 의구심의 반영일지 모른다. "단순히 합치는 것만으로는 보수가 국민 마음을 얻을 수 없다. 뿌리부터 재건돼야 한다."라고 스스로 말하지 않았던가.

당장 유승민이 제시한 첫째 통합조건부터 해결 난망이다. 합쳤어도 '탄핵의 강'은 미래통합당 복판을 가르고 있다. 과연 그런 정당에 뿌리부터 바꿀 의지와 역량이 있을까. 보수 정치인 유승민의 꿈은 별처럼 빛나지만 현실은 여전히 아득하기만 하다.

06 | '낡은 기득권' 품에 안긴 안철수의 새정치

2022. 03. 04.

너무도 싫은 사람이지만 돈 보고 결혼한 꼴
양당 기득권 정치를 깨부수겠다던 안철수의 선택

한국 정치판은 독과점 체제다. 두 기득권 정당이 주거니 받거니 나눠먹는 정치다. 기를 쓰고 잘할 필요 없다. 상대가 못하기를 기다리면 된다. 두 기득권 정당은 지금껏 그렇게 권력을 누려왔다. 더불어민주당, 국민의힘은 적이면서도 서로 먹여 살리는 적대적 공생관계다. 이번엔 국민의힘에 기회가 왔다. 문재인 정권의 무능과 오만이 판을 깔아줬다. 촛불혁명 정부라는 문 정권은 느슨하고 기만적이었다. 입으로만 개혁을 외칠 뿐 손발은 기득권에 안주했다. 미친 집값과 내로남불이 그 결과요 증거다.

애초 촛불혁명 정부라는 작명부터 틀렸다. 그들이 잘해서 잡은 권력이 아니었다. 국민의힘 계열 박근혜 정권이 국정을 말아먹은 결과일 뿐이다. 이런 정치권력 구조에선 미래를 위한 정치 상상력이 숨쉬기 어렵다. 혐오의 언어가 난무하는 네거티브만 힘을 쓸 뿐이다. 양당 기득권 정치의 폐해가 아닐 수 없다. 그 피해는 고스란히 국민 몫이다.

국민의당 대선 후보 안철수는 그런 양당 기득권 정치를 깨부수겠다던 사람이었다. 다당제가 소신이라고 했던 사람이다. 국민의힘 윤석열 후보에겐 '썩소'를 날리며 절레절레 고개를 흔들기도 했다. "상대방을 떨어뜨리기 위해 무능한 후보를 뽑으면 1년이 지나 그 사람 뽑은 손가락 자르고 싶다고 할 것."이라고 했다. "정권교체가 아니라 적폐 교대."라고도 했었다.

그랬던 이가 무능하다던 윤 후보 지지를 선언하며 완주를 포기했다. 대선 후 즉시 합당을 추진하겠다고 했다. 그토록 혐오하던 양당 기득권 정치의 품에 스스로 뒷걸음질쳐 안긴 꼴이다. 정권교체 민심이 절반을 넘어선 터에 자칫 정권교체 실패 책임을 뒤집어쓸 일이 신경쓰였을 법하다. 책임총리든 당권이든 '당근'의 유혹도 컸을 것이다. "너무도 싫은 사람이지만 돈 보고 결혼한 것."(최재성 전 정무수석)이라는 비유는 정곡을 찌른다.

새정치는 온데간데없고 찢어진 깃발만 나부껴

그렇게 위험을 제거하고 권력의 '어음'을 챙겼으니 당장의 손익계산서는 그럴듯해 보인다. 그러나 세상에 공짜 없다. 안철수는 그보다 큰 것, 정치를 시작한 이유를 잃었다. 새정치를 입에 올릴 자격을 상실했다. 애초 정치인 안철수를 키운 건 낡은 기득권 정치였다. 2012년 대선 드라마에 주연급으로 화려하게 등장했는데, 낡아빠진 양당 기득권 정치가 판을 깔아준 덕분이었다. 당시 '안철수 현상'에 대해 스스로 구체제와 미래가치의 충돌로 규정하지 않았나. 안철수는 자서전에서 "인생의 전환기마다 우리 사회의 긍정적 변화에 얼마나 보탬이 될 수 있을까를 판단 기준으로 삼고 결정을 내렸다."라고 밝혔다. 새정치는 온데간데없고 찢어진 깃발만 나부끼는 터에 그의 선택이 얼마나 우리 사회를 긍정적으로 바꿀 수 있을지 의문이지만, 그것도 윤 후보가 당선됐을 때 얘기다.

아직은 안철수가 챙긴 어음이 현찰로 들어올지 부도가 날지 알 수 없다. 과반의 정권교체 여론이 윤 후보의 승리를 보장하는 건 아니다. 대선은 과거회귀 투표인 총선과 달리 미래전망 투표 성격이 강하다. 누가 되느냐에 따라 5년간 내 삶이 달라질 것이기 때문이다. 정권 심판은 오히려 부차적이다. 누가 더 시대정신을 반영하느냐가 관건이다. 2012년 대선에서도 정권교체 여론은 지금보다 높았지만 결과는 정권재창출이었다. 박근혜 새누리당 후보는 과반(51.6%) 득표로 당선됐다. 박 후보는 당시 경제민주화를 선점했다. 단물 쏙 빨아먹고 버렸지만 말이다.

07

유시민의 빽바지, 류호정의 원피스

2020. 08. 05.

의원 선서 때 허연 면바지 입은 유시민
폼만 잡는 금배지들을 비꼬고 싶은 심리 작동한 퍼포먼스

류호정 정의당 의원의 원피스가 논란이다. 17년 전 유시민의 빽바지가 떠오른다. 2003년 4월 28일 국회 의원회관 오영식 의원실. "내일 유시민 선배가 의원 선서를 좀 다르게 할 모양이던데." "어떻게?" "뭐 정장 안 하고 좀 다르게…." "그런 것도 기사가 됩니까?" 무안해질 만큼 유시민 의원의 반응은 냉소적이었다. "네. 그런 것도 기사가 됩니다." 목구멍으로 대답을 삼키고 서둘러 단독 기사를 송고했다. 틀림없이 논란이 될 거라고 확신하면서.

노타이에 허연 면바지. 다음날 그의 국회 첫 등원 패션은 캐

주얼이었다. "여기 탁구 치러 왔나", "국민에 대한 예의가 아니다." … 아니나다를까 국회 본회의장에선 고함이 터졌다. 국회 모독이라며 퇴장하는 의원도 있었다. 유 의원은 결국 다음날 정장 차림으로 의원 선서를 다시 해야 했다. 그는 "튀려고 그런 것도 아니고 넥타이를 매기 싫어서도 아니며, 국회를 모독해서도 아니었다."라고 해명했다. 일하기에 편한 복장이 가장 좋다고 생각했다는 것이다. 실상은 일은 제대로 하지 않고 폼만 잡는 금배지들을 비꼬고 싶은 심리가 작동한 퍼포먼스였을 것이다. 그는 얼마 전 한 방송에서 "제가 삐딱이 기질이 있다. 정장에 넥타이를 매고 다니는 게 보기 싫었다."라고 실토했다.

우리는 지금 민주주의 사회에 살고 있나?

4일 국회 본회의장의 류호정 의원은 무릎 위까지 훤히 드러나는 원피스 차림이었다. 바로 논란이 일었다. "때와 장소에 맞게 갖춰 입는 것도 예의.", " 국회의 격을 떨어뜨린다." 정도는 점잖은 편. "소개팅 나가냐", "다음엔 더 야하게 입고 나와라." 극우사이트 '일간베스트 저장소'(일베)엔 비난과 성희롱이 꼬리를 물었다. 17년이 지났는데 논란은 판박이다. 옷차림으로 굳이 논란을 일으킬 필요가 있을까 싶다가도 옷차림이 무슨 상관인가 하는 생각이 고개를 든다. 미니스커트나 찢어진 청바지도 아니지 않은가. 어느 네티즌의 일갈처럼 국회에서는 꼭 정장을 입어야 한다는 법이라도 있나. 류 의원이 항변하듯이 국회 권위가 정장으로 세워지는 건 아니다.

가볍고 단순한 논란만은 아니다. 복장 논란은 복장 자체가 아니라 여전히 우리 사회가 권위주의, 흑백논리에서 벗어나지 못하고 있음을 드러낸 사건인지 모른다. 우리는 오랜 세월 '니 편 내 편'으로 편 갈라 싸우는 데 익숙하고 지금도 그러하다. 이런 이분법 세상에서 민주주의 요체인 다양성은 숨쉴 공간을 잃는다. 보편적 가치는 중심을 잃고 내로남불이 판친다. 그렇게 진영논리, 흑백논리에 절어 살다 보니 다름을 인정하기 힘든 거다.

내친김에 던져본다. 우리는 지금 민주주의 사회에 살고 있나. 민주주의를 받아들일 마음의 자세가 되어 있기는 한 건가. 아직 먼 듯하다. 우리 사회 곳곳엔, 국민 개개인의 내면엔 아직 독재의 유산, 전체주의 사고가 똬리를 틀고 있다.

08 '자칭 보수'의 실력

2017. 02. 10.

창조경제만큼 부조화스러운 것도 없다
실현 의지도 능력도 없는 공약을 내걸어 대중의 욕망만 빨아들여

그들은 입만 열면 '안보'와 '민생'을 외쳤다. 안보는 국가의 주권과 국민의 생명을 지키는 일이다. 민생은 국민이 먹고사는 일이다. 둘 모두 나라를 유지하는 최소한의 조건이다. 그런데 지금 대한민국은 안보도 민생도 불안하다.

안보는 안팎으로 구멍이 났다. 세월호 참사에서 드러난 안보 무능은 메르스(중동호흡기증후군) 사태로, 구제역 파동으로 옮겨가며 DNA를 유지하고 있다. 나라 밖에선 미·중 G2를 위시한 열강들이 사나운 이빨을 드러내며 으르렁대기 시작했는데 이에 맞설 힘은 탈진해버린 형국이다. 아메리카 퍼스트(America

First·미국 우선주의)를 외치며 이방인에게 거침없이 하이킥을 날리는 트럼프의 미국, 한한령(限韓令)으로 한류를 금지하며 사드(고고도미사일방어체계) 보복에 나선 시진핑의 중국, 그 틈바구니에서 줏대 없이 이리 차이고 저리 치이는 신세다.

　민생은 살얼음판을 걷는 중이다. 가계는 1,600조 원(자영업자 부채 포함) 빚에 짓눌려 고통받고 다시 그 빚이 끌어올린 주거비에 허덕인다. 대기업들이 사상 최대 실적을 내도 가계소득은 늘지 않는다. 일자리도 늘지 않는다. 최종 소비주체인 가계의 형편이 이러니 얼어붙은 경기는 녹을 줄 모른다. 곳곳에서 얼음이 깨지고 익사하는 민생 비극이 꼬리를 문다. 이틀간 굶은 실직자가 막걸리를 훔치다 경찰에 붙잡히고, 월세가 밀려 방을 빼던 날 세입자가 목을 맸다는 비보가 전해진 건 최근이다. 3년 전 집주인에게 '죄송합니다.'로 시작하는 짧은 편지와 월세, 공과금을 남기고 자살한 송파 세 모녀의 비극은 현재진행형이다.

　그들이 내놓은 주장과 다짐들은 빈말이었다. 독일 역사·정치학자 막스 베버는 정치인이 갖춰야 할 덕목으로 신념과 책임, 두 개의 윤리를 강조했다. 작금의 현실은 그들에게 애초 이런 덕목과 능력이 존재하지 않았음을 보여주는 생생한 증거다. 그들은 실현할 의지도 능력도 없는 공약을 내걸어 대중의 욕망만 빨아들이고 슬그머니 폐기처분했다. 양극화를 완화하고 내수 기반을 강화하는 데 꼭 필요한 경제민주화 정책들이 그렇게 자취를 감췄다. 그들이 주창한 '창조경제'는 아직도 실체가 뭔지 모호하다. 얼마 전까지 고위 공직을 맡았던 경제학자 A씨는 "박근혜 정권과 창조경제만큼 부조화스러운 것도 없다."라고 말했다. 창의성은 소통에서 나오는 건데 불통정권에서 가당키나 하냐는 것이다.

시대착오적 색깔론에만 유능한 이들에게 역사 공부를 권한다

그들이 이룬 경제 성과(?)라고 해봐야 가계 빚 늘려 집값 띄운 게 고작이다. 그 덕에 경제성장률은 올라갔겠지만 국민 살림살이가 나아진 건 아니다. 오히려 가계 빚에 눌려 소비 여력이 줄고 무주택 서민의 생활고는 가중됐다. 그들은 무능한 데다 뻔뻔하기까지 하다. 경제민주화 간판 뒤에선 국가 최고권력을 사유화해 재벌들에게서 돈을 뜯었다. 직권남용, 강요, 뇌물죄에 해당한다. 정권에 비판적인 문화·예술계 인사들을 몽땅 블랙리스트에 넣어 각종 지원에서 철저히 배제했다. 형법상의 여러 죄목을 뛰어넘어 민주주의를 부정하는 중대범죄다. 그래놓고 "나는 모르는 일."이라고 눈을 동그랗게 뜬다. 대통령 머리 꼭대기에 앉아 대통령 권력을 행사하던 이는 '민주투사' 행세를 한다. 법을 어긴 자가 법을 지키라고 훈계하는 꼴이다.

무능력이 드러난 가운데서도 케케묵은 전가의 보도는 어김없이 휘두른다. 법과 상식으로 판단하면 될 일에 종북 딱지를 붙인다. '아스팔트 우파'들은 '계엄령 선포'로 호응한다. 그들의 이름은 자칭 '보수'다. 보수의 가치를 지키기는커녕 짓밟은 그들이 보수란다. 시대착오적 색깔론에만 유능한 그들에게 역사 공부를 권한다. 독일 철혈재상 비스마르크(1815~1898)부터 시작하면 좋겠다. 독일을 통일한 그는 복지제도를 처음으로 도입한 인물이다. 의료보험을 시작으로 산재보험, 노령연금을 차례로 도입했다. 그는 좌파가 아니다. 사회주의, 공산주의에 맞선 보수우파다. 이 땅의 자칭 보수들도 '국가의 시간' 도둑질을 멈추고 부디 마땅히 해야 할 일을 찾기 바란다.

09 신뢰를 무너뜨린 죄

2016. 12. 10.

이제 주술정치에서 깨어날 때
스스로 물러나지 않았으니 탄핵은 마땅하고 유일한 길

애초 박근혜 정권은 없었다. 실상은 박순실 정권이었다. 그의 아버지가 그랬듯 최순실은 박 대통령의 심신을 지배했다. '올림머리' 꼭대기에 앉아 장·차관 인사를 설계하고 나라 예산과 정책까지 주물렀다. 선출되지 않은 최고권력이었다. 박 대통령도 아버지를 모방하고 답습했다. 불통 정치로 유신독재의 아픈 기억을 호출했다. 직언하는 측근은 배신자로 찍어 내쫓고 보복했다. 최순실에 찍힌 공무원은 '나쁜 사람들'이라는 말 한마디로 잘렸다. 재벌 총수를 불러 돈을 뜯었고 최순실을 위해 브로커 역할을 마다하지 않았다.

최고권력이 불통에 불법인 나라에 법치가 숨 쉴 공간은 없었다. 주변엔 '부역자'들만 남아 위세를 떨치고, 장관들은 눈치나 보는 '월급쟁이'로 전락했다. 법치의 보루여야 할 검찰 수뇌는 불의한 권력의 심기를 살피며 정의를 외면했다. 그렇게 정부 시스템은 먹통이 되고, 헌정질서가 와르르 무너져내렸다. 이 모든 게 들통났는데도 스스로 물러나지 않았으니 탄핵은 마땅하고 유일한 길이었다.

탄핵 이유야 차고 넘친다. 헌정질서 파괴는 내란죄와 마찬가지로 중범죄다. 직권남용, 뇌물, 강요…. 형법상 죄목도 여럿이다. 이들의 죄과는 비단 법률적인 것에만 국한하지 않는다. 국가 공동체의 신뢰를 무너뜨린 죄는 법률로 재단할 수 없을 뿐 묵과할 수 없는 중죄다. 신뢰는 공동체를 유지하는 데 반드시 필요한 사회적 자본이다. 정치든 경제든 물적 자본과 인적 자본만으로 굴러가지 않는다. 신뢰라는 사회적 자본이 없다면 발전할 수도 없고 지속가능하지도 않다. 정치철학자 프랜시스 후쿠야마는 신뢰가 기업과 국가의 제도, 경제 발전 수준을 결정한다고 봤다. 신뢰의 중요성은 동서고금을 막론하는 진리다. 2,500여 년 전 공자는 무신불립(無信不立), "백성의 믿음이 없으면 나라가 설 수 없다."라고 했다.

'박순실 정권' 4년간 신뢰는 사회 곳곳에서 허물어졌다. 위기 시 국가가 내 목숨을 지켜줄 거란 믿음은 2014년 4월 16일 진도 팽목항에서 세월호와 함께 침몰했다. 교육만큼은 기회의 균등과 정정당당한 승부를 보장할 것이란 믿음은 최순실과 그의 딸 정유라의 반칙과 이를 돕거나 방조한 정부와 대학의 타락을 목도하곤 맥없이 무너졌다. 그들은 돈과 권력만 있으면 학교에 가지 않고도 졸업장을 받고, 절차를 무시한 우격다짐으로 명문대도 들어갈 수 있음을 증명함으로써 보편적 가치에 대한 믿음을 한방에 부숴버렸다. 국가권력이 공정하게 사용될 거란 믿음, 법을 지키며 사는 게 떳떳한 것이란 믿음도 흔들어놓았다. 대통령이 이권을 연결해주는 '브로커' 역할까지 한 사실이 드러나고, 죄를 짓고도 큰소리치는 모습을 보이면서 신뢰는 바닥이 났다.

탄핵만으로 무너진 신뢰가 온전히 회복되지 않는다

먹고살기 바쁜 국민들이 손에 손에 촛불을 들고 광장으로 뛰쳐나온 건 허물어진 신뢰를 참을 수 없어서다. 최고권력이 무너뜨린 신뢰를 국민들이 혹독한 대가를 치르며 다시 세우고 있다. 탄핵을 이끌어낸 건 수백만 촛불이지 이 땅의 위정자들이 아니다. 박 대통령이 거푸 던진 이간계에 좌고우면, 우왕좌왕하던 야당과 새누리 비박계가 결국 '탄핵열차'에 올라탄 것은 촛불의 힘에 떠밀린 결과일 뿐이다. 그러나 그를 탄핵하는 것만으로 무너져내린 신뢰가 온전히 회복될 것 같지 않다. 박순실 정권의 적폐와 부역자들을 몽땅 단죄하지 않는다면 신뢰를 허문 그 DNA는 생명력을 유지할 것이다. 박순실 정권은 그들의 아버지 시대에 뿌려진 씨앗이 30여 년간 자라 맺은 결실이다. 박 대통령 탄핵은 박정희 시대를 객관적으로 정리하는 역사적 작업의 시작일 뿐이다.

대한민국은 지금 역사의 전환점에 섰다. '박순실 정권'을 가능케 했던, '박정희가 없으면 오늘 대한민국은 없다.'는 주술정치에서 이제 깨어날 때다. 박 대통령의 아버지, 박정희 대통령은 산업화의 공이 있다. 친일과 독재, 재산강탈의 과오도 있다. 박정희 위인전 같은 국정교과서로 덮을 수 없는 엄연한 역사다. 공과 모두 사실 그대로 후세에게 전해져야 한다. 신화가 역사가 될 때 비로소 대한민국은 과거의 덫에서 벗어나 미래로 나아갈 수 있을 것이다. 딸이 스스로 기회를 만들었다. 역사의 아이러니다.

10 지지율 5.6% 허경영은 왜 여론조사에서 빼나? 고독한 '허의 전쟁'

2022. 01. 28.

대선정국에서 허경영 현상은 신기루 아닌 실체
객관적 기준이 아닌 자의적 판단으로 허 후보 배제

허경영 국가혁명당 대선 후보는 요즘 잔뜩 화가 나 있다. 여론조사에도, 방송토론에서도 철저히 배제되는 데 대한 불만 토로이자 피해 호소다. 연일 "이런 불공정 선거가 어딨냐."라면서 "언론이 민주주의를 죽이고 있다."라고 성토한다. 또한 "오죽하면 (지지자가) 차에 휘발유를 부어서 중앙선관위에 뛰어들어가겠냐."라고 반문한다.

28일 오전 서부지방법원 '공중파 3사 4자토론 방송금지 가처분신청' 변론에 참석하면서도 한바탕 사자후를 토했다. "언론 여론조사에서 0.3%인 김동연은 계속 넣어주고 5.6% 허경영은 계속 빠져요. 이거 이상한 거 아닙니까?" 듣고 보니 이상하기는 하다. 각종 여론조사에서 왜 유독 허경영만 빼는 것인가. 대선 정국에서 허경영 현상은 신기루가 아니다. 실체가 있다. 열광하는 이들이 있고 수치로도 확인된다.

지난 26일 발표된 여론조사(뉴스핌 의뢰 코리아정보리서치 23일 조사)에서 허 후보 지지율이 5.6%였다. 정의당 심상정 후보(3.1%)보다 높다. 그럼에도 허경영은 왜 배제하는 건지, 한 여론조사기관 대표에게 물었다. "제2의 신천지 아닌가요?", "세상이 워낙 힘드니 극단에 빠지는, 그런 거 아닐까요?" 허경영을 정상적인 대선 후보로, 심지어 정치인으로도 볼 수 없다는 뉘앙스였다. 합리적 이유가 아니었다. 이런 이유라면 해결난망이다. 허 후보의 화만 더 돋울 뿐이다. 객관적 기준이 아니라 자의적 판단으로 허 후보를 배제했다는 실토나 다름없기 때문이다. 허경영의 정체가 모호한 건 사실이다. 정치인인지 종교인인지 알 수 없다. 보수인지 진보인지도 헷갈린다. 코로나 생계지원금 1억, 국민배당금 월 150만 원, 결혼하면 3억. 주요 공약을 보면 너무 담대해 오히려 황당하다.

기회는 주는 게 공정, 선택은 주주인 국민의 몫

그렇다고 이런 특징이 기회 박탈의 이유가 될 수는 없다. 더욱이 그런 선입견에 대한 허 후보의 답변은 거침없고, 명쾌하기까지 하다. "좌도 우도, 보수도 진보도 아닌 정치 메시아."(UPI뉴스 1월 26일 인터뷰)라고 자신을 규정한다. 기실 기준도 뚜렷하지 않은 이 땅의 좌우, 보수진보 논쟁은 얼마나 허망하던가. 정치 메시아란 규정도 터무니없는 건 아니다. 허 후보는 30여 년 전 대선(1987년) 때 이미 출산수당을 약속했다. 당시엔 허무맹랑하기 짝이 없는 공약이었지만 30년 앞을 내다본 선견지명이었다. 출산수당은 지금 현실이다.

과도한 퍼주기란 비판에도 "내 공약은 복지가 아니다. 주식회사 대한민국이 주주인 국민에게 마땅히 줘야 하는 배당이며 투자."라며 복지 개념을 뒤집어엎는다. 실현 가능성이 문제인데, 이에 대해서도 "나라에 돈이 없는 게 아니라 도둑이 많은 것."이라는 특유의 레토릭으로 받아친다. 양극화 세상에서 절망에 빠진 서민들에게 카타르시스를 선사하는 허경영표 경구다.

선거를 민주주의의 꽃이라고 한다. 민주주의의 요체는 다양성을 받아들이는 것이다. 다름을 인정하는 것이다. 민주주의를 위협하는 극단주의, 근본주의가 아닌 한 포용함이 마땅하다. 허경영은 이상주의자인지 몰라도 극단주의자로 보이지는 않는다. 결국 허 후보를 배제해도 되는 이유는 찾을 수 없었다. 그렇다면 기회는 주는 것이 공정하지 않은가. 선택은 주주인 국민의 몫이다.

3장

윤석열 정권의 자유·상식·공정

01 | 윤석열 대통령의 자유는 누구를 위한 것인가

2023. 05. 10.

오히려 지금의 시장자유가 심각한 위기상황

'사실상 핵 공유'야말로 가짜뉴스, 나라 꼴만 우스워져

윤석열 정부 출범 만 1년이 지났다. 그간 윤 대통령이 공식석상에서 가장 애용한 낱말은 단연 '자유'다. 줄기차게 자유를 외쳐댔는데 정작 그 실체는 여전히 모호하다. 세상 평등한, 단일한 자유란 없다. 자유는 모순적이다. 서로 충돌한다. 권력자의 자유는 시민의 자유와, 자본가의 자유는 노동자의 자유와 충돌한다. 어느 한쪽의 자유가 비대해지면 다른 쪽의 자유는 억눌린다.

윤 대통령이 외치는 자유는 어떤 자유, 누구를 위한 자유인가. 적어도 나의 자유를 위해 다른 이의 자유를 파괴해도 되는 세상은 아닐 것이다. 그런 세상은 문명이 아니라 약육강식의 정글이다. 윤 대통령의 자유엔 시장자유가 당연히 포함될 것이다. 취임 일성으로 "자유민주주의 시장경제로 나라를 재건하겠다."라고 했었다. 시장자유란 정부 개입의 반대 개념이다. 정부 개입이 심할수록 시장자유는 위축된다.

지난 1년 신자유주의 공식대로 확장재정을 반대하며 감세정책을 펴기는 했다. 설마 재벌기업과 부자들 세금 깎아주면 투자와 성장으로 이어진다는 낙수효과를 기대했을까. 그렇진 않을 것이다. 낙수효과가 허구라는 건 반복적으로 입증된 사실이다. 그렇다고 시장자유가 확장된 것도 아니다. 오히려 지금 시장자유는 심각한 위기 상황이다. 미국 인플레이션 감축법, 반도체법에 발목 잡혀 한국 간판급 기업들의 자유가 질식할 지경이다. 미국이 주창한 자유무역질서를 미국 스스로 깨는 어처구니없는 상황에서 속수무책이다.

그런데도 한미정상회담에서 이 시급한 현안은 의제에도 오르지 못했다. 미국과 협상한 흔적조차 없다. '사실상 핵 공유'를 위해 바이든 심기를 경호하느라 우리 기업의 자유를 외면한 꼴이다. 그런 터에 '사실상 핵 공유'(김태효 국가안보실 1차장)는 백악관 즉각 반박으로 가짜뉴스로 드러났다. 나라 꼴만 우스워졌다. 이런 망신이 없다. 설상가상 최대 수출시장인 중국 수출전선엔 먹구름이 가득하다. 안 그래도 무역적자가 1년 넘도록 이어지는 마당에 윤 대통령은 왜 민감하기 짝이 없는 대만 문제를 꺼내 중국 리오프닝(경제활동 재개)에 들뜨던 시장에 찬물을 끼얹나.

누가 대통령에게 위헌의 자유, 역사 재단 권한을 주었나

문제의 발언 후 이틀간 LG생활건강과 아모레퍼시픽 등 관련 기업 주가가 10% 가량 폭락했다. 지난 정권에서 그랬다면 조중동을 중심으로 '경제 말아먹는 대통령'이라며 십자포화를 퍼부었을 게 분명하다. 경제적 자유만이 아니다. 정치적 자유도 집권여당, 그 기득권 세상에서부터 무너졌다. 전당대회 과정에서 유력 당권주자 유승민, 나경원, 안철수의 정치적 자유가 온갖 반칙과 협박으로 짓밟혔다. 당원들의 정치적 자유도 유린됐음은 물론이다. 노동, 언론의 자유는 말할 것도 없다. 여당 최고의원의 입에서 '민주노총 해체'란 말이 아무렇지 않게 나오고, 비판 언론엔 고소고발장이 날아든다. 자유를 외쳐대는데 자유가 퇴보하는, 기막힌 역설이다.

지금 대한민국에서 자유를 맘껏 누리는 이는 오직 윤 대통령뿐이다. 강제징용에 대한 일본기업의 배상책임을 인정한 대법원 판결까지 뒤집을 자유, "강제징용은 없었다."라는 기시다 정부에 "부담 갖지 말고 오시라."면서 면죄부를 주는 자유까지 누리고 있다. 권한 밖의 자유가 아닐 수 없다. 누가 대한민국 대통령에게 위헌의 자유, 역사를 재단할 권한을 주었나.

　권력자의 자유가 폭주하면서 한반도 정세는 일촉즉발로 치닫고 있다. 미국, 일본과 밀착하기 위해 외교지도에서 중국과 러시아를 아예 지워버린 듯한 '결단'으로 한반도를 열강의 이해가 충돌하는, 신냉전의 최전선으로 만들어버리고야 말았다. 나라가 흔들리니 시민의 자유도 위태롭다. 100여 년 전 조선 왕실도 청,러,일을 끌어들여 한반도를 전쟁터로 만들어버렸다. 그러다 나라가 망했고 조선 대중은 자유를 잃었다.

02 | 그렇다면 '매국 방송' MBC를 고소하라

2022. 09. 26.

MBC는 가짜뉴스로 국익을 훼손한 매국 방송사?
전 국민 대상 코미디 청력테스트, '바이든'vs '날리면'

 '바이든'과 '날리면'은 너무 다른 말이다. 둘을 비교하게 될 줄 꿈에도 몰랐다. 주말 내내 숱한 국민이 두세 음절 단어와 씨름했다. 가히 전 국민 청력테스트였다. 다시 한번 들어봐 달라는 김은혜 홍보수석의 말이 아니더라도 이미 열 번은 들은 터였다. 그러고도 혹시나 해서 '다시 한번'이 아니라 열댓 번을 더 들었다. 김 수석의 말처럼 "승인 안 해주고 날리면~"으론 도저히 들리지 않았다. 애초 잡음 섞인 원본에서도 "이 ××들.", "승인 안 해주면.", "바(이든)."는 들리는데, 잡음을 제거한 영상을 보니 한결 또렷해졌다.

"국회에서 이 ××들이 승인 안 해주면 바이든(은) 쪽팔려서 어떡하나." 문제의 윤석열 대통령 막말은 열댓 번을 들어도 이렇게밖에 들리지 않았다. 건강검진에서 필자 청력은 늘 정상이었다. 제대로 들은 거라면 막말의 뜻은 바이든 대통령의 공언을 미국 의회가 승인해주지 않으면 망신스럽지 않겠냐는 의미였을 것이다. 바이든은 결핵·말라리아 퇴치를 위한 국제기구인 글로벌펀드에 60억 달러를 지원하겠다고 약속한 터다. 문제의 막말은 바이든을 48초 만나고 퇴장하면서 한 것이고, 해당 장소는 글로벌펀드 7차 재정회의가 열리던 곳이다.

몇몇 지인에게도 물어봤다. 여론조사기관 대표 A는 "빼박."이라고 했다. 시사평론가 L은 "그게 날리면? 바이든이지."라고 했다. 청력이 온전하다면 거의 그렇게 들었을 거라고 본다. 그런데 순방에서 돌아와 26일 아침 기자들 앞에 선 윤 대통령은 당당했다. 사과 따위는 없었다. 너무도 태연하게 "사실과 다른 보도로써 동맹을 훼손하는 것은 국민을 위험에 빠뜨리는 일."이라고 했다. "진상이 더 확실하게 밝혀져야 한다고 본다."라고도 했다.

예상치 못한, 뜻밖의 대응이었다. 어디 먼 데서 남이 한 말인가. 어디서 많이 듣던 유체이탈 화법이다. 스스로 한 말 스스로 밝히면 될 일이다. 뭐가 오해이고 어디가 왜곡됐는지 설명하면 끝날 일이다. 해명과 사과를 예상했던 국민은 허를 찔렸다. 박진 외교부 장관은 26일 JTBC에 출연해 "(48초 환담에서도) 인플레 감축법 등 핵심적인 얘기는 다 했다."라고 했고, "국회는 한국 국회를 지칭하는 거였다."라고 했다. 그럼 최소한 졸지에 '이 ××들'이 되어 버린 야당 의원들에게는 사과해야 하는 것 아닌가.

참으로 눈물겨운 '주군 쉴드치기' 경쟁

하긴 박 장관은 바로 옆에 있었으면서도 "(비속어에 대해선) 제가 들은 건 없다."라고 했다. 비속어는 없었다고는 안 했으니 거짓말이라고 할 수는 없을지 모르겠다. 장관으로선 그게 최선이었음도 이해한다. 박 장관은 음악소리 핑계를 댔는데, 영상에선 그 와중에도 비속어가 또렷하게 들린다. 국민의힘 일각에서 밑자락을 깔 때부터 알아봤어야 했다. 당권 도전을 선언한 김기현 의원은 '조작된 광우병 사태'에 빗대며 '가짜뉴스'로 몰고, 기자 출신 조수진 의원은 이재명 더불어민주당 대표의 형수 욕설을 소환해 "이것이 진짜 욕설이다."라며 물타기를 시도했다. 배현진 의원은 아예 "'이 ××'도 없었고 '바이든'도 없었다."라고 우긴다. 주군을 위한 '쉴드치기' 경쟁이 참 눈물겹다. 명확히 식별되지 않는다면서도 '바이든은 없었다.'고 단정한다. 그 자체로 모순이다.

"귀신 붙는다."라는 천공 발언이 따라붙은 영국 여왕 참배 무산, 스타벅스 커피 대기시간보다도 짧았던 48초 한미정상회담,

일본은 간담이라고 부른 굴욕적 30분 한일정상회담도 하나하나 논란이지만 여기선 제쳐두자. 논란이 꼬리를 문 5박 7일 순방에도 자화자찬할 구석이 없진 않은 모양이니. 그보다 시급하고 심각한 건 대한민국의 '벌거벗은 임금님'이다. 막말 당사자 윤 대통령이 "사실과 다른 보도."라며 국익 훼손을 걱정하고, 여당 친위세력은 이를 최초 보도한 MBC를 손볼 기세다. 그들 말대로라면 MBC는 가짜뉴스로 국익을 훼손한 매국 방송사다.

그렇다면 망설일 거 뭐 있나. 당장 MBC를 고소하라. 기소야 충직한 검찰이 어련히 하지 않겠나. 더 이상 국민을 '청력테스트'로 몰지 말고, 법정에서 정면승부하라. '이 ××'도 없었고, '바이든'도 없었다면 세상에서 제일 멋진 임금님의 옷도 비로소 온 국민의 눈앞에 드러나지 않겠나.

03 | 입으론 '언론자유' 손발은 '재갈 물리기'… 윤석열의 이중성

2021. 11. 26.

언론 책무를 '허위사실 동원한 낙선 시도'로 매도
무속인 말에 의존해 중대사를 결정하는 건 위험한 일

지난 25일 오후 영등포경찰서에 불려갔다. 기자로서 취재하러 간 게 아니다. 피의자로 조사받으러 출두한 것이다. 고발자는 윤석열 국민의힘 대선후보 법률팀, 죄목은 형법상 명예훼손과 공직선거법상 허위사실 공표라고 했다. 윤 후보 측이 문제 삼은 건 10월 7일자 UPI뉴스 기사였다. '코바나 컨텐츠에 역술인 상주하다시피…김건희는 미신 중독' 제하의 윤 후보 부인을 조명한 기사였다.

윤 후보의 '손바닥 王자' 논란이 계기였다. 대체 왜 썼고, 누가 써준 것인가. 윤 후보가 지키겠다는 자유민주주의와 어울리지 않는 전근대적 ㅍ자 표기의 경위가 궁금했다. 단순한 호기심의 발동이 아니다. 의심의 여지 없이 이 또한 엄연한 대선후보 검증일 터다. 윤 후보와 김건희 씨 주변을 훑던 중 기사 제목과 같은 결정적 증언들을 확보할 수 있었다. 진술은 너무도 상세하고 입체적이었다. 상황과 인물 관계 묘사가 거짓으로 꾸며낼 수 있는 말들이 아니었다. 증언한 이가 윤 후보 측 가까이에서 이를 지켜볼 수 있는 신분이기도 했다. 증언의 진실성을 믿을 만한 정황이 충분했다는 얘기다. 김씨에 대한 많은 얘기들을 들을 수 있었다. 기사는 그중 일부를 추린 것이다. 훨씬 더 논란이 될 내용이 있었지만 너무 사적인 얘기, 민감한 진술은 반영하지 않았다. 검증의 명분을 넘어 명예훼손이 될 수도 있는 내용은 뺐다는 말이다.

  기사 보도 경위는 이게 전부다. 대선후보라는 공인에 대한 검증이 유일한 보도 이유다. 허위사실로 윤 후보와 부인의 명예를 훼손할 이유가 있을 리 만무하다. 그럼에도 윤 후보는 명예훼손을 넘어 공직선거법상 허위사실공표죄까지 걸어 UPI뉴스를 고발했다. 윤 후보를 낙선시킬 목적으로 허위사실을 공표(공직선거법 250조 허위사실공표죄)했다는 말이다. 대선후보 검증이라는 언론의 책무를 허위사실을 동원한 낙선 시도로 매도한 것이다.

언론에 재갈 물리는 이중잣대, 자신만은 예외인가?

이거야말로 언론의 자유를 망각한 횡포요 심각한 명예훼손이 아닐 수 없다. 윤 후보는 그간 언론의 자유를 외쳐왔다. 스스로 "언론의 자유는 대한민국 자유민주주의 헌법의 핵심가치."라고 힘주어 말했다. 국회를 찾아 여당이 추진하던 언론중재법을 '언론재갈법'이라고 비판하며 반론을 펴던 때였다. "기자들은 모든 의혹을 스스로 입증할 때까지 보도하지 못해 권력비리는 은폐되고 독버섯처럼 자라날 것."이라고 걱정하기까지 했다.

그랬던 이가 자신만은 예외라는 것인가. 그러고도 조국의 내로남불을 탈탈 털고 비난할 자격이 있는가. 윤 후보 측은 정작 UPI뉴스가 전화로 문자메시지로 사실 확인과 입장을 요청했을 땐 묵묵부답이었다. 그래 놓고 뒤늦게 제 역할을 하고 있는 언론을 허위사실이나 퍼트리는 집단으로 매도하니, 입으로는 언론자유를 외치면서 손발은 언론에 재갈을 물리는 이중적 행태가 아닐 수 없다.

"일국의 대통령을 꿈꾸는 이가 무속인의 말에 의존해 중대사를 결정하는 건 매우 위험한 일 아니겠나." 어렵사리 인터뷰에 응한 이는 마지막에 이렇게 말했다. "백퍼 동의한다." UPI뉴스가 기사를 내보낸 이유도 다르지 않다. 다시 강조하건대, 공인에 대한 검증! 이것 말고 다른 이유, 의도란 있을 수 없다. 그런데 낙선시킬 목적으로 허위사실을 유포했다니 이거야말로 언론에 재갈을 물리려는 허위사실 유포다.

04 | 운전면허 없는 윤석열 대통령의 국정운영

2022. 10. 05.

"영유아들은 집에만 있는 줄 알았다."

윤 대통령의 무면허 운전 연상케하는 국정운영

윤석열 대통령은 운전면허가 없다. 그럼에도 검사 시절 골프를 즐겼다. 누군가는 모시러 가야 했다는 얘기다. "아니, 뭐 택시 타기도 했고~" 윤 대통령을 잘 아는 검찰 출신 인사는 이렇게 말했다. 믿기 어려운 얘기다. 택시 타고 골프장을 간다는 건 듣도 보도 못한 일이다. '쉴드' 치는 레토릭이었을 것이다. 운전면허가 없기 때문이란 얘기는 아니다. 공교롭게 윤 대통령의 국정 운영은 무면허 운전을 연상케 한다. 그것도 난폭운전에 가깝다. 설상가상이다.

최근 해외 순방도 그랬다. 성과는 고사하고 유치한 논란만 남졌다. 바이든이냐 날리면이냐 논란은 그 자체로 망신이다. 경제가 위기라는데, 민생이 질식할 지경이라는데, 순방 중의 대통령 막말로 시끄러운, 한심한 나라. 대한민국 국격이 그렇게 추락했다. 언론 탓은 비겁하다. 애초 사과 한마디면 끝날 일이었다. 대통령실도 처음엔 문제를 인식했기에 보도 자제를 간곡히 요청했던 것 아닌가. 늦지 않게 윤 대통령 스스로 정리했다면 '찻잔 속 미풍'으로 지나갔을 것이다.

그 간단한 걸 하지 않고 열댓 시간 지나 "바이든이 아니라 날리면."이라며 '전 국민 모국어 듣기평가'를 감행하면서 스텝이 꼬이기 시작했다. 거짓말은 거짓말을 낳는 법이다. 한번 꼬인 스텝은 점점 더 꼬여갔다. 여당 친위대는 아예 욕설("이 XX들.") 자체가 없었다고 우기고 '국회'는 미국이 아니라 한국 국회를 지칭하는 거라고 했다가 그것도 아니라고 뒤집는 등 오락가락했다. 그렇게 손발도 못 맞추면서 조작된 가짜뉴스라며 모든 책임을 언론에 돌렸다. 국민의 귀는 열 중 여섯이 바이든으로 들린다는데도, "저러다간 아예 미국은 가지도 않았다고 할 판."이라고 비웃는데도 우격다짐으로 밀어붙였다.

'대통령 놀이' 하나, 지금이라도 면허 따야

그래서 지금 대한민국은 동화의 나라가 됐다. '벌거벗은 임금님'이 동화책에서 뛰쳐나온 듯한 비현실적 상황을 온 국민이 목도하고 있다. 그 임금님은 입만 열면 자유를 외치면서도 정작 언론자유는 옥죄는 모순도 보란듯이 시전 중이다. 미풍에 그칠 일이 찻잔을 벗어나 진짜 태풍이 되고 만 형국이다. 윤 대통령은 대선 승리 후 국민을 잘 모시겠다고 했다. 야당과 협치하겠다고도 했다. 그 약속 다 어디로 갔나.

윤 대통령은 이제라도 '면허'를 따야 한다. 어린이집을 방문할 거면 워킹맘의 고충을 이해할 준비 정도는 하고 가야 한다. "영유아들은 집에만 있는 줄 알았다."라는 무지한 말씀을 해선 안 된다. KTX 좌석에 구둣발을 올려서도 안 된다. 현실도 모르는 대통령, 일반 국민도 지키는 공중도덕조차 지키지 않는 대통령에게 뭘 기대할 수 있겠나. 승객의 안전은 운전자에 달렸다. 지금 윤 대통령을 바라보는 국민은 불안하다.

보수인사인 철학자 탁석산은 최근 방송에서 윤 대통령 부부를 두고 "대통령 놀이를 하고 있다."라고 일갈했다. 흔히 하는 말로 뼈 때리는 촌평이다.

05 검찰권력 확장이 윤석열의 법치인가

2022. 06. 10.

무도한 시위세력에게 면죄부 주는 대통령의 '법대로'
가벼운 언행의 반복, 숙고 흔적이 없는 대통령의 언어

윤석열 대통령의 출근길이 아슬아슬하다. 거의 매일 용산청사 로비에서 약식 기자회견이 펼쳐진다. 길목 지키는 기자들 질문에 답하는 게 대통령 일과의 출발점이 됐다. 지금껏 본 적 없는 소통의 일상화다. 신선하기는 한데, "저러다 사고 날 것."이라고 얘기하는 이들이 한둘 아니다. 너무 멀리 봤다. 우려는 이미 현실이다. 사고는 터지기 시작했다.

대통령의 언어는 대국민 메시지다. 정책 이정표다. 국정철학이 거기에 담긴다. 당선 전과는 달라야 한다. 그러나 별반 차이가 없다. 깊이를 느낄 수 없는, 가벼운 언행이 반복되고 있다.

대통령의 언어로 받아들이기엔 숙고의 흔적이 보이질 않는다. 윤 대통령이 즐겨 쓰는 '법치'란 말부터 수상하기 짝이 없다. 문재인 전 대통령 사저 앞 자칭 보수단체의 욕설시위를 '법에 따라서'라는 한마디 말로 정리해버렸다. "대통령 집무실 시위도 허가되는 판이니까…."라면서 "법대로."를 외쳤다. 대통령이 무도한 시위세력에게 면죄부를 준 꼴이다.

이런 게 대통령의 언어일 수는 없다. 대통령이라면서 헌법 가치가 짓밟히는 현장을 목도하고도 그렇게 가볍게 '법대로'를 외칠 수는 없는 일이다. 헌법은 '모든 국민은 사생활의 비밀과 자유를 침해받지 아니한다.'(제17조)고 규정하고 있다. 전직 대통령도 평산마을 주민들도 모두 사생활의 자유를 보호받아야 할 국민이다. 검찰 독식 인사에 대한 비판에도 윤 대통령은 "그게 법치국가 아니겠나."라는 말로 반박했다. "미국 같은 선진국일수록 거번먼트 어토니(정부 측 법률대리인) 경험을 가진 사람들이 정·관계에 아주 폭넓게 진출하고 있다."라면서 검찰 독식인사를 법치로 포장한 거다.

검찰권력 팽창해 법치가 물구나무설까 두렵다

이쯤 되면 윤 대통령이 생각하는 법치의 정체를 의심하지 않을 수 없다. 검사들이 권부 요직을 독차지하는 게 법치라는 말일까. 그래서 유우성 간첩조작 사건으로 징계받았던 이시원 전부장검사를 보란듯이 대통령실 공직기강비서관에 임명한 것인가. 법치를 훼손한 검사를 중용하면서 "이런 게 법치다."라고 외치는 모순이 아닐 수 없다. 이명박 전 대통령 사면에 대해서도 "과거 전례에 비춰 이십몇 년을 수감생활 하게 하는 건 안 맞지 않느냐."라고 했다. 사실상 사면을 시사한 건데 이유가 옹색하다. 대통령 고유권한인 사면은 사법부의 심판을 '없던 일'로 돌리는 일이다. 삼권분립에 어긋나는 특권이다. 그런 만큼 원칙과 명분이 뚜렷해야 한다. 그렇지 않다면 법치주의만 훼손할 뿐이다.

　법치주의란 법에 의한 지배를 말한다. 국가가 국민의 자유와 권리를 제한하거나 국민에게 의무를 부과할 때에는 반드시 국민의 대표기관인 의회에서 제정한 법률로써 해야 한다는 말이다. 그런데 윤 대통령이 생각하는 법치는 좀 다른 것 같다. 분명한 건 검찰공화국이 법치를 보장하는 건 아니라는 사실이다. 같은 식구는 봐주고 표적·편파·엉터리 수사를 벌여 법정으로 끌고 가는 무도한 짓도 서슴지 않던 게 대한민국 검찰이었다. 그런 검찰권력이 팽창하면서 거꾸로 법치가 물구나무설까 두렵다. 그런 세상에선 힘없는 국민만 고통받는다.

06 | 윤석열 대통령의 가짜 공정, 가짜 정의의 끝은 어디인가

2022. 09. 01.

대통령 처가 수사 경찰관을 초청한 이유는?
대통령 취임식에 초청된 '참석해서는 안 되는 사람들'

이쯤 되면 우연이라고 보기 어렵다. 윤석열 대통령 취임식에 '참석해선 안 되는 사람들'이 참석한 사실이 줄줄이 드러나고 있다. 복수의 극우 유튜버, 도이치모터스 주가조작 사건 핵심 피의자의 아들, 윤 대통령 장모의 잔고 위조 공범이 그들이다. 여기에 A경위가 추가됐다. A경위는 경기 남부경찰청 반부패·경제수사대 소속으로 윤 대통령 장모와 부인 김건희 여사, 처남이 연루된 양평 공흥지구 개발 특혜 의혹을 수사 중인 경찰관이다.

모두 장모 범죄 혐의 등 윤 대통령 처가 쪽과 관련이 있는 사람들이다. 콕 집어 초청한 게 아니라면 이런 우연의 조합은 가능하지 않다. 연결고리야 당연히 김건희 여사일 터다. 이들을 초청한 이유가 뭔지는 논란 벌일 일도 아니다. 권력을 과시하고 수사에 영향을 끼칠 의도 말고 뭐가 더 있겠나. 담당 수사 경찰관을 초청한 것은 누가 봐도 회유와 협박일 수밖에 없다. 박주민 의원의 말처럼 "누구라도 부담과 압박을 느꼈을 상황."일 터다.

논란이 일자 행안부와 경찰은 A경위가 청룡봉사상을 받은 이력으로 취임식에 초청받은 거라고 해명했다. 청룡봉사상은 경찰청과 조선일보가 해마다 우수 경찰관에게 시상하는 사회공로상이다. 들통이 나니 억지로 꿰맞춘 해명으로 보인다. 〈뉴스버스〉 보도를 보면 이 상을 받은 경찰 4명 중 2명은 아예 초청받지 못했고 초청받은 1명은 전혀 다른 이유로 초청됐다.

가짜 공정 가짜 정의의 민낯, 그 끝은 어디까지?

야당은 즉각 십자포화를 퍼붓기 시작했다. 단지 정치공세로 치부하기 어렵다. 그만큼 윤석열 정부의 취임식 초청 행태는 상식 밖이다. 어떻게 수사 대상이 담당 경찰관을 콕 집어 최고권력 출범식에 초청할 수가 있나. 대놓고, 버젓이 하는 행태가 무도(無道)하기 짝이 없다. 윤 대통령은 강골 검사 출신이다. 법과 원칙, 공정과 정의를 입에 달고 살았다. 처신도 당당했다.

2013년 국정감사에서 국정원 댓글조작 사건 수사 때 외압이 있었다는 것을 폭로하면서 "사람에 충성하지 않는다."라는 명언을 남겼다. 인사 보복이 뻔한 데도 이를 두려워하지 않는 강골 검사의 사자후로 국민 뇌리에 각인됐다.

집권 100일 만에 그 멋진 상징자본은 흔적 없이 사라졌다. 법도, 원칙도, 공정도, 정의도, 이름도 남김없이 아득해졌다. 거꾸로 치명적 부채가 쌓여가고 있다. 더불어민주당 조오섭 의원은 "윤 대통령의 가짜 공정, 가짜 정의의 민낯 도대체 그 끝은 어디까지입니까."라고 일갈했다. 가짜 공정, 가짜 정의에 분통 터지는 국민이 어디 야당 의원뿐이겠나.

07   "정순신, 대한민국에 살 자격 없다." ··· 이재오의 이유 있는 분노

2023. 03. 01.

가히 검찰공화국 막장 드라마로 불릴 만한 사건
피해자의 인권 짓밟는 막장극 주역, 정순신 인권감독관

    정순신 국가수사본부장 낙마 사건은 엽기적이다. 그런 흠결을 갖고도 그런 자리를 욕심냈다는 게 기막히다. 인사검증에서 걸러지지 않았다는 것도 이해불가다. 누군가 책임져야 할 일인데 누구도 사과조차 하지 않는다. 국민을 바보로 아는 걸까. 아들과 아버지는 이어달리기하듯 학폭 피해자를 괴롭혔다. 가해자인 아들을 위해 소송전을 펼치며 2차 가해하던 당시 검사 정순신은 서울중앙지검 인권감독관이었다. 인권 보호가 업무인 공직자가 남의 인권, 그것도 피해자의 인권을 짓밟는 막장극을 벌인 거다.

정 검사가 버젓이 그런 짓을 할 때 윤석열 대통령은 서울중앙지검장, 한동훈 법무부 장관은 서울중앙지검 3차장이었다. 언론에 떠들썩했던 사건이었다. 그런데 몰랐다고 한다. 한 장관은 정 검사와 연수원 동기이기도 하다. 그럼 사과라도 해야 하는데 대응이 엉뚱하다. 윤 대통령은 느닷없이 학폭 근절방안을 조속히 보고하라고 지시했다. 학폭이 뭐 어제오늘 벌어지기 시작한 신종범죄라도 되나. 인사검증 주무장관인 한 장관은 "정무적 책임감을 느낀다."라고 했다. 그러면서도 "구조적으로 파악하기 어려운 일은 맞았던 것 같다."라고 했다. 늘 당당한 모습에 어울리지 않는 비겁한 변명이다.

가히 검찰공화국 막장드라마로 불릴 만하다. 국민적 공분이 이는 건 당연한 일이다. 여권에서도 비판과 자성의 목소리가 나온다. 국민의힘 이재오 상임고문의 비판은 특히 신랄하다. 〈매불쇼〉에 출연해 "마땅히 사과하고 누군가 책임져야 할 일."이라고 했다. 정 전 검사에 대해 "대한민국에 살 자격도 없다."라고까지 말했다. 알고 보니 이재오 고문도 학폭 피해가족이었다. 1985년생 늦둥이 아들이 고교 시절 학폭 피해자였다고 한다. 어느 날 학교를 가지 않길래 혼을 낸 적이 있는데, 학폭 피해 때문이었다는 걸 최근에야 알았다는 것이다. 아들이 최근 "그때 몇 일 학교 안 간 적 있잖아요? 사실은요 저도~ "라면서 학폭 피해사실을 털어놓더라는 것이다. 당시 이 고문은 현역 국회의원이었다. 이 고문은 "지금도 아들이 그 트라우마를 안고 산다."라고 했다.

이제라도 피해자에게 진심을 다해 사죄해야

학폭 피해 트라우마는 그렇게 평생 가는 것이라면서 이 고문은 60여 년 전 학폭까지 소환했다. 학창시절 친구들 때리고 돈 빼앗던 악당이 있었는데, 동창 모임에 안 보이길래 "걔는 왜 안 나와?"라고 물었더니 다들 눈치를 보면서 "우리 괴롭히던 애 아니냐."라고 하더라는 것이다. "다 지난 일 갖고 뭘 그러냐, 나오라고 하라고 했지. 그래서 그 친구가 나왔는데 다들 눈도 마주치지 않는 거라. 그러다 한 친구가 '너 그때 우리 때리고 괴롭힌 거 사과하라.'고 하더라." 그러자 그 친구가 무릎을 꿇더니 "나이 드니 알겠더라."며 사과했다고 한다. 10대 때의 악행으로 묶인 원한의 매듭이 나이 80이 다돼 사과함으로써 풀린 것이다.

힘센 공직을 얻으려다 정순신 부자는 훨씬 더 많은 것을 잃었다. 변호사인들 제대로 하겠나, 서울대인들 편히 다닐 수 있겠나. 이 고문의 일갈처럼 대한민국에서 온전히 살 수 있을지 걱정될 정도다. 누굴 원망하겠나. 삶을 지킬 방법은 있다. 이제라도 피해자에게 진심을 다해 사죄하는 것이다. 거기서부터 다시 시작해야 한다. 잘못된 삶을 바로잡고 복원하는 출발점이 거기다. 시간이 해결해줄 일이 아니다. 80 노인도 10대 때 악행에 대해 무릎 꿇고 사죄했다.

08 | 마광수 잡아 가둔 검찰, 윤재순은 수사 안 하나

2022. 05. 16.

30년 전 동시대에 벌어진 일, 다른 결말

긴급체포 이후 삶이 엉망진창 된 마광수 교수

   2017년 9월 마광수 교수가 별세했다. 예순여섯 해 삶을 스스로 마감했다. 그렇다고 자살이라고 부르기 어렵다. 사회적 타살이 본질에 가깝다. 한국 보수 기득권 세력은 집요하게 그를 벼랑 끝으로 몰았다. 1992년 10월 마흔을 막 넘긴 문학교수는 강의 도중 긴급체포됐다. 소설 『즐거운 사라』를 쓴 게 문제였다. 3년 뒤 대법원은 이 소설을 음란문서로 규정하고 유죄를 확정했다. 이후 그의 삶은 엉망진창이 됐다. 학교에서 쫓겨나고 극심한 우울증에 시달렸다. 암흑의 40대였다. 죽음의 그림자는 그때 이미 짙게 드리웠다. 2003년 9월 흰머리 성성한 50대에 접어들어서야 강단에 복귀했지만 끝내 삶을 회복하지 못했다.

저자의 삶을 파탄낼 만큼 『즐거운 사라』가 그렇게 위험한 소설이었나. '사라'는 성에 능동적인 여자였을 뿐이다. 그해 12월 연세대 연구실에서 마 교수는 횅한 눈빛으로 말했다. "남자의 이중적 성문화가 지배하는 세상에서 여성의 능동적 성을 그린 것이 남자들의 분노를 산 게 아닌가 해요." 괘씸죄라는 초법적 판단이 작용한 것 아니냐는 의구심을 떨칠 수 없다고 그는 말했다. 2012년 6월 환갑을 넘긴 마 교수와 통화했을 때 즐거운 사라가 안긴 트라우마는 여전히 그의 삶을 짓누르고 있었다. 저항하듯 목소리는 분노로 가득 찼다. "내 소설을 외설적이라고 욕하면서 야동 볼 건 다 보지 않나."

시로 성범죄 선동한 검찰 수사관 윤재순은 승진 가도

문학교수 마광수가 암흑의 세월을 보낼 때 시인 윤재순은 마 교수를 잡아가둔 검찰에 몸담고 있었다. 그곳에서 그는 버젓이 성범죄를 일삼은 모양이다. 1996년 부적절한 신체 접촉, 11년 지나 2017년 성희롱 발언과 행위로 징계를 받았다. 별명이 EDPS(음담패설)였다고 하니 그의 언어습관을 미뤄 짐작할 만하다. 2002년 11월 출간한 시집은 특히 심각하다. 시의 이름으로 성범죄를 용인하고 심지어 선동하는 느낌마저 준다. '전동차에 서만은/ 짓궂은 사내아이들의 자유가/ 그래도 보장된 곳이라

니/ 풍만한 계집아이의 젖가슴을 밀쳐 보고/ 엉덩이를 살짝 만져 보기도 하고.'

성범죄 미화 시도 시인가. 그것도 문학인가. 성범죄 선동 격문이 어울릴 듯하다. 학생들 보는 앞에서 야만적으로 마 교수를 체포한 검찰에 묻는다. 여성의 능동적 성을 그렸을 뿐인 문학교수의 삶은 짓밟으면서 시의 이름으로 성범죄를 선동하는 검찰 수사관은 왜 수사하지 않나. 천재 소리 듣던 문인 마광수는 소설 한번 썼다가 인생이 파탄났다. 시로 성범죄를 선동한 검찰 수사관은 승진 가도를 달리더니 마침내 대통령실 총무비서관이 됐다. 30년 전 동시대에 벌어진 일이다. 인사권자 윤석열 대통령이 답해야 한다. 이런 게 그토록 외쳐대던 상식이고 공정인가.

09 | 당당함 사라지고 지지율 추락하는 윤석열 대통령

2022. 07. 05.

정치보복 수사 주장에 "민주당 정부 때는 안 했나."
믿기 어려운 대통령의 허접하고 지질한 논리와 발언

윤석열 대통령 지지율은 추락 중이다. 애초 높지도 않았는데 추락을 거듭하고 있다. 앞장서 지지율을 끌어내리는 건 다른 누구도 아니다. 윤석열 자신이다. 5일 지지율은 또 떨어졌을 게 분명하다. 인사실패 관련 질문에 대한 답변이 기상천외했다. "그럼 전 정권에서 지명된 장관 중에 그렇게 훌륭한 사람 봤어요?", "다른 정권 때하고 비교해보세요. 자질이나 이런 것을."

송옥렬(공정거래위원장)·박순애(사회부총리 겸 교육부 장관)·김승희(전 보건복지부 장관 후보자) 인사논란 관련 질문에 정색하고 이렇게 답한 건데, 순간 뚝! 지지율 떨어지는 소리가 들리는 듯했다.

'얼평'에 성희롱 발언(송옥렬), 만취운전에 갑질의혹(박순애), 정치자금 유용(김승희). 이들 '훌륭한 사람'들의 비위가 논란이었다. 그런 터에 또 전 정권을 끌어다 붙여 그렇게 훌륭한 사람 봤냐니, 상식 밖의 답변이 아닐 수 없다. 전 정권 탓은 아예 입에 달고 사는 듯하다. 검찰편중 인사 비판엔 "과거에 민변 출신들이 아주 도배를 하지 않았나."라고 우기고, 야당의 정치보복 수사 주장엔 "민주당 정부 때는 안 했나."라고 받아치는 식이다.

대통령의 발언이라고는 믿기지 않을 만큼 허접하고 지질한 논리다. 음주단속에 걸린 장삼이사(張三李四)가 "나만 음주운전 하냐."라며 '불법의 평등'을 주장하는 상황을 떠올리게 한다. 검찰총장 출신이 할 말도 아니며 대통령이 할 말은 더더욱 아니다. 검사 윤석열은 당당한 사람이었다. 2013년 국정감사에서 '국정원 댓글조작 사건' 수사 때 외압이 있었다는 것을 폭로하면서 "사람에 충성하지 않는다."라는 명언을 남겼다. 인사 보복이 뻔한 데도 이를 두려워하지 않는 강골 검사의 사자후로 국민 뇌리에 각인됐다.

예전의 당당함 사라지고 비겁함까지 추가

그 당당함이 사라졌다. 지금 대통령 윤석열은 뻔뻔하다. 도덕성이 논란이라는데 '훌륭한 사람'이라고 윽박지른다. 형식만 소통일 뿐 내용은 불통이다. 게다가 비겁함이 추가됐다. 윤 대통령은 준비된 대통령이 아니었다. 문재인 정권 실패 덕에 대권을 잡은 '어쩌다 대통령'에 가깝다. 윤석열 정권은 문재인 정권 실패의 결과다. 그런데 자꾸 그 실패한 정권과 비교하려 든다. 지질하고 비겁하다.

 전 정부를 핑계 삼는 건 그만두시기 바란다. 문재인 정부 실패는 이미 국민이 심판했다. 그 결과가 윤석열 정부 아닌가. 윤 대통령이 당당함을 되찾았으면 좋겠다. 실수는 쿨하게 인정하고, 사과하는 게 당당하다. 과거와 싸우지 말고 미래를 보여달라. 국민은 물가상승에, 경기침체에, 주가폭락에, 집값하락에 걱정이 태산이다. 당당한 대통령이 국민을 안심시킨다.

10 | 윤석열 정부 '부자감세'가 연출하는 '대국민 사기극'

2022. 07. 22.

13조 감세안은 결국 부자 감세, 수명 다한 투자 활성화 명분

산업화 시대 이론으로 21세기 위기 대응, 투자는커녕 재정 악화 우려

윤석열 정부가 대규모 감세안을 발표했다. 감세 규모 13조 원, 5년간 60조다. 이명박 정부 이후 최대다. 세금 깎아준다는데 싫어할 사람 있을까마는 실눈 뜨는 이들이 적잖을 것이다. 감세 혜택이 고르지 않기 때문이다. 연 감세효과를 보면 대기업과 부자(고소득층)가 7조 7,000억 원, 서민·중산층 중소기업이 4조 6,000억 원이다. 사정이 훨씬 나은 부자들에게 훨씬 더 많은 혜택이 돌아가는 부자 감세다. 거꾸로 됐다. '퍼펙트 스톰'이 몰아치는 전선에서 당장 생존이 위태로운 건 서민들이다. 부자들은 상대적으로 안전하다.

정부가 내세운 부자 감세의 명분은 투자다. 추경호 경제부총리 겸 기획재정부 장관은 "기업이 투자·일자리 창출의 중심인 만큼 부담을 줄여주려 했다."라면서 "기업 활성화에 좀 더 무게를 뒀다."라고 했다. 윤석열 대통령도 22일 "기업의 대외경쟁력을 강화하고 투자도 활성화하려는 목적."이라고 말했다.

세금 줄여주면 기업들이 투자를 늘린단다. 과연 그런가. 유감스럽게도 과거 감세가 기업투자를 촉진했음을 보여주는 통계나 분석은 찾아볼 수 없다. 오히려 감세정책을 폈던 이명박·박근혜 정부 때보다 법인세율이 훨씬 높았던 노무현 정부 때 기업투자가 더 활발했다. 이명박 정부에서도 "법인세 인하는 기업투자 활성화를 위해 필요하다."라며 대대적 감세정책을 폈다. 2000년대 초반까지 최고세율 기준 30%대였던 법인 명목세율이 22%로, 20%를 넘던 실효세율(실제로 낸 세금 기준)은 2013년 16.0%로 떨어져 역대 최저를 기록했다.

구닥다리 경제이론으로 21세기 복합위기를 풀겠다고 덤벼드는 꼴

이런 감세정책으로 2009~2013년 5년간 기업들이 감면받은 세금은 37조여 원(국회예산정책처 추산). 같은 기간 민간투자(총고정자본형성·설비투자,건설투자 등 각종 투자를 아우르는 개념) 증가액은 39조 원(한국은행·국세청 통계)으로 감면액보다 겨우 2조 원 웃돈다. 감면액 대비로 연평균 투자 증가액이 4,000억 원에 불과하다. 이에 비해 법인세 실효세율이 20% 선으로 이명박 정부 때보다 훨씬 높았던 노무현 정부(2003~2007) 5년간 투자 증가액은 53조 원으로 1.36배에 달한다. 기업들은 더 많은 세금을 내던 시기에 더 많이 투자했던 것이다.

국내총생산(GDP) 대비 민간투자 비율을 봐도 마찬가지다. 실효세율이 1991년 23.5%, 2008년 20.5%, 2013년 16.0%로 떨어질 때 GDP 대비 민간투자 비율은 상승한 게 아니라 거꾸로 33.3%→26.1%→25.0%의 하향 흐름이었다. 결국 과거 세제정책 효과를 분석해보면, 감세정책은 기업투자를 이끌어내지 못하고 세수만 줄여 정부재정만 악화시켰다. 복잡하게 이런 수치를 끌어다 비교할 일도 아니다. 이미 숱한 경제전문가들이 "법인세를 낮춘다고 투자가 는다는 건 옛날 얘기."라고 결론 내린 지 오래다.

박승 전 한국은행 총재는 과거 수차례의 인터뷰에서 "산업화시대엔 투자할 곳은 많은데 자금이 부족해 세금을 깎아주면 투자가 늘었지만 지금은 자금은 남아도는데 투자할 데가 없어 사내유보를 하고 있다. 법인세를 더 거둔다고 국내투자가 감소한다는 건 말이 안 된다."라고 지적했다. 안동현 서울대 경제학과 교수도 수년 전 "기업들이 돈이 없어 투자를 안 하는 게 아니다. 이제 법인세와 투자는 별 상관이 없다."라고 했다. 한때 박근혜 전 대통령 경제교사 역할을 했던 김종인 전 청와대 경제수석도

"기업은 돈을 벌 수 있다고 생각하면 무조건 투자하게 돼 있다. 법인세 감세가 투자로 이어지지 않는다는 것은 후진국, 선진국에서 이미 검증이 끝난 이야기."라고 말했다.

그런데도 세금 줄여주면 투자가 늘 거라고? 윤석열 정부는 지금 진작 수명이 끝난, 구닥다리 경제이론으로 21세기 복합위기를 풀겠다고 덤벼드는 꼴이다. '경알못' 윤 대통령은 몰라서 그런다 쳐도 정통 경제관료 출신 추경호 부총리는 왜 그러나. 금융권에서 잔뼈가 굵은 한 경제전문가는 "한마디로 국민을 개, 돼지로 생각하는 거지."라며 냉소를 날렸다. 혹 문재인 정부처럼 대국민 사기극을 펼치려는 건가. 문재인 정부는 집값 반드시 잡겠다면서 거꾸로 다주택자에게 온갖 세제·금융혜택을 몰아줘 투기에 불을 질렀다. 그러다 망했다.

4장

촛불혁명 배신한 문재인 정권

01 | 민주당이 친서민 정당이라는 거대한 착각

2020. 12. 22.

친서민 정책은 오히려 친재벌 정당에서 나와
특권 깨부수기는커녕 기득권 강화한 문재인 정권

　국민의힘은 친재벌, 더불어민주당은 친서민 정당일까. 반은 맞고 반은 틀렸다. 국민의힘이 친재벌이라는 데 동의한다. 그러나 민주당이 서민을 위한 정당이라는 건 '거대한 착각'이다. 엉터리 대통령 박근혜 덕분에, 그를 권좌에서 끌어내린 촛불혁명 덕분에 민주당은 쉽게 정권을 잡았다.

　그렇게 탄생했으니 문재인 정권은 촛불혁명의 여망을 과감하게, 절박하게 이행했어야 했다. 반칙과 특권을 깨부수고 양극화의 간극을 메워 기회는 균등하고 과정은 공정하며 결과는 정의로운, 나라다운 나라를 만드는 데 한 톨의 영혼까지 모두 끌어모아 바쳤어야 했다.

　문재인 정권은 그러지 않았다. 콘크리트 기득권에 균열을 내 반칙과 특권을 깨부수기는커녕 오히려 기득권을 강화하는 쪽을 선택했다. 대표적인 게 부동산 정책이다. 입으로는 사는 집 외에는 팔라고 해놓고, 손발은 집을 사면 살수록 대박 나게 하는 정책을 폈다. "집값 반드시 잡겠다."라더니 어처구니없게도 주택투기에 꽃길을 깔아준 것이다. 망국적인 미친 집값은 이런 정책 사기의 결과물이다.

　그 대국민 사기극의 피해자가 누구인가. 집값만큼은 꼭 잡아줄 거라고 철석같이 믿었던 이땅의 서민들이다. 서민과 청년들은 집값에 잔뜩 낀 거품을 빼주기를 바랐지만 문재인 정부는 아파트값 거품을 더 키워버렸다. 그 결과 "지난 3년간 2,500조 원의 부동산 거품이 생겼고, 그 천문학적 불로소득이 0.1%의 재벌 토건회사, 공기업, 투기세력에 돌아가 불평등이 심화되었다."(김헌동 경제정의실천시민연합 부동산건설개혁운동본부장) 관료와 재벌, 투기세력이 정책 사기의 수혜자로 막대한 이득을 챙기는 동안 서민들은 정부만 믿고 기다리다 쪽박을 차고 만 것이다.

　이런 정당, 이런 정권이 어떻게 친서민인가. 서민 폄하 발언을 한 변창흠 국토교통부 장관 후보자, 술에 취해 택시기사 멱살이나 잡는 이용구 법무차관은 국민의힘 사람들과 뭐가 다른가. 역설적이게도 화끈한 친서민 정책은 오히려 친재벌 정당

국민의힘 계열에서 나왔다. 노태우 정부의 토지공개념, 이명박 서울시장의 버스노선체계 개편, 오세훈 서울시장의 부동산 3종 세트(분양가 상한제, 분양원가 공개, 후분양제) 같은 정책들이다. 하나같이 콘크리트 기득권을 깨부수는, 가히 혁명이었다.

어느새 '배부른 돼지'가 된, 기득권 보수 정당일 뿐

토지공개념은 땅에 투자해 불로소득으로 부자가 되는 것을 막겠다는 것으로, 기득권층의 이해와 정면으로 충돌하는 것이었다. 그럼에도 노태우 정부는 과감하게, 꿋꿋하게 밀어붙였다. 당시 청와대 경제수석이던 박승 전 한국은행 총재는 "부동산값 상승이 불평등 심화, 국민생활 빈곤화의 근본원인이라고 보고 이 제도의 도입 필요성을 누차 말씀드렸다."라고 회고했다. 서울시장 이명박의 시내버스 운행 시스템 개편도 혁명적이었다. 2004년 12월 28일 한나라당(국민의힘 옛 이름) 출입 기자 오찬간담회에서 이 시장은 "버스노선 개편은 거의 사회주의적으로 했다. 때론 이런 방법도 필요하다."라고 역설했다. 배석한 강승규 홍보기획관은 "엄청난 이권인 노선을 사업자에게서 모두 회수해 노선을 재편한 것 자체가 혁명."이라고 말했다. 2006년 9월 26일 오세훈 시장의 '오세훈 3종 세트' 발표도 마찬가지다. 당시 노무현 정권도 주저하거나 반대하는 정책을 야당 시장이 치고 나가 법제화를 주도했다. 결국 참여정부 말기인 2007년 4

월 분양가상한제, 분양원가 공개, 토지임대부 건물 분양 등 소비자 중심 정책과 법이 마련됐다.

민주당이 이렇듯 과감하게, 화끈하게 개혁해본 적이 있던가. 국민의힘 사람들도 하는 것을 하지 않으면서 친서민·진보라고 말하는 건 위선이다. 김헌동 본부장은 "진보를 가장한 무능한 정치세력."이라고 일축했다. 결론, 민주당은 친서민도 진보도 아니다. 국민의힘과 마찬가지로 어느새 '배부른 돼지'가 된, 기득권 보수 정당일 뿐이다. 친일·독재의 DNA가 박힌 국민의힘과 달리 민주화운동 역사를 간직했다는 게 그나마 비교우위라고 할까.

홍세화 전 진보신당 대표의 촌평(최근 신동아 인터뷰)은 보다 신랄하다. "지금의 보수는 보수가 아니듯, 진보도 진보가 아니다. 분단체제에서 수구 세력, 즉 극우적인 반북 국가주의자들이 보수를 참칭했고, 반일 민족주의를 앞세운 자유주의 보수세력이 진보를 참칭한 것이다." 그는 86(80년대 학번, 60년대생)운동권에 대해서도 "제대로 공부를 한 것도 아니고 실제로 돈 버는 게 얼마나 어려운지도 모르는 민주건달."이라고 했다. 그래, 민주건달! 무릎을 치게 하는, 기막힌 통찰이다.

02 | 지역정당으로 퇴보…
'노무현 유산' 탕진한 민주당

2022. 06. 02.

노무현의 유산을 탕진한 지방선거 참패

다시 지역정당이 된 민주당의 퇴보와 고립

견제론은 먹히지 않았다. 더불어민주당은 참패했다. 3·9 대선에 이어 또다시 심판받았다. 6·1 지방선거 결과는 퇴보와 고립이다. 광역단체장은 호남, 제주만 확실히 지켰다. 피 말리는 접전 끝에 경기도는 지켜냈지만 민주당의 승리라기보다 김동연의 승리다. 경기 지역 기초단체장은 빨강(국민의힘)으로 물들었다. 민주당은 다시 지역정당이 됐다. 노무현의 유산을 탕진한 것이다.

노무현 정치는 비극으로 막을 내렸다. 그렇다고 실패한 건 아니었다. 노무현의 정치는 진정성이 있었다. 정치적으로 불리하다고 해서 원칙과 명분을 버리지 않았다. 거꾸로 원칙을 지키고, 가치에 한 발 더 다가서기 위해 기득권을 버렸다. 질 게 뻔한데도 부산에서 세 번이나 출마해 당당하게 낙선했다. 지역주의 극복을 위한 헌신이었다. 계란으로 바위치기였지만 허사가 아니었다. 그런 진정성이 희망의 싹을 틔우고, 민심을 움직이고, 민주당을 바꿨다. 민주당이 호남 정당에서 벗어나 전국정당으로 업그레이드한 건 노무현 정치가 뿌린 새정치의 씨앗 덕분이었다.

노무현 유산을 탕진한 범인, 무능과 오만

그런데 도로 지역정당이 됐다. '바보 노무현'이 기득권을 포기하면서 만들어놓은 전국정당이란 자산을 날려버린 것이다. 어쩌다 이 지경이 된 것인가. 일찍이 전조가 꼬리를 물었다. 노무현 정치를 계승한 문재인 정권은 오만하고 안일했다. 개혁하는 척 시늉만 할 뿐 절박하지도 치밀하지도 않았다. "부동산만큼 자신 있다."더니 다주택자를 늘리는 엉터리 정책으로 미친 집값을 만들어놨다. 그러고도 책임을 묻지도, 지지도 않았다. 끝까지 남 탓했다. 원인 제공하면 후보 내지 않겠다는 약속도 스스로 내건 인사 원칙도 지키지 않았고, 내로남불로 공정 가치를 뒤흔들었다. 민주주의를 위협하는 지경인데도 속칭 '빠', 팬덤정치를 "양념 아닌가요?"라며 부추겼다.

노무현 정치를 계승한 문재인 정권에서 노무현 정치는 사라졌다. 진영논리, 내로남불, 팬덤정치가 활개치면서 원칙과 명분은 풀잎처럼 누워 숨을 죽였다. 노무현이었다면 그러지 않았을 것이다. 서울시장, 부산시장 보궐선거에 후보를 내지 않았을 것이다. 정책 실패엔 분명하게 책임을 묻고 화끈하게 사과했을 것이다. 5년 만에, 그것도 제대로 준비되어 있지 않은 상대에게 정권을 내준 건 무능과 오만의 당연한 귀결이었다. 그러고도 민주당은 반성하지 않았다. 지도부 총사퇴, 뼈를 깎는 반성과 같은 당연한 수순은 건너뛰고 '검수완박'으로 폭주했다. 성범죄 소굴 n번방을 무너뜨린 '이대녀' 박지현(26)을 마스코트로 세워, 역시 쇄신하는 척했을 뿐이다. 그 마스코트가 진짜 쇄신하려 하자 당황하는 해프닝만 노출했다.

노무현의 유산을 탕진한 범인은 결국 무능과 오만이었다. 지방선거 직전 술자리에서 지인은 성난 목소리로 토로했다. "문재인은 노무현 묘소에 무릎 꿇고 사죄해야 한다." 그는 대학 시절 운동하다 감옥까지 갔던 86세대로 노무현 정치의 열렬한 지지자였다.

03 | 민주당, '깻잎 한 장' 차 패배에 집착하나

2022. 03. 14.

깻잎 한 장에 집착한다면 이 또한 오독이다
민주당은 독하게, 절절하게 반성문부터 써야 했다

20대 대통령선거 유권자는 약 4,420만 명. 이 중 77.1% 3,407만 명이 투표했다. 승패를 가른 표차는 고작 24만 7,077표, 역대 최소다. 실은 더 적다. 유권자 머릿수로는 절반으로 좁혀진다. '표차의 절반+1', 12만 3,539명이 반대로 움직였다면 당락이 바뀌었을 것이다. 승자(윤석열)에게 투표한 12만 3,539명이 패자(이재명)를 선택했다면 승패가 뒤집어졌을 거란 얘기다. 투표자의 0.36%가 결정한 선거, 그야말로 깻잎 한 장 차이 승부였다. 정권을 내준 여당(더불어민주당)으로선 깊은 아쉬움에 장탄식했을 것이다. 이길 수도 있었던, 깻잎 한 장 차 패배를 진정한 패배로 받아들이기 힘들 법도 하다.

  그러나 착각이다. 깻잎 한 장에 집착한다면 이 또한 오독이다. 민심의 바다는 배를 뒤집어버렸다는 게 엄연한 팩트다. 민심은 그렇게 문재인 정권의 무능과 오만을 심판한 것이다. 민주당은 독하게, 절절하게 반성문부터 썼어야 했다. 1987년 민주화 이후 여야 10년 주기 정권교대 법칙을 깨고 5년 만에 정권을 내줬다. 깻잎 한 장으로 숨길 수 없는 거대한 실패다. 지도부 총사퇴, 뼈를 깎는 반성, 재창당 수준의 혁신은 당연한 수순이다. 그런데 절절한 반성도, 치열한 논의도 건너뛰고 뚝딱 윤호중 비대위 체제를 꾸렸다. 뭐 하자는 건지 알 수 없다.

당 재건의 출발은 반성과 사과다

  왜 윤호중인가. 그는 비대위원장을 맡아도 될 만큼 대선 패배에서 자유로운 사람인가. 윤 위원장은 지난해 4·7 재보선 참패 후 원내사령탑(원내대표)에 올라 민주당을 진두지휘한 사람이다. 민주당의 무능과 오만에 누구보다 책임 있는 이가 윤호중이다. 그는 출발부터 민심을 오독했다. 재보선 참패 후 원내사령탑에 오르고도 첫 일성이 "중단 없는 검찰개혁, 언론개혁."이었다. 미친 집값에 절망하고 내로남불에 분노하는 민심을 그렇게 오독했다. 이런 민심 오독이 윤석열 대통령을 만든 것이다.

  깻잎 한 장의 미련은 버려야 한다. 문재인 정권은 실패했고 심판받았다. 책임을 묻지 않고 반성하지 않았기 때문이다. 조응천 의원은 "작년 보궐선거 과정에서 근본적 문제점이 적나라하게 노출되었음에도 반성하지 않았고 쇄신은 더더욱 없었다."라고 했다. 정성호 의원은 "국민이 잠시 맡긴 권력을 내 것인 양 독점하고 내로남불 오만한 행태를 거듭하다 심판받았다는 사실을 벌써 잊어버리고 나는 책임 없다는 듯 자기 욕심만 탐하다가는 영구히 퇴출당할 것."이라고 경고했다. 김두관 의원은 "진영논리와 내 편 감싸기가 국민과 민주당을 더욱 멀어지게 했다."라고 했다.

민주당은 한동안 요란해야 한다. 제2, 제3의 김두관, 노웅래, 정성호, 조응천이 쏟아져 나와야 한다. 당 재건의 출발은 반성과 사과다. 그래야 다시 기회가 온다. 무능과 오만의 책임자 윤호중의 얼굴로는 어렵다. 윤호중 비대위에 대해 노웅래 의원은 "우리 당이 갖고 있는 진영과 패권정치의 합작물."이라고 했다.

04 | 선거 참패하고도 민심 못 읽는 문재인 정권

2021. 04. 20.

언행불일치, 내로남불 정권에 대한 심판
진정한 반성이 없으니 민심 오독이 계속된다

그 누구도 문재인 정부에 집값 띄워달라고 하지 않았다. 집값을 잡아줄 거란 서민의 기대가 있었을 뿐이다. 부동산만큼 자신 있고 집값을 반드시 잡겠다고 문재인 대통령 스스로 장담하지 않았나. 4년이 지난 지금 현실이 어떤지는 이제 구차하게 설명할 것도 없다. 문 대통령을 철석같이 믿었던 무주택 서민은 '벼락거지'가 됐다. 집 한 채 갖고 있는 이들은 덩달아 세금폭탄을 맞았다. 2030세대는 위험천만하게도 영혼까지 끌어모아 패닉바잉에 뛰어들었다. 집을 '줍줍'한 다주택자들만이 웃을 뿐이다. 집값 잡겠다고 큰소리친 정부에서 눈치 빠른 투기꾼만 웃는 아이러니. 모두 문재인 정부 부동산 정책이 만들어놓은 부조리한 현실이다.

여당의 4·7 재보선 참패는 당연한 귀결이었다. 부동산 민심엔 미친 집값이 분출한 인화 물질이 가득했다. LH사태는 거기에 던져진 작은 불꽃이었다. 설상가상 김상조, 박주민의 임대료 '내로남불 인상'이 화력을 보탰다. 언행불일치, 내로남불 정권에 대한 심판. 표로 확인된 민심은 분명했다. 그런데도 별로 달라질 것 같지 않다. 그렇게 참패하고도 제대로 반성하는지 알 수 없고 민심을 오독하는 모습은 여전하다. 참패 후 여당 원내사령탑에 오른 윤호중 원내대표의 첫 일성이 "중단 없는 검찰개혁, 언론개혁."인 것이 그렇고 "부동산 시장이 다시 불안한 상황이 되지 않도록~"이라는 문 대통령의 당부(19일 수석·보좌관 회의) 또한 그렇다. 검찰개혁, 언론개혁이 민생보다 급하며 부동산 시장이 지금은 안정된 상태라도 된다는 말인가.

애초 이 정권 사람들은 미친 집값에 대해 책임을 느끼지 않았다. 유동성 탓, 전 정권 탓을 입에 달고 살았다. 입으로는 집값을 반드시 잡겠다고 하면서 투기를 부채질해 집값을 폭등시켰으면서도 남 탓으로 일관했다. 임대사업자에게 온갖 세제 특혜를 몰아준 것이 결정적 패착이었는데도 이를 모르는 척한다. 진정한 반성이 없으니 민심 오독, 정책 오판이 코로나 바이러스처럼 퍼진다. 시장의 엉터리 전문가들이 세제 강화, 대출 규제 등 수요억제 정책이 실패했다고 규정해버리는 게 일례다. 정권 초 부동산 세제는 찔끔 강화로 시늉만 했을 뿐이고 오히려 투자수요를 부추기는 정책을 폈는데 무슨 잠꼬대 같은 진단인가.

"그게 두려우면 정권을 잡지 말았어야지."

선거 참패 후 여당이 겨우 종부세 완화 카드를 꺼내든 것 역시 이런 민심 오독, 정책 오판의 연장선에 있다. 개혁은 제대로 해본 적도 없으면서 과속이라며 속도 조절에 나선 꼴이다. "집값 부추기는 방안을 여야가 앞다퉈 내고 있다. 어디가 여인지 야인지 구분도 안 간다."(19일 심상정 의원 대정부 질문)라는 비판도 이제 부질없다. 김헌동 경실련 부동산건설개혁본부장도 이런 상황이 꽤나 답답했던 모양이다. 19일 UPI뉴스를 방문해 "이 정부는 투자수요를 잡은 게 아니라 부추겨놓고도 끝까지 인정을 안 한다."라고 개탄했다. "집값 잡는 거 어렵지 않다."라고도 했다. 김 본부장이 제시한 해법은 간단하다. "집을 싸게 공급하면 된다. 강제수용권 가졌잖나. 오세훈 처가 땅도 200(만 원대)에 빼앗을 수 있었잖아. 강남 땅 200만 원대에 수용해 평당 500만 원짜리 건물 지으면 30평 아파트가 2억, 3억이다. 정부는 그렇게 아파트 공급하면 된다."

그게 말처럼 쉬울까. 저항이 만만찮을 텐데. "그걸 하면 재벌이 싫어해. 건설업자도 싫어하고 관료들도 마찬가지. 그게 두려우면 정권을 잡지 말았어야지." 촛불혁명 정부라는 문재인 정권은 4년간 뭘 한 것인가. 부동산 특위를 띄운들 채 1년도 남지 않은 시간 무얼 할 수 있을지 기대난망이다.

05 참 공허했던 100분…
끝내 사과는 없었다

2021. 11. 22.

냉정한 평가와 반성이 없었던 국민과의 대화

"권력 쥐여준 촛불시민을 벼락거지로 만들었다."

참 공허한 100분이었다. 날카로운 질문도 속 시원한 답변도 없었다. 그럴 거였으면 차라리 하지 않는 게 나을 뻔했다. 꼭 그렇게 맹탕 이벤트로 국민들의 휴일 저녁을 빼앗아야 했나. 문재인 대통령 임기는 다 됐다. 실질적 잔여 임기는 고작 3개월이다. 내년 3월 9일 새 대통령이 선출된다. 21일 일요일 저녁 '국민과의 대화'는 사실상 마지막 이벤트였다. 지난 4년여 국정을 평가받는 자리였어야 했다. 국정운영 방향을 설명하는 자리일 수는 없었다.

그러나 냉정한 평가는 없었다. 국민 패널의 질문은 대체로 무였다. 시작부터 맥이 빠졌다. 코로나 방역과 백신을 두고 뻔한 질문, 뻔한 답변이 돌고 돌았다. 그렇게 한 시간이 지나갔다. 다른 중대 현안은 그만큼 뒤로 밀려 비중이 쪼그라들었다. 청년 실업, 미친 집값 관련 질문은 변죽만 울리다 끝났다. 마지막 이벤트조차 시작부터 실패각이었다. 질문은 좀 더 절절했어야 했다. "부동산만큼 자신 있고 집값 반드시 잡겠다고 큰소리쳐놓고 도대체 왜 미친 집값을 만들어놓았냐?"라고 콕 집어 물었어야 했다. 무주택자들이 청와대 앞에 모여 "권력 쥐여준 촛불시민을 벼락거지로 만들었다."라며 분노를 쏟아내는 터다.

'기회는 균등하고 과정은 공정하며 결과는 정의로울 것'이라는, 그 멋진 약속도 행방을 따져 물었어야 했다. 자신이 대표 시절 "원인 제공하면 후보 내지 않겠다."라고 민주당 정강을 개정해놓고 왜 약속을 지키지 않았는지도 물었어야 했다. 서울시장, 부산시장 보궐선거에 후보 내는 것을 뻔히 보면서 "그건 그때 일."이라고 발뺌하는 게 비겁하지 않은지, 촛불혁명 정부다운 것이었는지 따졌어야 했다.

맹탕 이벤트의 대미는 결국 또 자화자찬

물론 국민 탓할 일은 아니다. 질문이 없더라도 서민의 고통과 분노를 모르지 않을 터. 문 대통령 스스로 솔직하게 인정하고, 설명하고, 사과했어야 했다. 적어도 촛불시민을 벼락거지로 만든 미친 집값에 대해 그 원인부터 제대로 진단하고 설명했어야 했다. 미친 집값은 무주택 서민만의 문제가 아니다. 국책은행장을 지낸 K, 대기업 임원 H, 금융감독당국 국장 B도 요즘 만나기만 하면 미친 집값을 성토하고 걱정한다. 대한민국 상위 1%에 넉넉히 들어갈 그들 눈에도 지금 집값은 정상이 아니다. 그들의 자녀도 이미 미친 집값에 미래를 온통 빼앗겨버린 피해자들이다.

그런데도 마지막 순간까지 제대로 된 사과는 없었다. 문 대통령의 답변은 여전히 한가하고 공허했다. "부동산 문제는 여러 차례 송구스럽다는 사과 말씀드렸는데 지나고 생각해보면 우리가 주택공급에 좀더 많은 노력을 기울였으면 좋았겠다는 생각."이라고 했다. 여전히 번지수가 틀렸다. 미친 집값은 문재인 정부가 집값 띄우는 정책을 편 결과이지, 주택을 많이 짓지 않아서가 아니다. 문 대통령도 이날 "우리 정부 기간에 역대 어느 정부보다 입주물량, 인허가 물량이 많았다."라고 하지 않았나. 문 대통령은 왜 입으로는 "집값 잡겠다."라고 해놓고 임대사업자에게 세제 혜택을 몰아줘 다주택자를 늘리고 '영끌' 세상을 만든 것인지, 그래서 집값이 미친 듯 치솟는데도 정책 책임자인 김수현, 김현미, 홍남기, 김상조에게 왜 한 톨의 책임도 묻지 않은 것인지 설명하고 사과했어야 했다. 그게 진짜 사과다.

이날 맹탕 이벤트의 대미는 결국 또 자화자찬이었다. 문 대통령은 "이제 한국은 자부심을 가질 만하다."라고 했다. "경제뿐 아니라 민주주의·국방·문화·의료·방역·외교·국제협력 등 모든 면에서 톱10이 됐다."라고 했다. 머쓱했는지 "국민 삶이 어려운데 무슨 얘기냐, 비판 있는 거 안다. 그러나 객관적 평가다. 이런 자부심이 미래 발전 원동력이 된다."라고 했다. 틀린 말은 아닐지언정 '이생망'의 절망에 빠진 서민들에게 이런 자화자찬이 다 무슨 소용인가. 그래서 스스로 가상의 국민 패널이 되어 묻는다. 나라가 선진국이면 뭐합니까, 내 삶은 후진국인데!

06 쇄신은 건너뛰고…
민주당, 또 반사이익 기대하나

2022. 10. 18.

반사이익으로 권력을 다시 잡겠다는 속내
정치의 최종 결과물은 이념이 아니라 정책이다

더불어민주당 인사들은 요즘 속으로 웃을 것 같다. 가슴에 이대로 가면 정권을 되찾을 거란 기대감이 차오를 법하다. 이해찬 전 대표는 17일 회고록 출판기념회에서 "5년 금방 간다."라고 했다. 그럴 만한 게 윤석열 정부가 기대 이하다. 철학과 비전이 보이지 않는다. 나라를 어디로 이끌겠다는 건지 국민의 삶을 어떻게 지키고 개선하겠다는 건지 알 수 없다.

그런 터에 보수여당 대표(정진석 비대위원장)는 "일본은 조선왕조와 전쟁한 적 없다."라고 망언하고, 고도의 정치력이 필요한 신임 경제사회노동위원장(김문수)은 "문재인은 김일성주의자,

총살감."이라고 막말했다. 전자는 몰역사적이고 후자는 시대착오적이다. 역대급 경제위기에서 민생은 질식할 지경인데 집권여당은 지금 뭘 하고 있는 건가. 민심이 싸늘해지는 게 당연하다. 30% 안팎으로 추락한 윤 대통령 지지율은 이 모든 헛발질, 망언, 논란의 결과일 터다. 그러니 '김일성주의자'라는 평을 들은 윤건영 의원이 피가 거꾸로 솟는 거 같다며 분개했지만 민주당 의원들은 김문수의 '소신발언'에 속으로 쾌재를 불렀을 것이다.

그런데 의문이다. 그렇게 국민의힘이 망가져 반사이익으로 민주당이 다시 기회를 잡는 게 국민에게도 득일까. 그러면 국민의 삶이 나아질까. 지금의 민주당을 보면 기대감이 생기지 않는다. 국민의힘이 문재인 정권의 무능과 오만 덕에 정권을 잡았듯이 더불어민주당도 박근혜 정권의 실정과 무능 덕에 정권을 잡았었다. 스스로 쟁취한 게 아니다. 시민들이 촛불 들어 박 대통령을 끌어내리고 쥐여준 것이다. 대권만인가? 의회권력과 지방권력까지 몽땅 몰아줬다.

언제쯤 누가누가 잘하나의 정치를 볼 수 있을까

그러나 문재인 정권은 촛불혁명의 여망에 부응하지 않았다. 화끈한 개혁 같은 건 눈 씻고 찾아봐도 없었다. 콘크리트 기득권에 균열을 내 반칙과 특권을 깨부수기는커녕 오히려 기득권을 강화하는 쪽을 선택했다. 개혁이 아니라 반개혁이었다. 개혁을 못 한 게 아니라 안 한 것이다. 진보를 가장한 무능한 정치세력이라는 비판이 진보진영에서 나왔다. 그렇게 문재인 정권은 실패했고 그 결과가 윤석열 정권의 탄생이었다. 그러니 민주당은 처절한 반성, 뼈를 깎는 쇄신을 했어야 했다. 그러지 않았다. 이 당연한 과정은 건너뛰고 '졌잘싸'(졌지만 잘 싸웠다)의 미련과 환상에 취해 '마이웨이' 했다.

민주당은 그대로다. 반성과 쇄신이 없는데 실력이 나아질 리 있겠나. 게다가 더 위험해졌다. 당 대표(이재명)는 대장동, 위례, 변호사비 대납 등등 혐의가 여럿이다. 전방위 수사가 진행 중이다. 당력이 정책이 아니라 대표 엄호에 집중되고 있다. 한국 정치도 그대로다. 상대가 못하기만을 기다리고 트집 잡아 깎아내리고, 그렇게 반사이익을 누리는 저질정치가 여전히 한국 정치를 지배하고 있다. 지겨운 악순환이다. 대체 언제쯤 '누가누가 못하나'가 아니라 '누가누가 잘하나'의 정치를 볼 수 있을까.

진정 정권을 되찾고 싶다면 함부로 '대통령 탄핵'(안민석, 김용민 의원)을 입에 올릴 때가 아니다. 그렇게 선동할 시간에 실력을 키우시라. 윤석열 대통령은 쿠데타로 권력을 잡은 게 아니다. 민주적 절차에 따라 대선에서 승리했고 출범한 지 이제 겨우 다섯 달 지났을 뿐이다. 국민에게 좌냐 우냐는 중요하지 않다.

누가 개혁을 하고, 누가 세상을 바꾸고, 누가 국민 삶을 개선하느냐다. 정치의 최종 결과물은 이념이 아니라 정책이다.

07 인사가 망사(亡事)가 된 문재인 정부

2021. 04. 07.

원칙이 사라진 자리엔 무사안일과 내로남불뿐
명확한 철학도 뚜렷한 방향도 없는 문 대통령 인사

인사(人事)는 만사(萬事)라 했다. 알맞은 인재를 알맞은 자리에 써야 모든 일이 잘 풀린다는 말이다. '사람의 일이 곧 모든 일'이라는 말이기도 하다. 대통령의 인사는 말할 것도 없다. 국가 경영이 거기서 시작된다. 국정 철학, 정책 방향이 거기에 담긴다. 인사를 그르치면 정책도 실패한다. 국민의 삶은 추락하고 국가는 퇴보한다.

문재인 정부는 실패로 끝날 가능성이 크다. 가장 중요한 부동산 정책이 이미 실패했다. 미친 집값은 움직일 수 없는 증거다. 집값 반드시 잡겠다는 약속을 문 대통령은 지키지 않았다. 오랜 관행 탓, 유동성 탓, 전 정권 탓은 비겁한 변명일 뿐이다. 4·7 재보선이 임박하자 대통령도 여당도 사과했지만 진정한 반성인지 선거용 사과인지 알 수 없다. 정책 실패의 뿌리는 결국 인사다. 애초 문 대통령의 인사에선 명확한 철학도 뚜렷한 방향도 읽을 수 없었다. "사는 집 말고 파시라."면서 집을 세 채 가진 이(최정호)를 국토교통부 장관으로 지명하는 무개념만 노출했다. 위장 전입, 논문 표절, 세금 탈루, 병역 면탈, 부동산 투기. 이 중 하나라도 걸리면 고위공직자로 등용하지 않겠다는 5대 원칙은 증발했다.

원칙이 사라진 자리에 무사안일과 내로남불이 판쳤다. 부동산정책을 총괄한다는 사회수석(김수현)은 투기를 부추기는 정책으로 국민을 속이고, 법무장관(조국)은 내로남불 릴레이의 서막을 열었으며, 민정수석(김조원)은 직 대신 집을 선택해 국민들을 아연실색케 했다. 임대료 인상 폭을 5%로 제한하는 주택임대차보호법 개정을 주도해놓고 정작 자기 집 임대료는 9~14% 올려버린 청와대 정책실장(김상조)과 여당 의원(박주민)은 내로남불 릴레이의 화룡점정이었다.

'마음의 빚' 대신 '촛불혁명의 초심'만 생각하길

늘 바로잡을 기회는 있는 법이다. 책임을 묻고, 경질하고, 방향을 틀면 된다. 그러나 문 대통령은 이마저도 하지 않았다. 김수현, 홍남기, 김상조, 김현미 등 부동산 정책 실패의 책임이 있는 이들에게 한 톨의 책임도 묻지 않았다. 내로남불은 '마음의 빚'으로 감쌌다. "대체 그 자리에서 뭐 하나. 진작 물러났어야 마땅하다."(주진형)라고 비판받던 김상조 실장은 사고를 치고서야 물러났다. 자리에 연연하지 않는다며 수차례 사의를 표했다는 홍남기 경제부총리 겸 기획재정부 장관도 제자리 걸음이다. 그만두겠다는데 대통령은 쪽지를 보내 말렸다. 그러는 사이 홍 부총리의 위신은 추락을 거듭했다. 입술이 부르트게 뛰었다 해도 '홍백기', '홍두사미'라는 냉소 속 역대 최장수 기재부 장관이라는 타이틀은 전혀 명예롭지 않다.

이렇게 스스로 세운 원칙은 허물고, 정책 실패의 책임은 묻지 않으며, 내로남불은 감싸는 인사로 어떻게 '기회는 평등하고 과정은 공정하며 결과는 정의로운 나라'를 만들 수 있겠나. 인사에서부터 정책 신뢰는 허물어지고 말았다.

4·7재보선이 끝나고 정치 시계는 대선국면으로 진입한다. 여권 대권주자 정세균 총리가 다음주 중 사의를 표명할 거라고 한다. 문재인 정부 마지막 개각이 단행될 것이다. 폭이 제법 클 전망인데, 원칙을 회복하는 개각이 될지 의문이다. 당장 홍남기 부총리는 이번 개각에서도 빠지는 모양이다. 그러면 차기 총리 취임 전까지 총리대행을 하게 된다. 너무 늦었으나 문 대통령이 이제라도 '마음의 빚' 대신 '촛불혁명의 초심'만 생각했

으면 좋겠다. 나라다운 나라는 마음의 빚을 갚는 걸로는 만들 수 없다. 읍참마속의 괴로운 결정이 원칙을 세우고 개혁의 동력을 만든다.

조선 중기 석학 율곡 이이(1536 ~ 1584)는 "천하의 일은 잘되지 않으면 잘못되고, 나라의 대세는 다스려지지 않으면 어지러워진다."라고 갈파했다. 천하는 잘되지 않으면 잘못되는 것이지 중간은 없다는 말이다. 집값 잡는 척, 개혁하는 척 시늉만 하던 문재인 정부에도 딱 들어맞는 명언이다.

08 | 추미애더러 누가 부모 자식 연 끊으라 했나

2020. 09. 11.

국민 정서 아랑곳 않고 쉴드치기 바쁜 여권 인사
법적으로 문제 없어도 국민 역린 건드린 중대 사건

일본 영화 〈나라야마부시코〉엔 충격적인 장면이 나온다. 먹을 것이 부족한 산간 마을의 겨울, 주민들이 한밤중 삽과 곡괭이를 들고 뛰쳐나와 구덩이를 판다. 이어 일가족을 끌고 나와 모조리 구덩이에 집어던진다. 울음이 터진 갓난아기까지 예외가 없다. 생매장된 가족의 가장은 절도 현행범이다. 굶주리는 처자식을 먹이기 위해 야음을 틈타 집집마다 걸려 있는 작물을 훑다가 붙잡혔다. 생매장되기 직전 구덩이를 기어올라온 가장은 삽질하는 젊은이의 바짓가랑이를 잡고 읍소한다. "자네는 내 사위 아닌가.", "그게 무슨 상관인가." 장인은 사위가 휘두른

삽에 얼굴을 맞고 구덩이로 처박힌다. 냉혹하고, 잔인하다. 살려달라고 읍소하는 장인을 후려친 사위는 패륜아인가 철저하게 공사를 구별하는 원칙주의자인가.

추미애 법무부 장관 아들 특혜 군 복무 논란의 전개를 보면서 20년 전 본 영화의 충격적 장면이 떠올랐다. 하루 먹고살기도 버거운 화전민들이 어떻게 그토록 초연하게 공과 사를 구별할 수 있단 말인가. 마을 공동체를 유지하기 위한 집단지성이었을 것이다. 도둑질은 공동체를 위협하는 중대범죄일 터. 인연에 얽매이고 인정에 끌려 제대로 단죄하지 않는다면 마을의 질서는 무너지고 그들의 밤은 무법천지가 되었을 것이다.

정의와 공정을 외치면서 행태는 구태 세력 닮아

추 장관 아들의 '엄마 찬스'는 법적으로 큰 문제가 아닐지 모른다. 그러나 국민의 역린을 건드린 중대 사건이다. 두 번에 걸쳐 휴가를 연장하는 과정은 일반 국민의 상식, 정서와는 동떨어진 것이다. 총 23일의 휴가 자체도 고개를 갸웃거리게 하지만 무엇보다 그 과정이 '불공정 뇌관'에 불을 댕겼다. 당시 추미애 더불어민주당 대표의 보좌관까지 동원돼 부대에 민원 전화를 하고, 동료 병사들은 탈영으로 인지할 정도의 상황이었다. 그러고도 추 장관의 아들은 무탈하게 군 생활을 마쳤다. 절대다수 평범한 병사들에게 이런 게 가당키나 한 일인가.

이런 터에 여권에선 추 장관을 쉴드치는 언설이 쏟아진다. "부모 자식 관계도 단절하고 살아야 하는 건 아니지 않나."라는 한 여당 의원의 변론이 압권이다. 본질을 비틀어버린 궤변이 아닐 수 없다. 아들을 군대에 보내놓고 민원 전화 한 통 하지 않는 장삼이사들은 아들과 연을 끊기라도 한 것인가. 권력 쥔 자들의 병역 특혜가 어제오늘의 일은 아니다. 맨 앞줄에서 대한민국을 이끄는 파워엘리트 그룹에서 면면히 이어진 고질적 비리. 2004년 파워 엘리트 병역 이행 실태를 대대적으로 취재해 보도한 적이 있다. 대통령부터 장·차관, 국회의원, 법원·검찰 수뇌에 이르기까지 입법·사법·행정 3부 고위직 443명과 그들의 2세를 망라했다.

왜 그렇게 있는 집 자식들은 몸이 부실한 건지, 질병으로 군 면제를 받은 사례들이 쏟아져나왔다. 수핵탈출증(속칭 디스크), 급성간염, 기관지천식, 체중 과다. 면제 사유는 대충 이랬다. 입만 열면 안보 타령이던 원조보수 K의원은 아들이 셋인데 두 명이 급성간염으로 군 면제를 받았다. 시대는 바뀌었다. 파워엘리트들이 병역 면제를 시도하는 유행은 일찍이 지나갔다. 그렇다고 병역 비리가 사라진 건 아니다. 입대 후 벌어지는 각종 군 생활 특혜는 교묘하게 진행 중이다. 추 장관 사례도 그중 하나일 것이다.

추 장관과 그를 쉴드치는 여권은 그들이 욕하던 과거 보수 기득권 세력과 뭐가 얼마나 다른가. 적폐를 청산하고 나라다운 나라를 만들라고, 시민들이 촛불 들어 권력을 쥐여줬더니 하는 짓은 크게 뭐가 다른 건지 모르겠다. 입으로는 정의와 공정을 외치면서 행태는 특혜와 비리를 일삼던 과거 구태 세력을 닮아가고 있지 않은가. 촛불정신은 흐릿해졌다. 애초 없었는지도 모른다. 지금 그들에게선 권력의 꿀이나 빨던 과거 수구 기득권 세력의 모습이 어른거린다. 산간 마을 촌부만도 못한 도덕성과 결기로 '기회는 평등하고 과정은 공정하고 결과는 정의로운 나라'를 만들겠다고? 요원하고 무망(無望)한 일이다. 국민 정서 따위는 아랑곳하지 않은 채 쉴드치기 바쁜 여권 인사들에게 이번 주말 〈나라야마부시코〉 시청을 권한다.

09 금태섭 징계는 위헌이다

2020. 06. 03.

공수처법 표결 때 기권 이유로 금태섭 전 의원 징계
이름과 걸맞지 않게 비민주적 행태 답습하는 민주당

대한민국은 민주주의 선진국이다. 외부 세계의 평가가 그렇다. 30-50 클럽(1인당 국민소득 3만 달러, 인구 5,000만 명 이상 국가) 7개국 가운데 1위다. 스웨덴 '민주주의 다양성 연구소'의 2019년 평가다. 한국 뒤로 영국, 이탈리아, 독일, 프랑스, 미국, 일본이 줄 섰다. 2016년 촛불혁명이 이룬 놀라운 결실이다. 촛불혁명은 한국 민주주의를 바닥에서 꼭대기로 끌어올렸다. 시민의 힘으로, 그것도 평화적으로 엉터리 대통령을 권좌에서 끌어내린 역사는 평가받을 만하다.

그런데 정말 우리 민주주의 수준이 그렇게 대단한가. 미국,

영국, 독일을 앞설 만큼? 우리 내면을 들여다보면 과하고 민망한 평가다. 기업과 학교, 가정 등 우리 사회 곳곳엔 아직 독재시대의 유산이, 비민주적 의식과 행태가 널려 있다. 맨 앞에서 민주화를 이끌어야 할 정치권부터 후진적이다. 입으로는 민주주의를 말하지만 의식과 행동은 따로 간다. 촛불혁명 덕에 정권을 쥔 더불어민주당부터 버젓이 이름과 걸맞지 않게 비민주적 행태를 답습한다. 공수처법 표결 때 기권했다는 이유로 금태섭 전 의원을 징계한 것은 상징적이다.

독재와 싸우다 독재를 닮게 된 것인가

"공수처법 찬성이 강제당론인데, 이를 어겼으니 징계가 당연하다."라고 이해찬 대표가 말했는데, 여기에서 한국 민주주의의 현주소를 발견하게 된다. 당론 정치는 곧 패거리 정치다. 오랜 세월 한국 정치판에서 위력을 떨쳤다. 정당 소속 의원이 당론을 거스르기란 쉽지 않은 일이었다. '왕따'를 각오해야 한다. 출당 압력과 제명으로 이어진 사례도 있다. 이런 정치 환경에서 각계를 주름잡던 의원 개개인은 거수기로 전락하고 만다. 대한민국 국회의원 금태섭의 소신에 대한 민주당의 징계는 이런 구태 정치의 건재함을 확인시켜준 패착이다.

당론 자체가 구태는 아니다. 첨예한 이슈에 대해 당론을 결정하는 것은 자연스러운 일이다. 문제는 이를 강제한다는 점이다. 위헌이고 위법이다. 헌법(46조)은 국회의원은 국가이익을 우선하여 양심에 따라 직무를 행한다고, 국회법(114조)은 의원은 국민의 대표자로서 소속정당의 의사에 기속되지 아니하고 양심에 따라 투표한다고 명시하고 있지 않은가. 촛불혁명을 거치고도 정치는 달라지지 않은 거다. 이해찬 대표를 비롯해 지금 민주당의 많은 의원들은 젊은 시절 용감하게 독재와 맞서 싸운 이들이다. 독재를 타도하고 민주주의를 쟁취하기 위해.

그런데 지금 민주주의 가치를 훼손하는 일을 아무렇지 않게 벌인다. "파시즘 최악의 유산은 파시즘과 싸우던 이들의 내면에 파시즘을 남기고 사라진다는 것."(브레히트)이라더니 독재와 싸우다 독재를 닮게 된 것인가.

10. 이재명 살린 비명계 징계하겠다는 친명들

2023. 10. 05.

이 대표의 부결 요청은 스스로 프레임에 걸려드는 선택
이 대표를 구한 건 역설적이게도 가결 투표한 소수 비명계 의원들

더불어민주당 대표 이재명 체포동의안이 가결되는 순간 법무부장관 한동훈의 표정이 묘했다. 예상이 빗나가서일까. 쓴웃음 지었다. 부결됐다면 더불어민주당은 방탄정당 오명을 뒤집어쓸 판이었다. 이 대표의 23일간 단식에도 방탄용 낙인이 찍혔을 것이다. 그러잖아도 이 대표는 스스로 '방탄 프레임'이라는 덫을 향해 걸어가고 있었다. 이 대표는 이미 불체포특권 포기를 선언한 터다. 그래 놓고 정작 검찰이 체포동의안을 보내자 부결 투표를 요청했다. 그렇게 대국민 약속을 대놓고 지키지 않은 모양새를 자초하고 말았다. 목숨 건 단식도 빛이 바랬다.

이 대표는 "가결은 정치검찰의 공작수사에 날개를 달아줄 것."이라고 했다. 정치검찰의 공작수사라는 비판에 동의한다. 정적 한 명 죽이겠다고 검사 60~70명이 달라붙어 1년 반 넘게 탈탈 터는 수사를 본 적 없다. 오죽하면 국민의힘 소속 홍준표 대구시장이 "이재명에만 매달리는 검찰정치 버려야 한다."라고 했겠나.

그럼에도 이 대표의 부결 논리는 옹색하다. 석 달 전 불체포특권 포기를 선언할 때는 정치검찰의 공작수사가 아니기라도 했단 말인가. 검찰 행태는 비판하더라도 대국민 약속을 지키는 게 정답이고 정도였다. 스스로 "검사 약 60명 등 수사 인력 수백 명을 동원해 2년 넘도록 300번 넘게 압수수색 하는 등 탈탈 털었지만 나온 것은 아무것도 없다."라고 하지 않았나. 당당하게 "가결해달라. 법원서 심사받겠다. 불체포특권 포기 약속을 지키겠다."라고 했다면 이 대표와 민주당의 오늘은 훨씬 빛났을 것이다.

검찰이 이 대표의 '비회기 중 영장 청구' 요청을 무시하고 굳이 회기 중 국회에 체포동의안을 보낸 이유는 뻔한 것이다. "가결하면 민주당 분열, 부결하면 방탄 프레임에 빠트리겠다는 노림수."라는 건 의심의 여지없다. 이 대표는 "올가미가 잘못된 것이라면 피할 것이 아니라 부숴야 한다."라고 했지만 부결 요청은 부수는 게 아니라 스스로 걸려드는 선택일 뿐이었다. 분열도, 방탄도 막는 길은 오직 이 대표의 정면돌파뿐이었다.

덫으로 걸어 들어간 이 대표를 구한 건 역설적이게도 가결 투표한 소수 비명계 의원들이다. 그들의 선택으로 이 대표는 방탄국회를 벗어나 법원으로 갈 수 있었고, 거기서 영장 기각이란 링거를 맞고 기사회생했다. 소수 비명계 의원들이 방탄 수렁에서 이 대표를 살리고 당을 구한 것이다.

수박 색출에 혈안이 된 비명계 가결파의 무도하고 폭력적인 행태

거꾸로 윤석열 검찰은 궁지에 몰렸다. 1년 반 탈탈 턴 수사, 증거가 차고 넘친다던 수사의 결론이 영장 기각이다. 검사 출신 홍 시장은 "2년간 부패사건 중심에 섰던 이재명 사건이 불구속으로 결론났다. 닭 쫓던 개 지붕 쳐다보기."라고 개탄했다. 결과적으로 그렇게 당을 구한 비명계 의원들은 지금 쫓기는 신세다. 친명 강성 의원들과 당원들이 속칭 '수박 색출'에 혈안이다. '수박 당도 감별 사이트'까지 등장했다. 수박은 비명계를 향한 멸칭이다. '겉은 퍼런데(민주당 색깔) 속은 빨간(국민의힘 색깔) 사람들'이라는 불신의 표현이다. 당도 제로로 분류된 강성 친명 정청래 최고위원은 "고름은 살이 되지 않는다."라며 가결파 응징을 기정사실화했다.

이들의 행태는 무도하고 폭력적이다. 비명계 가결파가 왜 고름이고 왜 응징돼야 하는가. 생각이 다르면 배척하고, 징계해도 되는 것인가. 그런 게 민주주의인가. 민주당이라는 간판을 내걸고 민주주의를 질식케 하는 폭거가 아닐 수 없다. 대한민국 국회법은 엄연히 '의원은 국민의 대표자로서 소속 정당의 의사에 기속되지 아니하고 양심에 따라 투표한다.'(114조)고 자유 투표를 명시하고 있다. 게다가 당시 부결 투표는 당론(소속 정당의 의사)도 아니었다.

당장 이 무도한 폭주를 멈춰야 한다. 그럴 수 있는 이는 오직 이재명 대표뿐이다. 침묵은 방조다. 이 대표 자신과 민주당, 나아가 이 나라 민주주의를 위한 일이다. 당내에서조차 소통과 포용을 못 하면서 어떻게 국민 전체를 품는 정치를 할 수 있겠는가. 끝내 침묵하고 방조한다면 결과는 자명하다. 민주당은 이재명 사당화 논란에서 헤어날 수 없을 것이다. 이 대표와 민주당이 망하는 길이다.

5장

가짜 이념에 질식된 상식과 실용

01 반지하 서민에게 정부는 너무 멀고, 야박했다

2022. 08. 11.

재난이 평등하지 않은 건 세상이 평등하지 않기 때문
최소한 정부정책이라도 평등했어야 했다

재난은 결코 평등하지 않다. 없는 이들에게 훨씬 가혹하다. 신림동 참사는 그중 최악이다. 폭우가 반지하 골방을 덮쳤다. 40대 엄마, 초등 6학년 딸 그리고 장애를 가진 엄마의 언니가 숨졌다. 엄마는 한 달 전 언니 침대를 바꿨다. 딸의 책상도 새로 장만했다고 한다. 언니의 건강을, 딸의 미래를 생각했을 것이다. 6학년 딸은 사고 몇 시간 전 아픈 할머니에게 문자를 보냈다. '할미, 병원에서 산책이라두 하시면서 밥도 드시고 건강 챙기시구요. 기도도 많이 했으니까 걱정하지 마시고 편안하게 계셔요.'

반지하의 삶이라고 꿈이 없는 게 아니다. 언젠가 반지하를 벗어나리라, 더 나은 내일을 꿈꾸며, 삶의 의지는 누구보다도 더 강렬했을지 모른다. 세상은 이들의 꿈을 지켜주지 못했다. 폭우가 반지하 골방에 들이닥쳐 숨통을 조여올 때 그들은 아무런 도움의 손길도 받을 수 없었다. 전화 폭주로 119는 불통이었다. 재난이 평등하지 않은 건 세상이 평등하지 않기 때문이다. 그들은 '기울어진 운동장'에서 지푸라기 같은 희망을 움켜쥐고 하루하루 버텼을 것이다. 그러다 어느 날 속절없이 저세상으로 떠밀려갔다.

최소한 정부정책이라도 평등했어야 했다. 그랬다면 운동장은 덜 기울었을 것이다. 현실은 반대다. 없는 이들 지원은 '찔끔'이고 가진 자들 지원은 '화끈'했다. 정부가 평등은커녕 불평등을 조장한 꼴이다. 일례로 금융정책을 보자. 금융위원회가 안심전환대출을 다시 시행한다고 한다. 주택담보대출을 싼 금리로 갈아탈 수 있게 해주는 정책금융상품이다. 서민의 부채 부담을 줄여주기 위해 박근혜 정부 시절에 설계해 시행하기 시작했다. 아이디어가 빛나는 성공작이기는 했지만 이 정책도 기울어진 운동장일 뿐이다. 집을 가진 이들만 혜택을 보기 때문이다. 소외는 곧 피해다.

무주택 서민은 대개 주택 관련 금융정책의 피해자였다. 해당 정책에서 소외되고, 결과적으로 주택 구매 가능성은 점점 더 멀어졌다. 주택 금융정책은 그렇게 집을 기준으로 빈부격차를 더욱 벌리는 쪽으로 작동했다. 박근혜 정부 시절의 정책은 노골적이었다. 아예 대놓고 투기를 부추겼다. 최경환 경제팀은 금리를 끌어내리고 집을 담보로 빚을 낼 수 있는 한도를 과감하게 늘렸다. "빚내서 집 사라."는 거였는데 여기서 그치지 않았다. 혈세를 동원해 집을 여러 채 사는 투기세력을 도와줬다. 아파트 분양권 전매 제한을 풀고, 동일인에게 아파트 중도금 대출 보증을 여러 건씩 해줬다. 정부가 투기를 단속하기는커녕 혈세를 동원해 부채질한 것이다.

신림동의 비극, 결코 천재지변이 아니다

촛불혁명 정부라는 문재인 정권도 나을 게 없었다. 오히려 기만적이었다. 말로는 집값을 반드시 잡겠다면서 실제로는 집값 띄우는 정책을 폈다. '제로금리+다주택 세제·금융혜택'으로 투기세력을 도와주고, 20·30세대를 '영끌' 행렬로 몰아넣어 끝내 '미친 집값'을 만들어놓고야 말았다. 그렇게 기득권에 빨대 꽂은 건 마찬가지인 엉터리 보수, 얼치기 진보가 무늬만 서민정책으로 질주하는 동안 서민의 삶은 갈수록 위태로워졌다. 무주택 서민들은 벼락거지가 되었고, '이생망'의 절망에 빠졌다.

윤석열 정부는 한술 더 뜬다. 재벌 대기업과 집부자들에게 막대한 혜택이 돌아가는 부자감세 카드를 꺼내 들었다. '감세가 세계적 흐름'이라는, '세금 줄여주면 투자가 늘 것'이라는 뻔한 거짓말까지 동원했다. 와중에 대통령실은 신림동 참사 현장을 찾은 윤 대통령의 모습을 카드뉴스로 홍보했다.

왜들 이러시나. 대체 정부는 왜 필요한가. 무엇을 위해, 누구를 위해 존재하는가. 적어도 반지하 서민에게 정부는 너무 멀었다. 무심하고, 야박하고, 잔인했다. 역대 정권이 무주택 서민을 위한 정책을 집값 띄우듯, 가진 자들 돕듯 그렇게 열심히, 화끈하게 펼쳤다면 어땠을까. 신림동의 비극은 결코, 천재지변이 아니다.

02 | 문재인에 속고 윤석열에 꽂힌 '이대남'

2022. 02. 22.

20대 표심을 제대로 읽지 못한 오독

이대남 표심, 보수화가 아니라 배신감의 표출

3·9 대선의 특징은 세대대결 양상이다. 구도가 전례 없는 형태다. 40·50세대는 청년, 노년 세대에 포위됐다. 아래서 치받고 위에서 찍어누른다. 70대 할아버지가 20대 손자와 손잡고 가는 그림이다. 이 '연대'에서 20대 손녀는 빠졌다. '이대남'(18~20대 남자)과 70대 이상의 표심은 거의 똑같다. 모두 윤석열 국민의힘 후보에 꽂혀 있다. 지난 18일 발표된 리서치뷰 조사를 보면 두 세대 모두 열 중 여섯이 윤석열을 지지한다. 이재명 지지자는 2~3명꼴로 절반에 불과하다.

이런 현상을 '20대 보수화'라고 해석하는 이들이 있는데, 동의하지 않는다. 20대 표심을 제대로 읽지 못한 오독이다. 표심 분포가 같다고 내용까지 똑같은 건 아니다. 20대는 산업화, 민주화 시대의 이분법 프레임에 갇혀 있지 않다. 전현직 대통령 호감도에서 힌트를 얻을 수 있다. 70대 이상 남성은 단연 박정희(61%)지만 '이대남'은 노무현 29%, 박정희와 이명박이 각 24%다. 이념과 진영의 이분법을 벗어났다. 산업화·민주화 유산을 공히 평가하는 상징적 분포다. 냉전시대의 레드콤플렉스(공산주의에 대한 과민반응)에 젖은 할아버지와 산업화·민주화 이후 태어난 손자의 세계관이 똑같을 수는 없다.

20대 특히 '이대남' 표심은 보수화가 아니라 배신감의 표출이라고, 나는 생각한다. 그들의 정권교체 열망, 윤석열 쏠림 현상은 문재인 정권이 만든 것이다. 문재인 정권은 '내로남불'로 공정 가치를 흔들고 미친 집값으로 그들의 미래를 빼앗았다. 보수화한 건 20대가 아니라 문재인 정권이다. 촛불혁명 정부라면서 혁명적이기는커녕 개혁적이지도 않았다. 입으로만 개혁을 외치며 진보 코스프레를 할 뿐이었다. 실제로는 누릴 거 다 누리는 기득권 보수세력이 되어 있었던 게 진실이다. 미친 집값, 내로남불이 그 결과요 증거다.

이제 주목할 건 누가 청년세대에게 빼앗긴 미래를 돌려줄 수 있느냐다. 그들이 꽂혀 있는 윤석열이 해낼 수 있을까. 안타깝게도 기대감이 생기지 않는다. 윤 후보는 정반대로 가고 있다.

"집부자들 대변하시는 건 알겠는데, 국가가 다 빼앗아갔다, 이렇게 얘기하는 건 허위사실 유포 아닌가요." 비수처럼 날아든 심상정 정의당 후보의 물음에 윤 후보는 우물쭈물했다.

윤 후보는 '종부세 폭탄' 운운하며 '화끈한 감세'를 외치는 중인데, 윤 후보가 사는 시가 30억짜리 강남 50평 고급 아파트의 종부세는 고작 92만 원이다. 재산세와 합쳐도 400만 원에 불과하다. 심 후보는 "월세 사는 젊은이도 연간 800만 원을 낸다."라고 했다.

그들의 선택이 또 다른 배신으로 돌아올까 걱정

윤 후보는 미친 집값의 실체를 제대로 알지 못하는 것 같다. 집값 하나로 대한민국이 얼마나 갈라졌는지, 얼마나 많은 이들이 '이생망'의 절망에 빠졌는지 모르는 듯하다. 부동산 문제의 본질을 직시하지 않기 때문이다. 이런 와중에 '검찰 공화국'을 향한 진군나팔을 힘차게 불었다. 이런 후보에게 20·30이 꽂혀 있다는 건 아이러니다. '웃픈' 비극이다. 더 암담한 건 대안을 찾기도 어렵다는 사실이다. 여당 이재명 후보도 "금기를 깨겠다."라며 윤 후보와 '규제 완화' 경쟁을 벌이는 중이다. 부동산 투기 근절 의지가 확고한 심상정? 정확한 현실 인식과 명쾌한 논리, 똑 부러진 언변은 청년들의 가슴에 꽂힐 법하다. 그러나 심 후보는 대권을 줄 가능성이 희박하다. 문재인에 속은 '이대남'들은 또 속고 있는지 모른다. 대선이 코앞인 지금 그들의 선택이 또 다른 배신으로 돌아올까 걱정이다.

03 | 정신 못 차린 민주, 내로남불 국힘, 가슴 치는 국민

2022. 04. 21.

주거니 받거니 돌고 도는 권력 나눠먹기
입법 강행을 위한 위장탈당 꼼수는 설상가상

　기를 쓰고 잘할 필요 없다. 상대가 못하기를 기다리면 된다. 기회는 온다. 오랜 세월 한국 정치를 지배해온 법칙이다. 두 기득권 정당은 지금껏 그렇게 권력을 누려왔다. 정치 발전은 없다. 주거니 받거니 돌고 도는 권력 나눠먹기일 뿐이다. 서로 잘하기 경쟁을 해야 마땅한데 현실은 반대다. 설상가상 누가 더 못하나 치열하게 경쟁하는 상황극이 지금 펼쳐지고 있다. 더불어민주당은 무능과 오만으로 5년 만에 정권을 내주고도 정신 못 차렸다. 지도부 총사퇴, 뼈를 깎는 반성과 같은 당연한 수순은 건너뛰고 '검수완박'으로 폭주하고 있다. 검찰개혁의 대의를 부정하지 않는다. 수사권과 기소권을 독점한 검찰의 폐해는 엄연하다. 오랜 세월 쌓인 적폐다. 김학의 법무차관 성폭력 봐주기, 서울시 공무원 간첩 조작, 룸살롱 99만 원 향응검사 불기소는 일례다.

같은 식구 봐주기도, 표적·편파·엉터리 수사를 벌여 법정으로 끌고 가는 무도한 짓도 수사권과 기소권을 독점했기에 가능했다. 일찍이 기소권을 가진 검찰에 수사권을 주면 '검찰 파쇼'가 우려된다(1954년 엄상섭 의원)던 예상은 탁견이었다. 개혁의 명분을 제공한 건 검찰이다. 그렇다고 속도전으로 될 일이 아니다. 민심을 등진 채 의석수로 밀어붙인다고 개혁이 이뤄지진 않는다. 민심과 함께 가야 성공한다. 입법 강행을 위한 위장 탈당 꼼수는 설상가상이다. 검찰개혁 대의를 훼손하고, 민심을 등 돌리게 하는 패착이 아닐 수 없다. 개혁을 꼼수로, 날치기로는 이룰 수 없다.

여전히 진영논리에 갇혀 서로 으르렁댈 뿐

정권을 잡은 국민의힘도 피장파장이다. 윤석열의 대통령직 인수위는 한 달이 지나도록 딱히 뭘 보여줬는지 알 수 없다. 5년간 국가를 어떻게 운영할 건지, 국민의 삶을 어떻게 개선할 건지 제대로 보여준 게 없다. 대신 시작부터 민생과는 거리가 먼 집무실 이전 논란만 요란했다. 민생과 직결되는 미친 집값에 대해 잡는 묘안을 고민하기는커녕 부추기는 발언만 남발했다. 그 바람에 제 무게를 견디지 못하고 무너져내리던 집값이 하락을 멈추더니 다시 들썩이고 있다. '이생망'의 절망에 빠진 무주택 서민은 어쩌란 말인가. 문재인 정권이 그랬듯 윤석열 당선자도 서민 뒤통수를 치고 있다.

내각 인선에서도 신선한 감동은 1도 없다. 진보의 전유물인 양 비난해대던 내로남불만 똑같이 시전 중이다. 40년지기라는 정호영 보건복지부 장관 후보자의 자녀 의대 편입 특혜 논란이 불거지자 윤 당선자는 "부정의 팩트가 확실히 있어야 한다."라며 '쉴드'부터 쳤다. 검찰총장 시절 조국 법무부장관 후보자 가족 관련 의혹에 즉각 칼을 뽑아들었던 그 윤석열이 아니다. 결국 윤석열의 정의와 공정도 선택적 정의, 선택적 공정이었던가.

정권교체의 시간은 희망을 충전하는 시간이다. 그러나 현실은 비루하고 참담하다. 두 기득권 정당은 여전히 진영논리에 갇혀 서로 으르렁댈 뿐이다. 그 사이에서 민심만 또다시 피멍 들고 있다.

04 노태우의 개혁, 문재인의 반개혁

2021. 10. 26.

보수정권이 가장 진보적 어젠다를 고민하고 추진
국민의 보편적 삶 개선한다면 이념의 주소가 무슨 상관

 보수세력은 변화를 싫어한다. 지금 이대로가 좋은데 변화를 바랄까. 기득권이란 그런 것이다. 진보·개혁과 어울리기보단 충돌한다. 가진 것을 지키려 진보를 증오하고 개혁을 막는다. 그럼 보수정권은 반개혁 세력일까. 그렇지 않다. 과감한 개혁을 추진한 보수정권이 적잖다. 노태우 정권이 대표적이다. 전두환 군부독재 정권의 바통을 이어받았으면서도 정책은 깜짝 놀랄 만큼 진보적이었다. 토지공개념을 법제화하고 북방외교를 펼쳤는데 모두 이념의 덫에 걸리기 딱 좋은 정책들이었다. 특히 토지공개념은 기득권층 탐욕과 충돌하는 것이었다. 땅에 투자해 불로소득으로 부자가 되는 것을 막겠다는 것이었기 때문이다. 시장경제의 기본질서를 훼손할 위험이 있다는 점에서 위헌 소지도 안고 있었다.

그럼에도 노태우 정부는 꿋꿋하게 밀어붙였다. 당시 청와대 경제수석이던 박승 전 한국은행 총재는 "부동산값 상승이 불평등 심화, 국민생활 빈곤화의 근본원인이라고 보고 이 제도의 도입 필요성을 누차 말씀드렸다."라고 회고했다. '부동산이나 금융자산에서 얻는 불로소득이 땀 흘려 벌어들이는 임금을 늘 앞질러 불평등이 심해진다.'는 토마 피케티의 통찰과 똑같다. 이미 그 시절 보수정권이 가장 진보적 어젠다를 고민하고 추진했던 것이다.

이유가 분명했고 의지는 확고했다. 집이 돈 버는 수단이 되면 불필요한 보유가 늘게 되고 그만큼 땅값, 집값이 오르게 된다. 이는 생산소득이 아니고 후세들의 부담으로 이뤄지는 비생산적 소득이다. 집값이 오를수록 삶의 질은 나빠질 수밖에 없다. 박 전 총재는 "부동산 중심 사회에 머물러 있는 한 어떤 경제성장에도 삶의 질 선진화는 기대할 수 없다."라고 단언했다.

보수정권보다도 개혁하지 못했다는 건 참담한 일

진보세력은 변화를 추구한다. 그래서 진보정권이 개혁세력일까. 이 역시 오산이다. 촛불혁명 정부라는 문재인 정권을 보

라. 집권 4년 동안 화끈한 개혁 같은 건 눈 씻고 찾아봐도 없다. 콘크리트 기득권에 균열을 내 반칙과 특권을 깨부수기는커녕 오히려 기득권을 강화하는 쪽을 선택했다.

개혁이 아니라 반(反)개혁이었다. 대표적인 게 부동산 정책이다. 입으로는 "사는 집 말고 파시라."고 해놓고 손발은 집을 사면 살수록 대박 나는 정책을 폈다. 집값 반드시 잡겠다더니 어처구니없게도 집 투기에 꽃길을 깔아준 것이다. 망국적인 미친 집값은 이런 정책 사기의 결과다. 김헌동 전 경실련 부동산건설개혁본부장(현 SH공사 사장 후보)은 "진보를 가장한 무능한 정치세력."이라고 비판했다. 누가 개혁을 하고, 누가 세상을 바꿨나. 보수냐 진보냐 따지는 건 허망한 일이다. 이미 기득권이 된 정치집단의 진영논리, 밥그릇 싸움 이상의 의미를 찾기 어렵다.

전 서울시장 이명박의 시내버스 운행 시스템 개편도 꽤나 혁명적이었다. 이 시장은 "거의 사회주의적으로 했다. 때론 이런 방법도 필요하다."(2004년 12월)라고 했다. 국민의 보편적 삶을 개선할 수 있다면 이념의 주소가 무슨 상관이겠나. 이념은 사람 위에 있지 않다. 사람을 위해 도구로서 존재할 뿐이다. 극단주의만 배격하고 절충하면 될 일이다.

노태우 전 대통령이 26일 별세했다. 전두환과 함께 쿠데타로, 군부독재와 공포정치로 한국 현대사를 질식하게 한 과오가

크다. 대권을 쥐자 과감한 개혁, 화끈한 친서민 정책을 밀어붙인 건 반전이다. 노태우의 개혁은 그의 과오와 함께 엄연한 역사다. 무늬만 진보인 문재인 정권은 노태우의 유산을 곱씹으며 반성해야 한다. 촛불혁명 정부라면서 보수정권보다도 개혁하지 못했다는 건 부끄러움을 넘어 참담한 일이다.

05　신분 사칭, 반칙이지만 후회하지 않는다

2021. 07. 14.

취재현장이 늘 교과서대로 흘러가는 건 아니다
신분 사칭으로 취재, 이회창 후보를 무너뜨린 한방

　1997년 대선정국의 최대 이슈는 이회창 여당(신한국당) 후보의 두 아들 병역비리 의혹이었다. 둘 모두 체중 미달로 병역을 면제받았다. 장남은 키 179㎝에 몸무게 45㎏, 차남은 키 165㎝에 몸무게 41㎏으로 면제받았다. 정상면제냐 병역기피냐 취재 경쟁이 불붙었다. 특히 장남 몸무게가 초미의 관심사였다. 언론은 키가 180이나 되는 남자의 몸무게 이력을 쫓아 중학교 학적부까지 뒤졌다. 그러나 변죽일 뿐이었다. 의미 있는 몸무게는 적어도 성인이 된 뒤의 몸무게였지만 누구도 확인하지 못하고 있었다.

그때 떠오른 아이디어가 건강검진이었다. 해마다 받는 장남의 건강검진 기록의 몸무게를 확인하면 될 터였다. 장남 직장인 한 국책연구기관으로 내달렸다. 총무부서 관계자와 이런저런 얘기를 나누다 무심히 툭 던졌다. "여긴 건강검진 어디서 받아요?", "서초동 ○○클리닉이요." 속으로 쾌재를 불렀지만 그다음이 막막했다. ○○클리닉 건강검진 자료의 그 몸무게를 어떻게 확인할 것인가.

방법은 하나, 신분 사칭뿐이었다. 정직한 것도 성공이 보장된 것도 아니었지만 그렇게라도 진실의 문을 두드려봐야 했다. ○○클리닉으로 전화를 걸었다. "○○○○○○연구원 총무과입니다. ○○○ 씨 검진결과 확인이 필요합니다. 작년 기록 찾아 키와 몸무게 좀 불러 주세요."

5분 뒤 다시 전화를 걸었다. "키 179센치, 체중 58키로입니다." 특종을 낚는 짜릿한 순간이었다. 신분 사칭이 아니었다면 그 진실에 접근하지 못했을 것이다. "○○이는 53kg을 넘어본 적이 없다."라던 이 후보 측의 비공식 반론은 한방에 무너졌다.

더 큰 가치, 공공의 이익에 기여하느냐가 관건

요즘 MBC 기자들의 경찰 사칭 사건이 논란이다. 야권 대선 주자 윤석열 전 검찰총장 부인 관련 취재 중 신분을 사칭한 일인데, 잘못된 일이라는 데 이견을 달기 어렵다. 윤 전 총장 측은

"강요죄와 공무원자격사칭죄라는 중대 범죄를 범한 것."이라며 경찰에 고발했다. 파주경찰서가 수사를 시작했다. 형사처벌을 피하기 어려울지도 모르겠다.

신분 사칭은 반칙이다. 용납될 수 없다는 건 자명하다. 이로써 취재현장의 윤리가 명쾌하게 정리되는 걸까. 그러나 취재현장이 늘 교과서대로 흘러가는 건 아니다. 기자 신분이 드러나는 순간 취재가 중단되는 현장이 적잖다. 진실에 접근하기 위해 신분 사칭이 불가피한 경우가 있다.

결론. 때로는 부득이하게 그 반칙이 필요하다. 더 큰 가치, 공공의 이익에 기여하느냐가 관건이다. 1997년의 상황을 다시 맞는다면 어떻게 할 것인가. 원칙과 현실 사이에서 갈등하겠지만 분명한 건 그 시절의 반칙을 나는 후회하지 않는다.

06　국가부채 폭탄?
나라가 거덜나기라도 했나

2020. 04. 08.

적정 국가채무비율(40%) 개념은 폐기될 운명
부채는 크기가 아니라 감당할 수 있느냐의 문제

　1,743조 6,000억 원. 지난해 국가부채 규모다. 사상 최대다. 8일 숱한 언론이 이를 크게 다뤘다. 그래서 나라가 거덜난 건가. 호들갑이 요란했다. 그중 조선일보가 단연 돋보였다. '1400만 원(국민 1인당 국가채무) 빚 있는데, 또 빚 내 100만 원 준답니다.' 코로나 재난지원금과 국가부채를 연결 지어 1면 톱으로 질렀다. 이어 3면에 '최악 재정적자, 진짜 빚 폭탄 터지지도 않았다.'고 겁주고 '정부 적자 최악, 눈사태가 시작됐다'라며 다시 사설로 확인사살했다.

　정부 재정 건전성? 당연히 중요하다. 포퓰리즘으로 퍼주기를 남발하면 나라 살림 거덜날 수 있다. 국가부채의 급격한 증가는 국가신인도를 떨어뜨릴 수 있다. 그런데 지금 국가부채 1,744조 원이 그 정도로 위험천만한 폭탄인 건가. 사상 최대라는 외피에 화들짝 놀랄 필요 없다. 규모 자체가 문제가 아니다. 부채는 크기가 아니라 감당할 수 있느냐의 문제다. 경제력(GDP·국내총생산) 대비 부채 비율을 봐야 하는 이유다.

지난해 중앙정부 기준 국가채무 비율은 30% 후반대. OECD(경제협력개발기구) 국가 중 하위권이다. OECD 평균은 100%를 넘고 특히 일본은 220%를 훌쩍 넘어 세계 최고다. 경제력 대비 부채의 무게가 한국의 5배를 넘는다. 그런데 왜 일본은 망하지 않는가. 그러니 부채 비율이 높다고 꼭 위험한 것도 아니다. 나라가 망하지 않는다면 부채 비율은 문제 될 게 없다.

"글로벌 금융위기를 계기로 OECD 국가들의 평균 국가채무 비율이 70%대에서 110% 안팎으로 훌쩍 뛰어넘었다. 코로나19 위기를 계기로 더 높아질 것이다. 그렇다고 OECD 회원국의 국가부도 가능성이 높아졌다고 보는 사람은 아무도 없다." 금융·경제사와 재정·통화정책에 정통한 차현진 한국은행 인재개발원 교수는 최근 언론 기고에 이렇게 썼다. "코로나19 경제위기에 맞서 정책 변이를 두려워 말라."면서. 아울러 "우리나라 안에서만 금과옥조처럼 지켜왔던 적정 국가채무비율(40%) 개념은 폐기될 운명."이라고 했다.

근 100년이 지났는데도 우린 아직 그 시대를 맴돈다

더욱이 정부가 발행하는 국채는 대부분 국내에서 소화된다. 국가 빚이 100조 늘면 국민 자산이 100조 느는 거다. 한국 경제 안에서 누군가의 부채는 누군가의 자산이 된다. 돈은 그렇게 돌고 돈다. '1인당 국가부채 1,400만 원'이란 레토릭도 '평균의 함정'이 낳은 허구다. 세금 내는 이도 주로 부자, 국채를 갖고 있는 이들도 부자다. 코로나19 사태로 지금 세계 경제는 1929년 대공황 이후 최대 위기다. 각국 정부는 질식하는 경제의 숨통을 트기 위해 돈 살포를 마다하지 않는다. 이런 마당에 한국 정부는 재정 건전성만을 끌어안고 몸을 사린다? 너무 한가하고 비겁하지 않은가. 차 교수는 "지금 부채 비율 갖고 따지는 건 웃기는 얘기."라고 했다. 논점은 바뀌어야 한다. 부채 비율이 아니라 어디에 어떻게 쓸 건지를 논쟁해야 한다. 지출이 얼마나 시급하고 효과가 있느냐가 핵심이다. 역설적으로 이런 비상 상황에서 부채 비율이 너무 낮은 나라는 정부가 일을 할 줄 모르거나, 직무를 유기하는 것이다.

1929년 대공황 해법으로 적극적 재정정책을 주장하던 존 메이너드 케인스(1883~1946)는 줄곧 이념 공세에 시달렸다. 노동당의 사회주의자들과 치열한 생존 경쟁을 벌였던 자유당에 오랫동안 몸담고 있었고, 마르크스적 사회주의에 대해 "어떻게 그처럼 비논리적이고 어두침침한 이론이 사람들의 생각에 그토록 지속적으로 강력한 영향을 미칠 수 있는지 이해하기 힘들다."라고 비판했는데도 말이다. 프리드리히 하이에크(1899~1992)를 필두로 한 자유시장주의자들이 케인스를 지속적으로 '빨갱이'(본색을 숨긴 사회주의자)로 몬 것이다. 아직도 걸핏하면 종북·좌빨 운운 색깔론으로 이념의 덫을 놓는 대한민국의 정치·언론 지형이 딱 그 꼴이다. 근 100년이 지났는데도 우린 아직 그 시대를 맴돈다. 너무 후진적이지 않은가.

07 | 비정상이 정상화(?)하는 대한민국

2014. 10. 31.

파릇한 청춘 300여 목숨이 수장된 유례없는 참사
세월호 참사 이후의 이해할 수 없는 비정상의 시간들

'비정상'이 압도적이면 '정상'으로 둔갑한다. 외눈박이 세상에선 두 눈을 가진 이가 별종이 되듯이. 이른바 '비정상의 정상화'다. 박근혜 대통령이 주창한 것과는 반대의 의미다. 의지와 현실은 정반대의 길을 가고 있다. 비정상이 바로잡히기는커녕 보편화하고 있다. 비정상과 정상을 어떤 기준으로 나눌 것인지부터 논란거리일 수 있지만 이 문제는 접어두자. 박 대통령이 중시하는 약속과 원칙의 잣대만 들이대도 족할 것이다. 그의 약속은 줄줄이 깨지고 있다. 대선전이 펼쳐지던 2012년 내내 약속했던 경제민주화는 시늉만 하다 자취를 감춘 지 오래다. 낙하산 인사는 없을 거라더니 낙하 행렬이 끝이 없다. "지난 9월까지 205명의 친박인사, 이른바 '박피아' 인사가 이뤄졌다."(박완주 새정치민주연합 의원)라고 한다. 되찾아오겠다던 전시작전통제권(전작권)은 무기한 연기해버렸다. '증세 없는 복지' 약속도 깨졌다. 담뱃세, 주민세, 자동차세 등 서민 호주머니를 터는 증세가 즐비하다.

대국민 약속 파기를 정상이라고 할 수 없다. 그렇다고 곧바로 비정상의 낙인을 찍을 수는 없다. 약속은 지키지 못할 수도 있다. 정말 심각한, 중증의 비정상은 약속을 깨는 과정이다. 국민경제, 국가안위와 직결되는 중차대한 공약을 파기하면서도 아무런 설명이 없다. 사과는커녕 변명조차 없다. 여권 그것도 친박 진영에서 "전작권 환수 재연기는 대선공약 파기."(유승민 새누리당 의원)라는 비판이 나온다. "박 대통령이 직접 국민의 이해를 구해야 한다."라고 유 의원이 공개적으로 밝혔다.

세월호 참사 이후도 이해할 수 없는 비정상의 시간들이었다. 파릇한 청춘을 포함한 300여 목숨이 서서히 수장돼 가는 것을 온 국민이 실시간으로 지켜봐야 했던, 유례없는 참사였다. 공권력은 왜 배 안에 갇힌 단 한 명의 목숨도 구하지 못했는지, 그런 정부는 존재 이유가 무엇인지 묻고 따지는 건 너무도 당연한 일이었다. 그러나 어이없게도 "최종 책임은 제게 있다."(5월 19일 대국민담화)라던 박 대통령이 돌변해 유족들을 외면하고 '순수한 유가족' 운운하며 편 가르기에 나섰다. 이후 여당에선 세월호 참사를 '교통사고'(주호영 새누리당 정책위의장)에 빗대 의미를 축소하고, 곡기를 끊어가며 진상규명을 요구하는 유족들 옆에선 일베 회원들이 '폭식 퍼포먼스'를 벌였다. 그런 야만과 패륜의 악다구니에 책임은 사라지고 진실은 은폐됐다. 처음부터 '국가개조'니 '적폐청산'이니 하는 공허한 수사 대신 진상규명 의지만 분명히 했어도 벌어지지 않았을 일들이다. 그랬다면 참사 이후의 시간은 희생자의 넋을 달래고 유족들을 위로하며 내일의 참사를 막는 따뜻하고 생산적인 시간이 되었을 것이다.

단순 논리, 우격다짐이 이미 각종 정책에서 작동

비정상의 폭주는 대중의 비판적 감각을 무디게 하고 우리 사회의 야만성을 광장으로 집결시켰다. 국가를 개조하기는커녕 역사의 시곗바늘을 과거로 돌려놓았다. 이래도 되나 싶다. 비싼 대가를 치러야 할 텐데 이렇게 막 나가도 괜찮은지 말이다. 단순 논리, 우격다짐은 이미 각종 정책에서 작동하고 있다. 단기 부양책 위주의 '최경환 노믹스'에서도 감지된다. 부동산 경기를 띄우기 위해 가계부채의 위험성을 과소평가하면서 빚내서 집 사라고 부추기는 정책은 결정판이다. 잇단 기준금리 인하에다 부동산금융 규제 완화로 뇌관의 안전핀은 뽑혀나간 상황이다. '제3금융위기로의 초대장'(김태동 성균관대 경제대학 교수)

이라는 경고가 나오는 이유다.

역사에 없는 길이 아니다. 신자유주의자들은 거품을 과소평가했지만 그 규모는 엄청났고 거품이 폭발하면서 글로벌 금융위기를 맞지 않았던가. 미국 경제석학 조지프 스티글리츠는 "경기침체 장기화는 위기 이전 투자의 약 40%가 부동산에 집중된 결과."라고 진단했다. 우리라고 다른가. 1,000조 원을 훌쩍 넘은 가계부채 중 주택담보대출이 절반 이상이다. '비정상의 정상화' 시대, 정부는 신뢰를 잃어가고 국민의 삶은 위태로워지고 있다.

08 탐욕 보고서

2011. 10. 11.

하나. 탐욕(貪慾)은 나쁜가.

뜻 자체는 그렇다. 지나치게 탐하는 욕심이니 바람직한 것일 수 없다. 종교적으로도 큰 죄악이다. 불교에서 탐욕은 살생, 도적질과 함께 십악(十惡) 중 하나다. 그러나 사전적 의미이고 종교적 기준일 뿐이다. 역설적으로 신자유주의 세상에서 탐욕은 나쁜 게 아니다. 오히려 미덕이다. 시장과 자본의 무한 자유를 추동하는 원동력이 바로 탐욕이기 때문이다.

둘. 애초 인간은 탐욕적이다.

자본주의는 그래서 발전했다. 다 함께 일하고 똑같이 이익을 나누는 공산주의 실험이 실패한 이유이기도 하다. 남보다 더 잘 먹고 잘살고 싶은 욕구가 채워질 수 없는 구조에서 열심히 일하는 것이 무슨 소용인가. 남보다 열심히 일해야 할 동기를 잃어버린 공산주의 노동력은 질적 하락이 불가피했다.

셋. 탐욕은 창조적이었다.

신자유주의 세상에서 자본주의의 새로운 패러다임을 개척했다. 화려한 금융산업 시대를 열었다. 실물을 떠나 돈이 돈을 버는 환상의 경제를 실현했다. 더 이상 부가가치는 인간의 구체적 노동에서만 나오는 게 아니었다. 자본은 수많은 금융파생상품에 제 몸을 맡긴 채 이리저리 구르며 엄청난 부가가치를 창출했다.

넷. 신자유주의는 지속 가능한 것이 아니었다.

'작은 정부 큰 시장'의 신자유주의 경제는 심장부인 월스트리트에서 무너져 내렸다. 제 스스로 쌓아 올린 거품의 무게를 견디지 못해서다. 2008년 9월 15일 미국 투자은행 리먼브러더스 파산은 정점이었다. 작은 정부는 재정을 퍼부어 금융회사들을 구했다. 신자유주의는 그토록 싫어하던 정부 개입으로 목숨을 이었다.

다섯. 탐욕은 야비했다.

누군가의 무한 자유의 추구, 무한 욕구의 충족은 다른 누군가의 자유를 빼앗고 욕망을 가로챘다. 그 결과 성장 과실은 일부에게 돌아갔다. 부자는 더욱 살찌고 가난한 자는 더욱 말라가는 양극화가 심화했다. 성장을 명분 삼은 감세, 규제 완화는 특정 계층을 위한 편파적 정책으로 전락했다.

여섯. 미국은 정의로운 사회가 아니다.

『정의란 무엇인가 Justice』의 저자 마이클 샌델 하버드대 교수는 "정의로운 사회는 소득과 부, 의무와 권리, 공직과 영광을 올바르게 분배한다."라고 정의했다. 뉴욕과 워싱턴을 점령한 시위대는 치솟는 실업률, 월가의 탐욕, 물구나무선 정의에 분노하고 있다. 월가의 금융회사들에 퍼부어진 구제금융은 그들이 낸 세금이다.

일곱. 탐욕은 통제되는 게 옳았다.

시장의 무한 자유가 모든 이의 자유는 아니었다. 김종인 전 청와대 경제수석은 최근 인터뷰에서 "시장경제가 제대로 운영되려면 시장 문화는 막스 베버의 말처럼 절대적인 절제문화가 필요하다."라고 했다. "인간은 타고나기를 스스로 절제할 수 없게 돼 있다. 그래서 정부의 역할이 필요하다."라는 것이다.

여덟. 신자유주의는 귀중한 교훈을 남겼다.

스스로 허물어지면서 보다 나은 자본주의의 방향을 가리켰다. 그런데도 배우지 않는다. 월가는 여전히 탐욕스럽다. 정부 재정으로 연명하는 주제에 돈 잔치는 여전하다. 실패 책임을 묻기보다 구제에 급급했던 정부는 리더십을 잃고 있다.『맨큐의 경제학』저자 그레고리 맨큐 하버드대 경제학과 교수는 최근 "미국은 과도한 재정지출로 그리스식 재정위기에 처할 리스크를 키우고 있다."라고 말했다.

아홉. 강 건너 불구경할 때가 아니다.

한국에도 탐욕이 쌓아 올린 거품이 가득하다. 지난 10년 부동산 시장은 탐욕의 아성이었다. 탐욕은 과도한 아파트 투자로 질주했고, 그 결과는 본래 가치보다 훨씬 부풀려진 '슈퍼 버블'이다. 케인스 이론대로 야성적 충동(animal spirit)은 시장의 과잉을 야기했고 정부는 방조했다. 저축은행의 몰락은 우연이 아니다.

열. 거품은 터지게 마련이다.

1,000조 원을 넘어선 가계 빚은 시한폭탄이다. 가처분소득 대비 부채 비율은 이미 150%를 넘어섰다. 김석동 금융위원장은 "밤잠을 설친다."라고 했었다. 금융위기 직전인 2007년 미국

가계부채 비율은 137.6%였다. 안정적 일자리도 줄었다. '88만 원 세대'의 미래는 캄캄하다. 대비라도 해야 피해를 줄일 텐데, 초침 소리만 커지고 있다.

09 숫자에 가려진 민생

2016. 08. 12.

하나. 전기료가 무서운 가계

이번 달 전기요금이 걱정이다. 정부가 좀 깎아준다지만 걱정이 가시지 않는다. 수십 만 원 폭탄을 맞을 것 같다. 낮이고 밤이고 에어컨을 틀어댔다. 나만의 걱정이 아닐 것이다. 올여름 더위는 지독하다. 시원한 에어컨 바람이 근심을 몰고 왔다. 열대야는 물리쳤지만 서민의 한숨을 키웠다. 전기를 많이 쓰면 최대 12배의 요금을 물어야 한다. 대기업 전기요금은 수천 억 원 깎아주면서 가계엔 어찌 그리 가혹한가. 가계가 소비하는 전력은 전체사용량의 10%대 초반일 뿐인데. 불만이 쏟아져도 정부는 처음엔 꿈쩍하지 않았다. 불볕더위처럼 여론이 들끓자 그제서야 7~9월 전기요금을 찔끔 깎아주기로 했다. 가구당 월

평균 8,000원꼴이란다. 그나마 가계엔 도움이 되겠으나 왜 늘 뒷북인가. 전기요금 누진제 개편은 박근혜 대통령의 대선공약이었다. 감사원이 2013년 "주택용 전기요금 누진제가 불합리하다."라며 개선을 권고하기도 했다. 입만 열면 민생을 외치면서 그동안 뭘 하고 있었던 것일까.

둘. 흙수저 청년의 좌절

20대 중반의 대학생 K는 공공기관에서 알바(아르바이트) 중이다. 자료를 복사하고 철을 하는 등 사무 보조 일을 하고 있다. 7시 반 출근, 4시 반 퇴근으로 월 140만 원을 받는다. 그 정도면 꽤 괜찮은 자리다. 경쟁률이 제법 세다. 한 명 뽑는데 열 명은 몰린다. K는 "변리사 시험을 준비하려는데 먼저 학원비를 모으기 위해 알바를 하게 됐다."라고 말했다. 누군가 학원비를 마련해준다면 그는 지금 높은 경쟁률을 뚫고 복사기를 돌리는 대신 학원에서 강의를 듣고 있을 것이다.

취업을 위해 알바를 하는 K들은 수두룩하다. 서울시 청년활동지원사업(청년수당)은 이들을 겨냥한 것이다. 신청자들은 알바를 쉬고 그 시간에 배우고 싶은 기술이 있다거나 알바를 쉬고 시험준비에 매진하고 싶다고 사유를 밝혔다. 3,000명의 K들에게 최장 6개월간 월 50만 원은 그들의 인생을 바꾸는 기회가 될지 모른다. 시행해보고 효과를 따져보면 될 일이다. 예산은

90억 원에 불과하다.

　그런데 2조 원대 청년정책 예산을 쓰는 중앙정부가 제동을 걸었다. 3월부터 서울시와 보건복지부가 협의에 들어갔고 복지부가 제시한 수정안이 일부 반영됐으며 공동발표까지 하기로 했는데 막판에 복지부 태도가 돌변했다. 이젠 범정부 태스크포스까지 만들어 전면전 태세다. 그새 무슨 일이 있었던 건가. 박원순 서울시장을 반대하기 위해 청년수당을 걸고넘어진 혐의가 짙다. 정치가 민생을 돌보지 않는 또 다른 현장이다. 청년수당이 무슨 죄인가. '헬조선'의 흙수저 청년들은 무슨 잘못을 했나.

셋. 주거비에 짓눌린 서민

　2014년 8월 정부와 한국은행은 '기준금리 인하 + 주택금융 규제 완화'의 정책조합을 단행했다. 박근혜 정부의 실세 최경환 부총리 겸 기획재정부 장관 취임 직후다. 집을 담보로 돈을 더 싸게 더 많이 빌릴 수 있게 해줄 테니 집을 사라는 메시지로, 경제정책의 대전환이었다. 화끈한 부양책에 가계부채는 폭증하고 전셋값 고공행진이 이어졌다. 서울지역 아파트 전세가격은 박근혜 정부 출범 후 27% 폭등했다. 무주택 서민의 주거비 부담이 눈덩이처럼 불어난 것이다. 누구를 위한 정책이었나. "당장 GDP(국내총생산) 조금 올려보려고 강남에 집 가진 자들을 위한 정책을 편 것."(전성인 홍익대 경제학과 교수)이라는 평이 정곡을 찌른다.

넷. 숫자에 가려진 민생

한국 경제를 설명할 거시지표들은 양호하다. 저성장이 뉴노멀인 시대에 2%대 후반의 경제성장률은 낮은 게 아니다. 단기 부양책의 결과다. 국제 신용평가사 스탠더드앤드푸어스(S&P)도 최근 한국 국가신용등급을 AA- 에서 AA로 높였다. 코스피는 다시 2,000선을 회복했다. 포장지는 그럴듯하지만 내용은 별개다. 양호한 성장률이 서민의 전기요금 걱정과 흙수저 청년의 좌절을 보듬어주진 않는다. 거꾸로 이 숫자는 서민의 주거비 부담을 키운 결과다. 이들에게 성장률이 2.5%냐 3%냐는 숫자 이상의 의미를 갖지 않는다. 국가신용등급도 빚 갚을 능력을 본 것일 뿐 한국 경제의 질을 평가한 게 아니다. 정부가 매달리는 숫자가 삶의 질을 말해주지는 않는다.

10 이은재의 혈서와 보수의 품격

2020. 04. 14.

심심찮게 벌어지는 보수의 부끄러운 퍼포먼스
일제에 빌붙어 공동체 배신한 친일파들이 보수일 수 없는 이유

지질함은 보수와 어울리지 않는다. 책임지는 보수가 지질할 수는 없다. 일제강점기 이 땅의 보수세력은 목숨을 걸었다. 역사의 정통성을 지키기 위해, 민족의 안위와 독립을 위해. 이회영, 신채호, 김구, 김준엽, 장준하 같은 이들이다. 보수우파란 그렇게 한 사회의 중심으로 공동체 위기를 책임지는 이들이다. 노블레스 오블리주(높은 사회적 신분에 상응하는 도덕적 의무) 없는 보수를 어찌 보수라고 할 수 있을까. 수구 기득권 세력일 뿐이다. 자신의 영달을 위해 일제에 빌붙어 공동체를 배신한 친일파들이 보수일 수 없는 이유다.

총선을 이틀 앞둔 13일 이은재 한국경제당 대표가 '혈서 쇼'를 벌였다. 미래통합당 소속이었으나 공천에서 배제되자 기독자유통일당에 입당했다가 '불교신자'라는 지적에 다시 한국경제당을 창당해 비례대표 1번으로 출마한 그 이은재 의원이다. 혈서 퍼포먼스 전 그는 스스로 '보수정당 여성투사'라 칭하고 "한국경제당을 선택해주시면 윤석열 검찰총장의 호위무사가 되겠다."라고 비장하게 선언했다.

이 의원의 비장한 이벤트는 기정사실인 듯 회자했다. 많은 언론이 확인도 없이 이 대표의 혈서 소식을 전했다. 그러나 곧 실상이 드러났다. 저렇게 깨물어서 피가 날까. 동영상 속 손가락을 깨무는 이 의원의 모습은 어설프기 짝이 없었다. 뒤이어 종이컵이 등장했다. 그 안에 뭐가 들었을지 굳이 확인할 필요는 없을 듯하다. 새삼스럽지는 않다. 이런 류의 쇼는 이 의원이 속해 있던 그 보수정당이란 곳에서 심심찮게 벌어지는 일이었으니까. 지난 3월 26일 권영진 대구시장이 대구시의원과 긴급생계자금 지급 문제로 논쟁을 벌이다 갑자기 뒤로 벌렁 넘어지는 모습도 이 의원의 손가락 깨물기만큼이나 어설펐다.

손가락 하나 깨물지 못하는 결기로 누굴 지킬까

들것에 실려 나갈 때 다소곳이 손을 모아 잡은 모습도 마찬가지였다. 권 시장은 '실신'한 지 12일 만인 지난 7일 코로나19 정례 브리핑에 복귀했는데, 그 새 대구에선 피땀 쏟은 의료진 급여가 밀리고 있었다. 시는 의료진 수당으로 지급할 예산 200억 원가량을 이미 중앙정부로부터 받았다는데 말이다.

"수구, 부패, 기득권, 반개혁, 반통일 등 온갖 부정적 이미지와 요소들을 털어버리지 못하고는 당의 미래는 없다." 2005년 2월 3일 충북 제천 청풍리조트에서 울려 퍼진 외침이다. 미래통합당의 당시 이름 한나라당의 의원 연찬회에서 권철현 의원이 절절히 외쳤다. 15년이 지난 지금 권 의원의 경고를 되새기는 건 부질없는 일이다. 세월이 무상하게도 달라진 건 없고 지질함만 추가된 터다.

이 의원은 "윤석열을 살리고 대한민국의 헌법체제를 수호할 사람이 누구인가?"라고 외쳤는데, 손가락 하나 깨물지 못하는 결기로 누굴 지키겠다는 건가. 차제에 보수 사칭은 그만하고 본인 건강이나 지키길 권한다.

6장

신자유주의라는 허구

01 | 살아 있는 '브룩슬리 본'의 경고

2016. 04. 29.

금융 파생상품 위험성을 간파한 브룩슬리의 선견지명
실패로 끝난 거대하고 강력한 신자유주의 세력과의 전투

그제 2008년 금융위기에 관한 다큐멘터리 〈The Warning〉(경고)을 봤다. 장소는 서울 여의도 금융감독원 강당이었다. 금감원 노조가 자리를 마련했다. 2009년 미국 방송사 PBS가 만든 이 다큐엔 금융위기의 주역들이 등장한다. 앨런 그린스펀, 로버트 루빈, 래리 서머스. 미 연준 의장으로 또 미 재무장관으로 미국은 물론 세계경제를 쥐락펴락한 거물들이다. 이들은 모두 신자유주의 첨병, 시장만능주의자들이었다. "시장이 다 알아서 할 것."이라며 규제 반대를 외치고 관철시켰다.

다큐는 이들에게 맞섰던 한 여성 변호사에게 집중한다. 금융

전문 변호사로 명성을 쌓은 브룩슬리 본. 클린턴 정부에서 '따분하고 별로 중요하지 않은 기관'으로 인식되던 상품선물거래위원회(CFTC) 위원장을 맡은 그는 금융 파생상품의 위험성을 간파하고 '전설적인 전투'를 시작한다. 거대하고 강력한 신자유주의 세력과의 전투였다. 그린스펀과 본은 첫 만남에서부터 어긋났다. "사기행위에 대한 규제가 필요하다고 생각하나 본데…."(그린스펀), "예, 그럼요."(본), "아시다시피, 시장이 사기꾼을 알아서 해결할 겁니다."(그린스펀)

본은 단호했다. 규제 공백의 시장에서 독버섯처럼 자라는 장외 파생상품의 위험성을 경고하고 규제 준비에 나섰다. 시장을 신봉하는 그들은 본의 입을 틀어막는 데 필사적이었다. 그런 와중에 장외파생상품에 투자했다가 수십억 달러 손실을 본 다국적기업 P&G가 이 상품을 판 투자은행 뱅커스트러스트를 상대로 소송을 냈다. 이 과정에서 뱅커스트러스트가 복잡한 파생상품을 악용해 사기를 쳤음이 드러났다. "하하, 이 멍청이들이 진짜 좋은 상품이라고 생각해. 결국 참담한 꼴을 당할 텐데 말이야." 비밀녹취록에서 뱅커스트러스트 직원들은 파생상품 거래를 몽정(wet dream)으로 묘사하며 낄낄거렸다.

본은 파생상품이 경제를 망가뜨릴 수 있음을 직감하고 '개념설명서' 공표로 규제에 나서기로 했다. 반격은 즉각적이었다. 루빈 장관은 긴급회의를 소집해 "절대 안 돼."라고 윽박질렀다.

본이 굴복하지 않고 개념설명서 발표를 지시하자 이들은 성명을 통해 "매우 심각한 사태로 의회가 조속히 저지해야 한다."라고 촉구했다. 곧이어 열린 의회 청문회에서 그린스펀은 "아무 쓸모도 없는 규제가 시장 효율성을 저해하고 있다."라고 주장했고, 의회는 그의 손을 들어줬다. "평범한 미국인의 돈을 지키려 한다."라는 본의 외침은 무력했다. 그에게 1998년 여름은 뜨겁고 잔인했다.

말로는 개혁을 외치면서 몸은 구태를 반복

두 달이 채 지나지 않아 다시 대형사건이 터졌다. 규제 공백 속에 영업하던 롱텀캐피털(LTCM)이 파산했다. 자본금 500만 달러를 1조 달러 파생상품 거래로 둔갑시키던 이 금융사는 러시아 금융위기로 좌초했다. 그런데도 달라진 건 없다. 의회에서 마침내 규제 강화 요구가 나왔으나 그린스펀의 반대 장벽을 뛰어넘지는 못했다. 의회는 거꾸로 칼끝을 본에게 돌려 그를 제거했다. 본이 사임한 후 월가는 규제 완화의 전성기를 맞았다. 은행들은 더 위험한 투자를 할 수 있었고 월가는 날로 폭발력이 커지는 시한폭탄을 껴안고 파티를 즐겼다. 본이 분투할 때 27조 달러 규모이던 장외파생상품은 2007년 595조 달러대로 성장했다. 마침내 시한폭탄이 터졌고 수백만 명이 집과 일자리를 잃었다. 자신의 생각이 틀렸다는 그린스펀의 반성은 늦어도 너무 늦은 것이었다.

본은 졌지만 그의 경고는 살아 있다. '정피아' 등 낙하산 행렬과 실적 부풀리기와 같은 위선과 부조리가 여전한 한국 현실에서 특히 그 의미는 현재진행형이다. 힘 있는 자들이 말로는 개혁을 외치면서 몸은 구태를 반복하며 기업을 망치는 동안 '본의 경고'는 어디서도 들리지 않았다. 금감원 노조 관계자는 "위기 발생 전에 경고를 하는 것이 감독 당국의 의무인데 지금 이런 근본적 업무가 뒷전으로 밀리는 흐름."이라고 말했다.

그리고 보니 금감원은 수십만 보험가입자의 손실을 야기할 '수상한 변액보험 거래'를 조사하고 "제재가 불가피하다."더니 이조차도 1년 반이 다 되도록 감감소식이다. 본처럼 용기 있게 나선 해당 보험사 감사 임원만 2년이 넘도록 '왕따' 신세다. 한국에서도 본은 지고 있다.

02

뻔한 거짓말, '증세 없는 복지'

2015. 01. 23.

토지공개념, 노태우 정권의 놀라운 개혁 정책
박근혜 정부의 개혁은 시작부터 꼬이고 엉키고 뒤죽박죽

개혁은 보수 정권의 몫이어야 한다. 실현 가능성이 크기 때문이다. 적어도 최후의 분단국 대한민국에서는 그렇다. 진보세력의 개혁은 이념의 덫에 걸려들기 십상이다. 자칭 보수가 쳐놓은 '빨갱이 프레임'에 갇혀 추진력을 잃고 만다. 개혁은 좌초하고 갈등의 상처만 깊어진다. 개혁이 보수의 전유물이어야 한다는 얘기는 아니다. 냉전적 사고가 여전한 한국 사회 수준을 감안한 현실론일 뿐이다.

역대 정권에 사례는 널렸다. 전두환 군부정권의 바통을 이어받은 노태우 정부의 정책들은 깜짝 놀랄 만큼 진보적이었다. 토지공개념을 법제화하고 북방외교를 펼쳤는데 모두 이념의 덫에 걸리기 딱 좋은 정책들이었다. 특히 토지공개념은 기득권층의 이해와 충돌하는 것이었다. 땅에 투자해 불로소득으로 부자가 되는 것을 막겠다는 것이었기 때문이다. 시장경제의 기본질서를 훼손할 위험이 있다는 점에서 위헌 소지도 안고 있었다.

그럼에도 노태우 정부는 꿋꿋하게 밀어붙였다. 이념의 굴레에서 자유로운 보수정권이었기에 가능했다고 본다. 물론 개혁 의지도 충만했다. 당시 청와대 경제수석이던 박승 전 한국은행 총재는 "부동산값 상승이 불평등 심화와 국민생활 빈곤화의 근본원인이라고 보고 이 제도의 도입 필요성을 누차 말씀드렸다."라고 회고했다. 부동산이나 금융자산에서 얻는 불로소득이 땀 흘려 벌어들이는 임금을 늘 앞질러 불평등이 심해진다는 피케티의 통찰과 똑같다. 이미 그 시절 보수정권이 가장 진보적 어젠다를 고민하고 추진했던 것이다.

이런 진보적 정책을 진보정권이 추진했다면 어땠을까. 결과는 딴판이었을 것이다. 무장공비가 동해안에 침투한 와중에도 장관이 새벽길을 달려 평양에서 북측 인사를 만나는 일도 가능하지 않았을 것이다. 북방외교를 기획하고 집행한 박철언 전 장관은 "어떤 상황에서도 남북 간 대화는 계속돼야 한다."라며 필자에게 비화를 소개한 적이 있다.

증세를 증세라 부르지 못하는 비겁한 정부

이런 이유로 개혁은 보수정권이 상대적으로 유리한 법인데도 작금 박근혜 정부의 개혁은 꼬이고 엉키고 뒤죽박죽이다. 총론은 정확히 뭔지 모호하고 각론은 이리저리 충돌하며 부서지는 형국이다. 대선공약이자 국정 방향의 총론이던 경제민주화가 사라지고 '증세 없는 복지' 공약이 손쉬운 편법 증세라는 꼼수만 낳고 있는 탓이다. 부작용은 자못 심각하게 나타나고 있다. '민란'이라는 표현이 나올 정도로 조세저항의 민심이 거칠다. 세금 더 내라는데 좋아할 사람은 없겠지만 내용이 크게 문제라고 보기는 어렵다. 연말정산을 소득공제에서 세액공제 방식으로 바꿔 고소득일수록 더 내고 저소득자는 덜 내도록 한 것은 마땅한 일이다. 조세를 통한 소득재분배 기능은 강화될 것이다.

진짜 문제는 형평성을 잃은 편법 증세라고 본다. 감면 혜택을 받고 있는 법인세는 놔두고 민감한 종교인 과세도 사실상 포기하면서, 국민건강을 명분으로 담뱃세를 인상하고 월급쟁이 유리지갑만 훑는 증세 방식에 누가 동의하겠는가. 엉뚱하게도 담뱃세 인상은 국민건강을 지키기보다 외국계 담배회사만 키워주는 꼴이 될 조짐이다. 외국계 업체들이 저가 담배로 공세 수위를 높이면서 담배 주권이 위협받는 상황이라는 업계 우려가 커지고 있다. 이런 마당에 박 대통령의 복심이라는 이정현 최고위원은 세목, 세율을 늘리거나 높인 게 아니라서 증세가 아니라는 말장난으로 불난 집에 부채질까지 하고 있다.

사실 이 모든 혼란은 진작에 예고된 것이다. 2012년 대선 당시 예고편이 생중계됐다. "증세하지 않고 어떻게 복지 재원을 충당합니까. 그게 가능합니까?"(문재인 민주당 후보) "그러니까 제가 대통령 하겠다는 거 아니겠어요?"(박근혜 새누리당 후보) '증세 없는 복지', 그 뻔한 거짓말이 증세를 증세라 부르지 못하는 비겁한 정부를 만들고 대한민국을 혼란으로 몰아넣고 있다.

03 평균의 함정

2013. 11. 22.

기업 순이익에서 삼성전자, 현대·기아차의 비중이 30% 육박
몇몇 기업 성과가 나머지 기업의 팍팍한 현실을 가리는 착시현상

통계학에 '평균의 함정'이란 게 있다. 미국 시애틀의 중산층이 주로 찾는 술집의 긴 테이블에 열 명이 앉아 있다. 그들은 각자 1년에 3만 5,000달러를 번다. 즉 연평균 소득이 3만 5,000달러다. 그때 빌 게이츠가 들어와 열한 번째 의자에 앉는다. 그의 연소득이 10억 달러라고 가정해보면 술집 손님 열한 명의 연평균 소득은 9,100만 달러로 치솟는다. 『벌거벗은 통계학 Naked Statistics』의 저자 찰스 윌런의 비유다. 여기에서 평균은 술집 손님들의 보편적 재정상태를 나타내지 못한다. 통계상으로 맞지만 큰 오해를 불러일으킬 뿐이다.

작금 한국 경제는 윌런이 가정한 시애틀 술집 풍경과 흡사하다. 평균과 총량만 보면 호시절이다. 경상수지 흑자 행진이 20개월째 지속되면서 올 들어 흑자 누계만으로도 이미 사상 최대치다. 외환보유액도 10월 말 3,400억 달러를 뛰어넘으며 사상 최대치를 경신 중이다. 흔히 하는 말로 경제 펀더멘털(기초체력)이 양호하다. 미국 양적 완화 축소 가능성에 다른 신흥국들이 자본이탈로 휘청거릴 때 한국 금융시장엔 돈이 몰린 이유다. 외국 투자자들 사이에 '한국에 투자하면 떼일 염려는 없겠다.'는 최소한의 믿음은 생겼다고 봐야 한다.

그러나 각 경제주체들의 사정을 하나하나 들여다보면 분위기가 싸늘하다. 기업 실적이 대표적이다. 삼성전자, 현대·기아차는 시애틀 술집의 빌 게이츠와 같다. 최근 한국은행 분석에 따르면 지난해 한국 기업이 거둔 순이익에서 삼성전자, 현대·기아차의 비중은 30%에 육박한다. 총 46만여 국내기업이 거둔 순이익 86조 6,000억 원 중 이들 세 기업의 순이익이 24조 8,000억 원이다. 불과 두세 개 기업의 뛰어난 성과가 나머지 기업의 팍팍한 현실을 가리는 착시현상을 일으키는 것이다. 평균의 함정은 갈수록 깊어지는 흐름이다. 2009년만 해도 14.0%였던 세 기업의 순이익 비중이 3년 만에 두 배 수준으로 뛰었고 올해는 더 높아질 것으로 보인다. 삼성전자는 지난 3분기에만 사상 최대인 10조 2,000억 원의 영업이익을 거뒀다.

가계경제에도 착시현상은 있다. 소규모 자영업자를 포함할 경우 가계부채는 이미 1,000조 원을 넘어선 상황인데, 정부나 한은은 "위기로 갈 가능성은 작다."라고 말한다. 근거는 "소득 상위계층에 부채가 몰려 있고, 가계 전체적으로 부채보다 자산이 두 배가량 많다."라는 것이다. 통계청, 금융감독원, 한국은행이 최근 발표한 '2013년 가계금융·복지조사결과'에 따르면, 지난 3월 말 기준으로 소득 5분위(상위 20%)가 전체 가계부채의 47.2%를 차지하고 있다.

통계에서 정밀함과 정확성은 별개다

그러나 구체적 가계 사정을 들여다보면 낙관론이 무색해진다. 아파트값이 정점이던 2006년 자기 돈 10억 원에 은행돈 5억 원을 빌려 서울 강남의 40평대 낡은 아파트를 15억 원에 매입한 40대 후반 Y씨는 집값 하락과 빚 상환 부담에 수년째 고통받고 있다. 그는 정부나 한은이 말하는 고소득층이다. 가계 체감도는 통계에 기반한 낙관론과는 딴판이다. 가계금융·복지조사를 봐도 부채상환으로 생계에 부담을 느낀다는 가계 비율은 지난해 68.2%에서 70.2%로 높아졌다. 이 조사의 기준시점이 지난 3월 이전인 점을 감안하면 지금 부채 압박감은 더욱 심해졌다고 봐야 한다.

통계 없이 경제를 분석하고 전망할 수 없다. 그러나 통계에

숨은 함정은 마땅히 경계할 일이다. 2006년 봄 윤증현 당시 금융위원장이 벤 버냉키 미 연방준비제도이사회(FRB) 의장을 만나 주택버블 붕괴 가능성에 대해 묻자 버냉키 의장은 "부유층이 몰린 일부 지역에 국한한 문제."라며 낙관론을 폈다고 한다. 논리가 가계부채에 대한 정부의 낙관론과 비슷하지 않은가. 당시 동석했던 금융권 한 고위인사는 "버냉키는 정말 그렇게 믿는 것 같았다."라고 말했다. 버냉키도 당연히 정밀한 통계를 갖고 있었을 것이다. 그러나 틀렸다. 통계에서 정밀함과 정확성은 별개다.

04 비트코인의 사회학

2013. 12. 20.

볼 수도 만질 수도 없는 비트코인 열풍 이유는?
정직하지 않은 금융시스템에 대한 불신의 표현, 반항의 격문

'나는 정직한 돈만 믿는다. 금과 은 그리고 비트코인.'(I believe in Honest Money, Gold Silver and Bitcoin) 독일 베를린의 한 술집 출입구에 내걸린 안내문이다. 이곳에선 온라인 가상화폐, 비트코인으로 술값을 받는다. 이 짧은 안내문은 불온하다. 신자유주의 세상에서 고삐 풀린 금융에 대한 반감이 깔려 있다. 버블을 키우고 키우다 마침내 폭발해 세계를 위기로 몰아넣은, 정직하지 않은 금융시스템에 대한 불신의 표현이다. 한마디로 실패한 주류 지배질서에 대한 반항의 격문이다.

볼 수도 만질 수도 없는 비트코인이 열풍을 일으킨 이유는 무엇인가. 기술적으로는 전문가들이 감탄해 마지않는 '비잔틴 제국 장군 딜레마'를 해결한 혁신의 힘일 것이다. 비트코인은 중앙통제 시스템 없이 이뤄지는 P2P(개인 대 개인) 분산컴퓨팅(distributed computing)의 오랜 딜레마인 정보 간 충돌(중복사용) 문제를 말끔히 해결했다. 이로써 분산컴퓨팅의 효율성, 보안성과 같은 장점을 맘껏 누리면서도 중복되고 동기화하지 않는 정보에 골머리를 앓는 혼란과 고통이 사라졌다. 채굴(mining)이라는 참여자들의 자발적 작업증명 시스템 덕분이다.

그러나 지구촌 곳곳에서 비트코인이 분출하고 형성하는 에너지를 설명하는 데 기술적 혁신만으로는 부족하다. 또 다른 중요한 답은 베를린 술집의 안내문에서 찾을 수 있다. 비트코인에 날개를 달아준 것은 바로 시장 실패를 야기한 신자유주의 금융시스템임을 이 짧은 격문이 웅변한다.

보다 정확하게는 시장 실패 자체보다도 반성도 없고 책임도 지지 않는 세태가 비트코인을 키웠다고 봐야 한다. 세계를 위기로 몰아넣고도 뉴욕 월가의 탐욕과 부도덕성은 제대로 심판받지 않았다. 금융파생상품을 남발하며 거품을 키운 투자은행들은 천문학적 공적자금을 수혈받았고 이후에도 거액의 성과금 파티를 벌였다. 월가의 행태를 조장한 금융경제학자들 중에도 반성하는 이가 없다. 거두인 유진 파마 시카고대 교수는 올해 노벨경제학상까지 받았다. 2008년 노벨경제학상 수상자인 폴 크루그먼 프린스턴대 교수는 그를 '반성할 줄 모르는 거짓말쟁이'로 혹평했다.

기본적인 것이 무너지는 사회라면 최선의 사회가 아니다

　비트코인의 사회학적 뿌리를 월가 점령시위(Occupy Wall Street)로 보는 것은 이 때문이다. 2011년 9월 17일에 시작된 월가 점령시위는 금융위기를 일으켜놓고도 책임지지 않고 반성할 줄도 모르는 월가에 대한 대중의 분노에서 비롯됐다. 이 시위로 대중은 분노를 쏟아냈지만 변화를 이끌어내지는 못했다. 그런 그들이 기술적 혁신을 겸비한 비트코인에 주목한 것은 자연스러운 일이었다. 한 시위 참여자는 언론 인터뷰에서 "비트코인이야말로 완전한 경제적 표현의 자유를 위한 것."이라고 평했다.

　출발부터 비트코인의 정신은 불신과 저항이었다. 정체불명의 개발자 사토시 나카모토는 2008년 10월 세상에 공개한 논문에서 기존 화폐와 금융시스템에 대한 강한 불신을 드러냈다. 그는 "중앙은행이 화폐가치를 떨어뜨리지 않을 것이라는 신뢰가 필수적인데 국가 화폐의 역사는 이 믿음을 저버린 사례로 충만하며 은행 또한 신뢰를 저버리고 신용버블이라는 흐름 속에서 대출했다."라고 일갈했다. 논문의 핵심은 "정부나 중앙은행, 금융기관 등 어떠한 중앙 집중적인 권력의 개입을 필요로

하지 않는다는 사실."이었다. 역설적이게도 비트코인이야말로 시장의 무한 자유를 추구하는 시장자유주의자들의 구미에 딱 맞는 발명품인 셈이다.

비트코인 열풍은 '책임과 반성'이 결여된, 그래서 대안을 찾지 못하는 사회의 필연이다. 당시 월가를 찾은 세계적 철학자 슬라보이 지제크의 연설은 의미심장하다. "우리에게 대안을 생각할 수 있는 자유가 허용돼야 한다는 메시지를 잊어선 안 된다. 이러한 기본적인 것이 무너지는 사회라면 우린 최선의 사회에 살고 있는 것이 아니다."

05 규제를 위한 변명

2014. 03. 21.

오직 이기기 위한 비겁한 행동 규제하는 오프사이드
페어플레이야말로 지속가능한 성장의 필수 조건

규제가 그렇게도 나쁜 것일까. '암덩어리', '쳐부숴야 할 원수', '죄악'으로 몰릴 만큼? 관료의 '밥그릇'을 위해 존재하거나 시대에 뒤떨어진 것들은 퇴출이 마땅하다. 문제는 '규제망국론'에 휩쓸려 규제의 존재 이유까지 송두리째 망각의 늪에 버려질 위험성이다.

축구 룰 가운데 오프사이드(offside)라는 게 있다. 공격팀 선수가 상대 선수보다 앞쪽에서 플레이하는 것을 제한하는 일종의 규제다. 있어야 할 위치가 아닌, 즉 오프사이드에서 플레이할 경우 반칙을 선언하도록 한 것이다. 자유로운 플레이를 제한하는 것이기에 논란이 끊이지 않지만 이 규칙엔 분명한 이유가 있다. 유래는 마을 축제인 중세 유럽 축구다. 당시 규격화한 운동장이 따로 없었다. 마을 전체가 경기장이며 골대와 골대 사이 거리는 4㎞에 달했다. 이기기 위한 꼼수가 판쳤다. 적진 골대 근처까지 깊숙이 침투해 숨어 있다가 공이 오면 낚아채 득점하는 것이다. 이런 플레이는 정당한가. 당시 유럽인들은 이를 비겁하고 치사한 행위로 여겼다.

오프사이드는 오직 이기기 위한 비겁한 행동을 규제하는 룰이다. 궁극의 지향점은 공정성이다. 스포츠의 품격을 유지하며 발전시키는 핵심 가치다. 자유로운 플레이를 제한하는 불합리한 룰이라며 폐기한다면? 골문 밀집 현상과 함께 축구는 질적 타락과 신뢰의 위기를 맞을 것이다.

세계 경제대통령 그리스펀의 몰락이 던지는 메시지

경제도 다르지 않다. 오프사이드의 폐기처분이 어떻게 위기를 몰고오는지는 자본주의 시장경제에서 반복적으로 증명되는 일이다. 1929년 대공황, 2008년 글로벌 금융위기가 그렇고 멀리 갈 것 없이 1997년 외환위기, 2003년 카드대란이 또한 그렇다. 위기가 터지기 전 규제 완화, 시장자유 확대가 진행된 것은 공통 현상이었다. 오프사이드 폐기가 재앙으로 이어졌음을 역사는 반복적으로 보여주고 있다.

규제 완화의 역설을 보여주는 상징적 인물이 있다. 2006년까지 18년간 미 연방준비제도 의장을 지낸 앨런 그린스펀(1926~)이다. 신자유주의자인 그는 규제 철폐의 첨병이었다. 극단적 규제혐오증으로 은행들의 수신금리 규제(금리상한선)인 '레귤레이션 Q'를 폐지하다시피 하는 등 금융산업의 규제 빗장을 풀어 나갔다. 그의 눈에 모든 규제와 정부 개입은 '나쁜 것'이었다. 예금은행과 투자은행을 엄격히 구분했던 '글래스 스티걸법'도 그가 재임 중이던 1999년 철폐됐다. 대공황 이후 제정된 규제법에 대한 최후의 일격이었다. 경제석학 폴 크루그먼은 "이후 규제시스템은 점차 허물어졌고 은행들은 자신감에 도취했으며 위험이 커지면서 위기를 향한 여정이 시작됐다."라고 분석했다.(저서 『지금 당장 이 불황을 끝내라』)

2008년 글로벌 금융위기 이후 그린스펀은 세계 경제를 위험에 빠뜨린 주범으로 추락했다. 2006년 퇴임 당시만 해도 '18년 호황을 이끈 세계 경제대통령'이라는 언론의 찬사를 받았던 그다. 재임 중 거품경제 우려에 대해 "거품이 터지기 전엔 거품인지 알기 어렵다."라며 선제조치에 부정적이던 그는 2008년 10월 미 하원 청문회에 축 처진 모습으로 출석해 위기를 전혀 예상하지 못했다며 반성문을 읊조려야 했다.

세계 경제사에서 위기는 수없이 되풀이됐다. 본질적 이유는 똑같다. 크루그먼은 "예방법을 몰라서가 아니라 망각하기 때문."이라고 말한다. 위기를 겪으면 규제를 강화했다가 탐욕과 망각의 늪에 빠져 규제를 걷어치우고 다시 위기를 맞는 악순환이 되풀이된다는 것이다. 불붙은 '규제와의 전쟁'은 이런 사이클에서 벗어나 정확히 고름이 쌓인 환부만 도려낼 수 있을까. 위기 반복의 역사를 좇다 보면 기대보다 걱정이 앞선다. 지난 20여 년 규제 완화를 외치지 않은 정부도 없다.

거꾸로 핵심적 규제 오프사이드는 어떻게 지킬 것인지도 함께 고민하기 바란다. 탐욕을 줄이고 각자 있어야 할 자리, 온사이드(onside)에서 페어플레이하는 것이야말로 지속가능한 성장의 필수 조건이다.

06 버블 터진 뒤 반성문 쓰려는가

2015. 03. 27.

경제위기의 이유, 예방법을 몰라서가 아니라 망각하기 때문

경제는 맘대로 통제할 수 없다. 공산주의 실험이 증명한다. 그들의 계획경제(command economy)는 실패했다. 시장에 맡기는 게 능사도 아니다. 보이지 않는 손(invisible hand)은 무능했다. 질서와 번영을 가져오기는커녕 탐욕에 가득 차 거품을 키우고 터뜨리며 실패를 반복했다. 과욕도 방임도 위험하다. 지나치게 끼어들면 시장은 스스로 돌아가는 능력을 잃는다. 내버려 두면 탐욕이 쌓여 스스로 무너진다. 정부의 역할은 그 사이 어디쯤에 있어야 한다. 시장이 스스로 돌아가도록 하면서도 지나친 탐욕을 경계해 위기를 막는 일은 정부가 해야 하고, 정부만이 할 수 있다.

그러나 교과서적인 얘기일 뿐이다. 결정적일 때 정부는 그런 역할을 거의 하지 못한다. 반복되는 시장 실패가 말해준다. 위기를 막기는커녕 오히려 탐욕을 부추겨 위기를 만든다. 2008년 금융위기가 그랬다. 권력 쥔 자들의 시장만능주의는 탐욕을 키우고 끝내 세계 경제를 구렁텅이로 밀어 넣었다. 위기가 반복되는 건 잊기 때문이다. 경제석학 폴 크루그먼은 수없이 되풀이되는 경제위기의 이유를 한마디로 정리했다. "예방법을 몰라서가 아니라 망각하기 때문."이라고. 위기를 겪으면 규제를 강화했다가 탐욕과 망각의 늪에 빠져 규제를 걷어치우고 다시 위기를 맞는 악순환이 되풀이된다는 것이다. 그 중심엔 늘 단기성과에 집착하는 조급한 정부가 있었다. 한국이라고 뭐 다를까.

대중에게 학습효과는 있다. 더 이상 정부의 큰소리가 미덥지 않다. 되레 불안감을 키우는 역설이 된다. 통계는 위험을 경고하는데 정부는 괜찮다고 한다. 가계부채가 위험하다는 건 이제 뉴스도 아니다. 소규모 자영업자 부채를 포함해 연간 가처분소득 대비 가계부채 비율은 164%대로 치솟았다. 미국은 금융위기 당시 이 비율이 130%대였다. 이후 디레버리징(부채감축)이 진행돼 2013년 말 110%대로 떨어졌다.

정부도 가계부채를 "우리 경제의 가장 큰 위험요인."(임종룡 금융위원장)으로 보고 있기는 하다. 그러면서도 "관리 가능하다."

라며 가계부채를 늘리는 정책을 포기하지 않고 있다. 주택담보대출 규제의 빗장을 더 풀고 기준금리는 1%대로 끌어내렸다. 유사 이래 집을 담보로 빚 내기에 가장 좋은 환경을 만들어 놓은 것이다. 가계부채에 기대 경기를 띄워보려는 단기부양책, 그 핵심은 빚 내서 집 사라는 것이다.

소득이 늘면 된다는 허무한 원론뿐

그러니 가계부채가 급증하는 게 당연한데 대책은 없다. 2017년까지 가처분 소득 대비 부채비율을 5% 포인트 낮추겠다는 박근혜 대통령의 약속(2014년 신년 기자회견)은 공수표가 될 가능성이 크다. 임 위원장은 취임 기자간담회에서 포기하지 않겠다고 말했지만 약속 이행의 방법은 제시하지 못했다. "소득이 늘면 가능하다."라는 그의 답변은 허무한 원론일 뿐이다. 저성장 기조에서 기는 소득이 뛰는 부채를 따라잡는 것은 요원한 일이다.

폭발적 인기를 누리는 안심전환대출도 근본적 대책이라고 보기 어렵다. 기존 주택담보대출을 2%대 고정금리·분할상환 대출로 갈아타도록 해 가계부채 구조를 개선하는 정책일 뿐이다. 뒤늦게 범정부 차원의 가계부채 협의체를 구성했다고 뾰족한 해법이 나올 것 같지도 않다. 그저 책임 분산의 장이 되는 건 아닌지 모르겠다. 금융위 관계자는 "우리야 나쁠 것 없다."라고 말했다.

　경제에서 장담은 어리석고 위험하다. 2006년까지 18년간 미국 연방준비제도 의장을 지낸 앨런 그린스펀은 재임 중 거품경제 우려 목소리에 대해 거품이 터지기 전엔 보이지 않는다며 반박한 바 있다. 하지만 그는 2008년 10월 미 하원 청문회에 출석해 위기를 전혀 예상하지 못했다며 반성문을 읊조려야 했다. 정부도 단기성과에 집착해 위험을 외면하는 그린스펀식 낙관론에 기대고 있는 것은 아닌가. 경제석학 조지프 스티글리츠는 "통화당국의 임무 중 하나는 거품을 막아 경제 안정을 보장하는 것."이라고 했다. 작금 이 임무는 실종 상태다. 거품이 터진 뒤 반성문을 쓰려는가. 그런다고 망가진 경제가 복원되진 않는다.

07

'양치기'의 침묵

2015. 10. 09

경고음 없이 한쪽으로 몰려가는 사회의 위험
한통속 되어 빚으로 즐기는 파티, 그리스를 파산 절벽으로

그리스는 2000년 대대적으로 통계를 조작했다. 재정적자를 줄이려고 연금, 방위비 등 온갖 지출을 장부에 기재하지 않았다. 물가상승률을 낮추려고 토마토가 비싸면 소비자가격 지수에서 빼는 일도 서슴지 않았다. 당시 그리스 통계청장은 마술사와 같았다. 부채를 감쪽같이 사라지게 했다. 논픽션 작가 마이클 루이스는 저서 『부메랑』에서 그리스의 통계 조작 실상을 생생히 전하고 있다.

화려한 통계는 초라한 현실을 가렸다. 그렇게 성공한 유로존 가입은 국가 파산의 시작이었다. 장부상 우량국가가 된 그리스는 마음대로 돈을 빌려 썼다. 미래수입까지 증권화해 유통시키며 자금을 조달했다. 빚으로 즐기는 파티는 서서히 그리스를 파산의 절벽으로 몰아갔다. 이상한 점은 이 엄청난 거짓이 들통나기까지 근 10년간 그리스 내부에서 어떤 경고음도 울리지 않았다는 사실이다. "모두가 한통속이었기 때문이었다."라는 게 마이클 루이스의 진단이다.

모두가 한통속. 한동안 눈길을 붙잡은 것은 바로 이 대목이다. 이 여섯 음절은 집단의 오류가 초래하는 위기의 본질을 꿰뚫는 통찰로 번뜩였다. 비판과 견제 기능을 상실한 채 한쪽으로 몰려가는 사회가 얼마나 큰 위험에 처할 수 있는지 그리스는 유감없이 보여줬다. 모두들 탐욕에 들떠 벼랑으로 몰려갈 때 정부와 시장 어디에서든 정신이 번쩍 들게 경고음을 울려줬다면 그리스의 운명은 달라졌을지 모른다.

어디 그리스뿐이랴. 30대 어부가 어느 날 갑자기 은행 외환 트레이딩 부서 직원으로 변신할 만큼 나라 전체가 헤지펀드화한 아이슬란드, 인구보다 더 많은 주택을 건설할 정도로 부동산 광풍이 불었던 아일랜드도 모두 한통속으로 질주하다 과잉과 탐욕의 부메랑을 맞고 고꾸라진 나라들이다. 먼 나라 얘기일 뿐이라고 생각하면 오산이다. 한국 사회에도 '모두가 한통속'의 위험이 깊이 뙈리를 튼 지 오래다. 위기가 닥칠 때까지 정부의 경고 장치가 먹통이 되는 일은 반복되고 있다. 한통속으로 내달리면서 속도 제어의 필요성을 망각하거나 모른 체한 결과다. 멀리는 외환위기, 가까이는 저축은행 사태가 그랬고 지금은 가계부채 문제가 또한 그렇다.

감독당국의 직무유기, 경고 골든타임은 지나갔다

저축은행 부실 문제는 2010년 봄부터 공공연히 위험성이 거론되던 시한폭탄이었다. 그럼에도 경기부양 명분에 치이고 국제행사(2010년 가을 G20 서울정상회의) 체면치레에 밀려 경고 기능은 먹통이 됐다. 경기를 띄우려 위험을 잔뜩 키워놓고 잔칫상에 재 뿌리지 말라며 부실을 덮어버린 건데, 그렇게 부실 정리가 지연되면서 호미로 막을 일을 가래로도 막지 못하는 상황이 되어버린 게 저축은행 사태였다.

가계부채 문제도 판박이다. 한국 경제의 뇌관으로 지목된 지 오래인데도 정부는 경기부양을 위해 줄기차게 가계부채를 늘리는 정책을 폈다. 우려가 전혀 없었던 것은 아니다. 가계부채(소규모 자영업자 부채 제외)가 877조 원이던 2011년 6월 김석동 당시 금융위원장은 밤잠을 이룰 수 없다고 했다. 그걸로 끝이다. 이런 걱정조차 더 이상 들리지 않았다. 감독당국의 침묵이 이어지는 동안 가계부채는 1,130조 원(2015년 6월 말)으로 30% 가까이 증가했다. 경고의 골든타임은 오래전에 지나갔다. 감독당국의 직무유기다. 성장을 위한 정책이 안정을 위한 감독을 압도한 결과다. 김홍범 경상대 교수는 "독립성이 확보되지 않은 감독당국이 제때 경고음을 울려야 하는 본분을 잊고 정부 정책에 맞춰 스스로 자기검열하는 현실."이라고 진단했다.

늑대가 나타나 양들이 잡아먹힐 지경인데도 소리치지 않는 목동. 작금 금융당국의 모습이다. 금융감독원 직원들 사이에선 우리 정체성이 뭔지 모르겠다는 자조가 새나온다. 밤잠 못 이루게 하던 그의 걱정은 여전하다. "과부채만큼 무서운 게 없지. 과부채로 1997년에 망해봤잖아."

08 재앙의 씨앗, 화장발 경제

2015. 08. 14.

분식회계는 심각한 범죄, 재앙의 씨앗
흥청망청 파티경제를 즐긴 결과는 국가부도

"첫 홀은 일파만파!" 아마추어 골프에서 흔히 적용하는 룰이다. 한 사람이 파(par)를 잡으면 동반자들 성적도 파로 기록한다. 첫 홀부터 잘못 쳤다고 기분 잡치지 말라는 격려의 의미다. 이후에도 캐디가 적당히 '분식회계'를 해준다. 양파(더블파)를 했다면 한두 타 줄여 기록하는 식이다. '멘붕' 방지용 에티켓일 뿐이지만 문제가 없지 않다. 스코어카드가 진실을 드러내지 못한다는 점이다. 분칠된 기록은 진짜 실력은 감추고 위장된 가짜 실력을 보여줄 뿐이다. 화장이 진할수록 도무지 맨얼굴을 알 수 없는 것과 같다.

타수 좀 줄여 기록했다고 누가 큰 피해를 보는 것도 아니니 정색하고 문제 삼을 일은 아니다. 그러나 프로의 세계라면 얘기가 달라진다. 스포츠는 물론이고 기업, 정부로 확장하면 분식회계는 심각한 범죄가 된다. 사회적 자본인 신뢰가 무너지고 그 기업, 그 나라엔 망조가 든다. 격려의 에티켓이 아니라 재앙의 씨앗인 것이다.

나라 살림이 거덜난 그리스가 대표적이다. 이 나라의 재앙도 분식회계로 시작됐다. 2000년 6월 유럽연합(EU)에 가입하려고 통계 조작을 감행했다. 공무원들은 컴퓨터를 두드려 수치를 조작해 재정적자를 숨겼다. 관광산업과 조선업뿐인 그리스 경제는 화려하게 분칠됐다. EU 무대에서 여타 유럽 선진국과 어깨를 견줄 수 있는 체력을 갖춘 것처럼 스펙이 재구성됐다. 2010년 그리스 통계청장은 "과거 정부가 재정적자 규모를 절반 이상 숨겼다."라고 발표했다. 속임수로 성공한 EU 가입은 잘못 끼운 단추였다. 그리스는 유로화를 사용하면서 환율 조절 능력을 잃은 채 흥청망청 파티경제를 즐겼다. 결과는 국가부도였다. 뱁새가 황새 흉내를 내다가 가랑이가 찢어진 것이다.

강 건너 불이 아니다. 분식회계는 이 땅에서도 비일비재하다. 대우조선해양에서 3조 원대 적자가 한꺼번에 튀어나오고 대우건설이 분식회계로 과징금 20억 원을 두드려 맞으면서 '화장발 경제'의 민낯이 드러나고 있다. 반론의 여지는 있다. 두 회사의 분식회계 혐의가 확정된 것은 아니다. 정부 관계자는 대우조선해양에 대해 "손실을 인식하고 반영하는 시점의 문제인데, 그간의 회계 관행으로 볼 때 분식회계로 보기 어렵다."라고 말했다. 그러나 몇십 몇백 억도 아니고 자그마치 3조 원이다. 규모만 놓고 봐도 분식회계 개연성이 짙다고 말하는 회계사들이 적잖다. 손실을 충분히 인식하고도 고의로 반영을 미뤘을 것으로 보는 것이다.

분칠 성적표는 세상 속이다 종국엔 재앙을 부른다

최고경영자(CEO) 입장에서 분식회계는 악마의 유혹과 같다. 실력이 떨어질수록, 실적이 나쁠수록 유혹에 빠지기 쉽다. 결국 적자를 감추고 이익은 부풀린다. 그렇게 분칠된 성적표는 세상을 속이고 속이다 어느 날 재앙을 몰고 온다. 그러니 철저한 감시가 필요한데 그 기능은 마비 상태다. 삼일·안진·삼정·한영, 이른바 회계법인 빅4의 527개 상장사 감사의견(2014 회계연도) 중 '의견거절'이나 '부적정'은 한 건도 없다. 2010년부터 대우조선해양 감사를 맡은 안진회계법인의 감사의견도 계속 '적정'이었다. 오랜 시간 봐주기식 감사가 이뤄졌다고 볼 수밖에 없다.

그들도 할 말은 있다. "회계사들이 수사권이 있는 것도 아니고, 결국 기업이 주는 자료를 토대로 그 안에서 감사할 수밖에 없다."(회계법인 관계자)라는 것이다. "작정하고 속이는 것은 찾아낼 수도 없고, 그럴 의무도 없다."라는 항변이다. 그러나 감시 기능 마비의 진짜 이유는 따로 있다. 빅4 출신 회계사의 고백이다. "대기업 감사는 빅4가 독식하고 있는데, 그들도 굽실거려서 일거리 따오는 거다." 을이 갑을 감사하는 꼴인데 제대로 되겠냐는 얘기다. 그는 "먹고살려면 적당히 봐주는 감사가 될 수밖에 없다."라면서 정의감 넘치는 회계사가 일하기 힘든 환경이라고 말했다.

대안이 없을까? 몇몇 선진국처럼 감사인으로 회계법인 두 곳을 지정해 서로 감시토록 하는 이중감사제는 어떤가. 투자자를 속인 CEO, 봐주기 감사를 한 회계법인을 처벌하는 것만으로는 악순환의 고리를 끊을 수 없다.

09 | 배신당한 건 민생이다

2015. 07. 17.

한번 눈 밖에 나면 친박 울타리 밖으로 내쳐지는 사람들
대통령의 요란한 정치 이벤트에 배신당한 건 국민이고 민생

헌법 1조를 외치며 비장하게 물러난 유승민 의원만이 아니다. 박근혜 대통령에게 버려지거나 멀어져간 이들은 적잖다. 유 의원처럼 그에게 '간택'되어 한때 그의 곁을 지키던 최측근 인사도 여럿이다. 시곗바늘을 10년 전으로 돌려보면 당시 박근혜 한나라당 대표 곁엔 김무성 사무총장, 유승민 비서실장이 있었다. 박 대표는 "왜 저냐?"라며 사양하는 김무성 의원에게 "오랜 기간 유심히 지켜봐 왔다."라면서 중책을 맡겼다. 두 사람은 이렇게 일찌감치 간택되어 원조 친박의 핵심이 되었지만 한번 눈 밖에 나더니 결국 친박 울타리 밖으로 내쳐졌다.

2004년 8월 어느 날 박 대표는 매미소리 요란한 전두환 전 대통령의 연희동 자택을 방문했다. 집 주인과 비공개 면담을 하고 염창동 당사로 돌아온 박 대표는 화가 나 임태희 대변인을 호출했다. "○○○ 부대변인 자르세요." 임 대변인은 몇몇 기자와 저녁을 함께 하며 폭음했다. 느닷없는 박 대표의 지시에 "이유를 모르겠다. 그냥 자르란다."라면서 답답한 심경을 토로했다. 해고 통보를 받은 그 부대변인은 전 전 대통령 면담에 배석했던 인물이다. 속절없이 그는 백수가 됐다.

사후에 알려진 해고 사유는 면담 내용 비공개 지시 위반 혐의였다. 전 전 대통령은 "나중에 큰일 하실 거 같다. 도와드리겠다."라며 덕담을 건넸다고 한다. 이런 내용이 일부 언론에 소개되자 그 책임을 다짜고짜 부대변인에게 물은 것이다. 하지만 그는 지시를 어기지 않았다. 단순히 면담 사실만을 전하는 보도자료 한 장을 냈을 뿐 내용엔 함구했다. 배석자는 전 전 대통령 측 인사를 포함해 세 명이 더 있었다. 당시 잘린 부대변인은 공교롭게도 이번 유승민 사태 때 원내수석부대표로 유 원내대표를 돕던 조해진 의원이다.

그 사건을 계기로 임 대변인은 박 대표에게서 멀어졌다. "나는 당 대변인이지 대표의 대변인이 아니다." 폭음하던 날 그는 박 대표의 인식을 지적하며 거부감을 드러냈다. 임 대변인의 빈 자리는 또 다른 대변인인 전여옥 의원이 채우며 최측근 실세로 부상했다. 하지만 그도 결국 친박 울타리를 벗어났다. 그냥 벗어난 정도가 아니라 반(反)박근혜의 선봉이 됐다. 특별한 계기가 있었다기보다 3년을 최측근으로 지내면서 실망감이 확신으로 굳어진 듯했다. "신문기사를 깊이 있게 이해 못 한다.", "늘 짧게 답하는데 베이비토크와 다르지 않다.", "클럽에 갈 때도 왕관을 쓰고 갈 것 같다."…. 그는 박 대통령의 지적 능력을 의심했고 '공주스러움'을 개탄했다.

국정운영에 국민과 민생은 장식품으로 등장할 뿐

사람만 떠나가는 것이 아니다. 가치도 함께 증발해버렸다. 박 대통령은 늘 원칙과 신뢰를 강조하고 국민과 민생을 말하지만 알맹이 없는 레토릭으로 전락한 지 오래다. 원칙과 신뢰엔 금이 갔고 그의 국정운영에 국민과 민생은 장식품으로 등장할 뿐이다. 그의 공약은 지켜지지 않는 게 너무나 많은데 한마디 변명조차 없다. 장밋빛 복지 약속은 줄줄이 깨지고 거창한 경제민주화는 실종돼 어디에서 헤매는지 알 수 없다. 유승민 사태만 해도 국무회의 석상에서 국회법 개정안에 대해 삼권분립 훼손의 위헌성을 지적하며 거부권을 행사하면서 배신의 정치를 심판해달라며 삼권분립의 가치를 스스로 훼손하는 모순을 범했다. 내가 하면 로맨스 남이 하면 불륜인 것인가.

이후 민주주의 절차와 가치들이 도미노식으로 무너졌다. 새누리당 의원들은 스스로 통과시킨 국회법 개정안을 표결 불참으로 휴지조각으로 만들었다. 표결로 뽑은 원내대표도 박수로 내쫓았다. '거사'를 끝낸 뒤 박 대통령은 슬그머니 특사 카드를 꺼내 들었다. 특별사면 관행의 고리를 끊겠다던 약속은 까마득히 잊은 모양이다. 박 대통령이 배신의 정치를 심판해달라고 외칠 때 민생은 메르스에 의해 숨통이 조여지고 있었다. 육류 수입·유통업을 크게 하는 친구는 하루에 천만 원씩 손실을 보고 있다고 하소연했다. 메르스를 조기에 막았다면 겪지 않았을 고통이다. 요란한 정치 이벤트에 배신당한 건 국민이고 민생이다.

10 | 황교안의 '민부론' vs 애덤 스미스의 '국부론'

2019. 09. 25.

민부론은 이명박의 747, 박근혜의 줄푸세와 다른가

자유시장 시대 연 애덤 스미스는 민부론에 동의할까

　황교안 자유한국당 대표가 지난 22일 한국당의 경제 비전 민부론(民富論)을 발표했다. 경제학의 아버지 애덤 스미스(1723~90)의 국부론(國富論)을 패러디한 듯하다. 조국 물러나라며 삭발한 김에 황티브 잡스(황교안 + 스티브 잡스)로 변신해 18세기 천재 애덤 스미스를 21세기 대한민국 정치 한복판으로 호출한 것이다. 민부론은 다시 자유시장을 부르짖는다. 이명박의 '747', 박근혜의 '줄푸세'와 뭐가 다른 것일까. 시장자유주의를 확립해 위대한 19세기를 이끈 애덤 스미스는 민부론을 어떻게 평가할 것인가.

자유한국당의 2020 경제대전환 민부론(民富論)은 국부론을 계승한다. 총론적으로 '작은 정부 큰 시장'을 주장한다. "국가주도형 정책을 폐기하고 개인과 기업이 주도하는 자유시장경제 체제로 경제 방향을 전면 전환하겠다."라는 것이다. 한국당은 문재인 정권의 국가주도, 평등지향의 경제정책을 시장주도의 자유시장경제로 대전환시키는 것으로 국민과 기업을 부유하게 만들고자 하는 방향."이라고 설명했다. 같은 맥락에서 복지에도 냉담하다. "국가가 국민의 삶을 모두 책임지겠다는 퍼주기식의 포퓰리즘 복지는 잘못된 국가만능주의."라고 비판했다. 구체적 목표로 2030년 1인당 국민소득 5만 달러, 가구당 연간소득 1억 원, 중산층 비율 70%라는 3대 목표도 제시했다.

민부론에 없는 것, 경제민주화

이러한 핵심 내용을 놓고 보면 새로울 것은 없다. 과거 집권 당시 추진했던 친기업 정책과 별반 다르지 않다. 이명박 정부의 '747'(연평균 7% 성장, 10년 뒤 1인당 소득 4만 달러, 세계 7대 강국 진입), 박근혜의 '줄풀세'(세금·정부 '줄'이고, 불필요한 규제 '풀'고, 법질서를 '세'우자)를 연상케 할 뿐이다. 황 대표는 "과거 낙수정책이 새로운 시대 비전이 되기도 어렵다. 이제는 유수정책이 필요하다."라며 차별화를 주장했지만 뭐가 다른 건지 그 내용은 모호하다.

경제민주화가 쏙 빠졌다. '경제력 집중', '부의 불평등한 분배'

에 대한 해법이 없다. 민부론은 대기업 집중 현상을 해소하기 위해 도입했던 일감 몰아주기 규제는 풀고 대기업 집단의 공정거래법상 상호출자, 신규 순환출자 금지 등의 규제도 완화하자는 내용이다. 현재 당면한 글로벌 경기둔화, 미중 무역 갈등과 보호무역주의 강화, 일본의 수출규제, 영국의 브렉시트 등 대외 여건의 변화에 대해서도 언급이 없다. "자유경쟁 원칙만 내세우면 대한민국 경제가 대전환되고 정부의 과보호에서 벗어나 활력을 되찾을 것처럼 선전했다."라는 비판(이해식 더불어민주당 대변인)이 나오는 이유다.

1% 위한 민부론, 99%는 민폐론

복지에 대해 국가만능주의라고 비판한 것도 같은 맥락인데, OECD(경제개발협력기구) 국가중 정부 예산의 복지지출이 비중이 거의 꼴찌 수준인 상황에서 적절한 인식인지 의문이다. 결론적으로 양만 내세울 뿐 질에 대한 고민이 없다. 어느 경제학자는 이를 사이즈 콤플렉스라고 압축해 설명했다. 남근사상이라고도 했다. "왜 그렇게 숫자에 집착하는가. 아직도 사이즈 콤플렉스에서 벗어나지 못한 것."이라는 지적이다. 잠재성장률 하락, 양극화 심화 등 구조적 문제를 해결하려면 체질 전환을 고민해야 하는데 여전히 구시대적 사고에 갇혀 있다는 것이다.

야당은 혹평을 쏟아냈다. 더불어민주당은 '747의 판박이, 줄푸세의 환생'이라고, 정의당은 '1%를 위한 민부론, 99%는 민폐론'이라고 비판했다. 이해식 민주당 대변인은 "747과 줄푸세 공히 노동과 복지는 제쳐두고 재벌 대기업 중심의 성장 일변도 정책이자 낙수정책이라는 것을 우리는 경험한 바 있다."라고 말했다. 심상정 정의당 대표는 "세금 줄이고 규제 풀고 노동시장 유연화하자는 황교안 대표의 민부론은 재벌과 부자들을 더 부유하게 만드는 1%의 민부론이며 대다수 국민들을 더 가난하게 만드는 99%의 민폐론."이라고 비판했다.

특히 더불어민주당 김두관 의원은 "이름은 도용하고 내용은 가짜인 위작(僞作)이다."라고 혹평했다. "민부론은 2006년부터 본 의원이 줄곧 주창해 온 이론으로 서민과 중산층을 위한 정책을 일관되게 추진해 온 민주당의 정신이 담긴 이론."이라는 것이다. 김 의원은 "한국당의 민부론은 친재벌·반노동, 무한경쟁의 신자유주의를 부활하겠다는 것으로 특권경제 부활론."이라면서 "이런 특권경제 부활론을 감히 민부론으로 이름 붙여 새로운 경제이론처럼 포장하는 것에 분노한다."라고 말했다.

정동영 민주평화당 대표는 "겉 포장은 민부론이라고 했지만 야당이 2020 경제 대전환이라는 구호를 내걸고 제시한 민생 방향은 '만생 파탄론'이다."라고 비난했다. 정 대표는 "내용을 보면 부익부 빈익빈 사회로 가자는 것."이라며 "제1야당의 민생 파탄 노선에 깊은 유감을 표한다."라고 말했다.

애덤 스미스가 무덤에서 콧방귀 뀔 듯

"애덤 스미스가 무덤에서 콧방귀를 뀔 일이다." 이해식 더불어민주당 대변인은 브리핑에서 이렇게 혹평했다. "자본주의가 태동하던 때의 자유경쟁적 자본주의의 원리를 2019년 대한민국 경제에 적용하려는 용기가 가상하다."라면서. 애덤 스미스(1723~90)는 누구인가. 스코틀랜드 철학자이자 경제학자로 경제학의 선구적 명저 『국부론』(1776)으로 유명하다. 뉴턴이 물리학에 다윈이 생물학에 크게 기여한 것처럼 애덤 스미스는 경제학에 큰 기여를 했다.

국부론은 당대의 보호무역주의에 정면으로 도전한 혁명적 저서였다. 자유무역, 자유거래가 국가 간이나 국내 개인 간 양 당사자에게 모두 이익이 된다는 주장과 이론을 폈다. 그런 자유를 정부가 관세나 조세로 간섭하고 제한한다면 국민들을 부유하게 만들기보다 더욱 빈곤하게 할 것이라는 게 애덤의 생각이었다. 이런 주장은 기존 경제 시스템과 경제철학을 뒤집는 것이었다. 당시 경제 시스템의 철학과 이론은 중상주의(重商主義)였다. 이는 외국에서 재화를 수입하는 것은 자국에 해로운 것이라는 인식이다. 국가의 부는 금·은 저장량인데, 수입품 대금을 지불하기 위해 자국이 보유한 금과 은을 내줘야 하며 그 결과 자국의 부가 줄어든다는 것이다. 같은 이유로 자국의 재화를 외국에 수출하는 행위는 좋은 것으로 여겼다.

그러니 중상주의 경제 시스템에서 국가 간 교역은 제로섬이다. 수출국이 부를 쌓으면 수입국은 그만큼 빈곤해진다. 그래서 자국의 부가 외국으로 유출되는 것을 막기 위해 각종 규제 조치 이를테면 수입품에 대한 관세, 수출업자들에 대한 보조금 등 자국 산업을 보호하려는 거대한 장벽들을 세워나갔다. 애덤 스미스는 이 거대한 중상주의에 맞선 혁명적 지식인이었던 것이다. "날씨가 나쁜 스코틀랜드에서 와인을 생산하려면 프랑스 등지에서 수입하는 것보다 비용이 30배 더 든다. 스코틀랜드의 와인 생산을 장려하기 위해 외국 와인 수입을 금지하는 게 합리적인가?"

애덤은 자유로운 교환, 자유무역이 양 당사자들에게 이익이 된다는 것을 보여주었고 16세기 이래 유럽을 지배한 중상주의를 허무는 역사적 대전환을 이끌었다. 자유무역과 경제 팽창을 이룬 위대한 19세기 시대를 애덤이 연 것이다. 애덤은 자신의 이론에 반하는 작금 미중 무역분쟁과 한일 경제전쟁을 어떻게 볼 것인가. 그에 대한 고민을 건너뛴 민부론은 또 어떻게 볼 것인가.

도덕을 중시한 애덤 스미스

애덤 스미스의 경제철학은 자유시장주의, 자유방임주의의 뿌리다. 프리드리히 아우구스트 폰 하이에크(1899~1992)를 거쳐 신자유주의로 이어졌다. 애덤은 방임자유와 사익추구는 결코 사회적 혼란이나 무질서를 초래하지 않으며 오히려 보이지 않는 손(invisible hand·사람들의 사적이고 사익추구에 의해 작동하는 사회질서, 시장질서)에 의해 사회적 질서와 조화를 가져다준다고 봤다. 자유와 사익추구가 각종 자원의 가장 효율적 사용과 배분을 이끈다는 것이다. 그러니 정부의 관리 감독이 필요하지 않다는 것이다.

그렇다고 애덤이 사리사욕에 눈먼 도의심 없는 자본주의(dog eat dog capitalism)를 지지한 것은 아니다. 애덤 스미스를 온전히 이해하려면 그가 국부론을 저술하기 17년 전에 쓴 『도덕감정론』(1759)을 함께 봐야 한다. 애덤은 그 저서에서 인간행동에 대한 도덕적 판단의 기초, 인간 본성의 원천으로 '자연적 동정심'(공감)을 말한다. 사익추구가 애덤 스미스의 경제 체계를 움직이는 동인이라면, 동정심은 그의 도덕 체계를 이끄는 동인이다.

인간 본성의 복합성을 동시에 본 것인데, 예컨대 제빵업자는 자비심으로 빵을 공급하지 않는다. 사익추구일 뿐이다. 한편 어떤 사람이 물에 빠진 낯선 이를 구하기 위해 강에 뛰어드는 것은? 사익추구가 아니라 자연적 동정심, 공감이다. 애덤은 이러한 인간 본성의 복합성을 본 것이다. 물론 도덕감정론에서 강조하는 공감과 국부론이 강조하는 이기심은 서로 모순되거나 충돌한다. 그래서 이기적 개인과 사회적 복리의 조화와 모순 문제를 학자들은 '애덤 스미스 문제'라 부른다.

그러나 애덤은 국부론에서도 인간의 본성인 사익추구와 자비심을 일관되게 주장했다. 국가의 후생(welfare)과 특히 가난한 사람들의 후생을 상인들과 강자들의 특별 이익보다 더 중요하게 생각했다. "타인에 대한 동정심, 공감은 우리의 이기심을 자제하고 도덕성을 갖추게 함으로써 사람들에게 품위와 예의를 갖추게 하고 사회를 번영하게 한다."라는 게 애덤의 생각이었다.

복지 필요성 주장한 자유시장주의자 하이에크

하이에크(1899~1992)는 존 메이너드 케인스(1883~1946)와 지난 100년 경제학의 양대 줄기를 형성했다. 애덤 스미스의 자유시장주의를 계승한 하이에크는 정부의 역할을 강조한 케인스와 격돌했다. 케인스는 "자유방임은 겉으로만 그럴싸할 뿐 비논리적이며 급변하는 현실과 완전히 동떨어진 이론."으로 봤다. "자유방임 원리대로 개인의 사익추구가 공익을 보장해준다면 기업가가 자기 잇속을 추구하는 것만으로 정치철학자가 추구할 최고선이 달성될 테니 정치철학자는 기업가에게 자기 일을 맡기고 속 편하게 은퇴하면 될 것."이라고 했다. "시장 실패는 없으며 그냥 두면 시장이 알아서 해결할 것."이라는 하이에크 진영을 향해 "인간은 장기적으로 죽는다."라고 받아치기도 했다.

그러나 애덤 스미스와 마찬가지로 하이에크에 대해서도 오해가 있다. 하이에크가 자유시장을 신봉하고 정부 개입을 싫어한다고 해서 무정부 상태로 살자고 한 것은 아니며, 특히 정부의 복지 정책을 완전히 부정한 것도 아니었다. 국방처럼 정부 말고는 아무도 운영할 수 없는 사회요소만을 정부가 맡아야 한다는 게 그의 생각이긴 했으나, 놀랍게도 보편적 의료 서비스와 실업보험은 정부가 의무적으로 제공해야 한다고 주장했다.

입으론 하이에크, 행동은 케인스…레이거노믹스의 두 얼굴

신자유주의 시대는 미국의 레이건, 영국의 대처가 열었다. 1980년 로널드 레이건은 "우리 호주머니에 간섭하지 않는 정부를 만들자."라는 하이에크적 구호를 내걸고 선거운동에 돌입했다. 하지만 집권 후 실제 행동은 달랐다. 레이거노믹스는 겉으로는 정부 크기를 줄이자는 하이에크 식의 수사를 동원했지만 뒤로는 국방비 등 정부 지출을 마구 늘려 총수요와 경제성장을 촉진했다. 그 결과 레이건이 백악관에 들어갈 때 세계 최대 채권국이었던 미국은 그가 샌타바바라 목장에서 은퇴생활을 시작할 때 4,000억 달러 빚을 진 세계 최대 채무국이 되었다.

노벨경제학상을 수상한 MIT의 로버트 솔로는 "1982~1990

년의 호황은 레이건 행정부가 순전히 케인스적 방식으로 만들어낸 것이다. 즉 지출을 늘리고 세율을 낮춰 경기를 부양하기 위한 재정 적자의 고전적 유형에 해당한다."라고 평했다. 유명한 미국 경제학자 존 케네스 갤브레이스도 "레이건은 미국이 상당히 어려운 불황을 맞았을 때 대통령이 됐고, 강력한 케인스주의적 정책을 대대적으로 실행했다."라고 지적했다. 정리하면 레이건은 케인스를 제대로 알지 못할 뿐 아니라 케인스를 비판하는 사람들과 함께 케인스식 방법으로 경제성장을 이뤘다는 얘기다. 그러니까 "그 시절 미국은 비자발적인 익명의 케인스주의를 경험했던 것."(갤브레이스)이다.

역사가 말해주듯 현대인의 상식에서 애덤 스미스와 그를 계승한 하이에크에 대한 오해가 적잖다. 하이에크의 자유시장주의를 신봉한 현대 정치인들이 실제로는 케인스식 방식을 따른, 아이로니컬하게도 널리 알려진 얘기는 아니다. 이명박, 박근혜 정부도 시장자유를 외쳤지만 행동은 달랐다. 시장에 간섭했고, 기업에 손 벌리며 정경유착의 구태를 답습했다. 황교안의 민부론은 다를 것인가. 자유한국당이 다시 집권한다면 레이건과 달리, 이명박·박근혜와 달리, '작은 정부, 큰 시장'을 실천할 것인가. 역사는 기대보다 냉소를 가르쳐 왔다.

7장

미래세대 등치는 부동산공화국

01 '빌라왕' 만든 '나쁜 정책' 되살린 윤석열 정부

2023. 01. 30.

문재인 정부 부동산 정책의 진실 되새겨야

최악의 지대추구 행위가 바로 부동산 투기

난방비가 난리다. 아파트 관리비가 거의 두 배로 뛰었다. 공공요금도 줄줄이 인상 대기 중이다. 서민 살림살이가 말이 아니다. 그렇다고 주거비에 비할까. 생활물가가 제아무리 치솟아도 주거비 부담에 비할 바 못 된다. 문재인 정부 5년간 이 땅의 서민들은 미친 집값 공포 속에 살았고, 집값이 떨어지고 있는 지금도 그 부담은 가혹하다. 한국만이냐 전 세계적 현상이었다? 틀린 말은 아니지만 그런 물타기로 정부 책임을 면피할 수는 없다. 제로금리에 고삐 풀린 돈들이 자산시장으로 흘러들 때 문재인 정부는 뭘 했던가. 제어하기는커녕 부추기지 않았나.

거주 중인 집 외에는 집을 팔라고 해놓고는 실제로는 투기를 부추긴 게 문재인 정부 부동산정책의 진실이다. 임대사업자(다주택자)에게 온갖 혜택을 몰아준 것이 발단이었다. 집 부자들에게 재산세, 취득세, 양도소득세, 종합부동산세, 소득세에 걸친 엄청난 세제 특혜를 안겼다. 세제만인가. 실수요자 대출은 조이면서도 임대사업자(다주택자)에게는 확 늘려줬다. 임대사업자로 등록만 하면 집값의 80%까지 대출을 받을 수 있도록 해줬다. 세금 깎아줘, 대출 늘려줘, 한마디로 주택투기에 꽃길을 깔아준 것이다.

다시 역주행, 투기조장 정책 되살리는 윤석열 정부

그 결과가 '미친 집값', '영끌' 그리고 서민들 피 빨아먹는 '빌라왕'의 탄생이었다. 임대사업자 특혜가 없었다면 수백 채 빌라왕은 생겨나지 않았을 것이고 서민들 피눈물 쏟는 전세사기도 벌어지지 않았을 것이다. 나쁜 정책은 이처럼 대량 살상무기와 다르지 않다. 집값을 반드시 잡겠다던 문재인 정권에서 최악의 주택 투기가 벌어진 건 우연이 아니다. 이준구 서울대 명예교수(경제학)는 당시 "이 말도 안 되는 투기조장 정책(주택임대사업자 등록제)을 미련 없이 쓰레기통에 처넣을 것을 기대했으나 놀랍게도 이를 답습하는 데 그치지 않고 특혜를 한층 더 늘리는 역주행을 하고 말았다."라면서 개탄했다. 실패의 교훈은 분명하다. 임대사업자에게 특혜를 몰아줘 임대주택시장을 안정시킨 다는 것은 환상이었다. 정반대로 투기천국, 주거지옥이 펼쳐졌 을 뿐이다.

그런데 지금 다시 역주행이 시작됐다. 윤석열 정부는 부동산 경착륙을 막는다는 명분으로 투기의 빗장을 다시 풀어버렸다. 1주택자, 일시적 2주택자에게만 적용하면 될 종부세 완화를 확대해 종부세 전체를 무력화하고, 실패가 검증된 임대사업자 특혜를 되살렸다. 윤 대통령은 연초 정부 정책을 보고받는 자리에서 "지대추구 행위를 막아야 우리 사회가 더 많은 경제적, 문화적 가치를 창출하고 공정하게 풍요를 누릴 수 있을 것."이라고 강조했다. 결국 투기조장 정책을 되살리겠다는 것인가? 지대추구(rent seeking)란 경제주체들이 자신의 이익을 위해 비생산적인 활동에 경쟁적으로 자원을 낭비하는 행위를 말한다. 이 땅에서 최악의 지대추구 행위가 바로 부동산 투기다.

02 | 부동산 개혁가 김헌동의 고독한 전쟁

2022. 09. 14.

지난한 부동산 기득권과의 싸움
LH공사, 대놓고 "우린 원가공개 안 한다."

"집값이 떨어지면 국민 80~90%에게 좋은 소식 아닌가요. 언론이 안 쓰는 이유가 뭐죠?" 김헌동 서울주택도시공사(SH공사) 사장이 따지듯 물었다. "많이들 쓰고 있지 않나요?", "집값 오를 때와는 비교가 안 돼요." 김 사장은 "정확한 정보 전달이 안 되고 있다."라고 했다. 그의 목소리는 약간 지친 듯했다. 김 사장은 지금 부동산 기득권과 전쟁 중이다. 선전포고가 꽤 길었던 오랜 전쟁이다. 취임 전까지 김 사장은 시민운동가로 지난 20여 년을 서민 주거안정을 위해 살았다. 부동산 기득권과의 대결이었다.

그랬던 이가 작년 11월 SH공사 사장으로 변신해 칼자루를 쥐고 '미친 집값'과의 싸움을 시작한 건데 현실이 만만찮다. 세상은 결코 그의 전쟁에 우호적이지 않다. "아파트 짓는 데 얼마가 들었는지 원가를 공개하면 집값은 잡힌다."라는 게 그의 지론인데 기득권 저항이 거세다. 건설업계는 물론이고 국토교통부와 한국토지주택공사(LH)도 반대 기류다. LH공사는 대놓고 "우린 원가공개를 하지 않겠다."라면서 어깃장을 놓고 있다. LH공사는 무주택 서민 주거안정을 위해 설립된 공공기관인데, 지난 5년간 땅장사로 18조 원을 벌어들였다. '회사는 땅장사, 임직원은 땅투기'라는 비아냥이 회자하는 이유다.

이런 환경에서도 김 사장은 꿋꿋하게 원가공개를 밀어붙였다. 취임 후 지난 7월까지 고덕 강일, 강남 세곡, 송파, 서초 내곡, 마곡지구까지 SH공사가 분양한 아파트 건설원가를 공개했다. 25평 아파트 건축비가 2억 안팎에 불과하다는 사실이 만천하에 공개됐다. 그 연장선에서 김 사장은 건물만 분양하는 반값 아파트(토지임대부 주택)도 추진하고 있다. 3억~5억짜리 아파트를 올해 안에 공급하겠다고 했다.

하지만 반값 아파트도 만만찮다. 방해물이 적잖다. 당장 주택법이 걸림돌이다. 현행 주택법은 LH공사만 토지임대부 주택을 매입할 수 있도록 규정하고 있다. 현행법상 SH공사는 반값 아파트를 분양은 할 수 있지만 환매(되사주기)는 해줄 수 없는 거다. SH공사 등 지방공기업도 토지임대부 주택 매입이 가능하지 않는 한 반값 아파트는 온전한 주택정책이 되기 어렵다. 서울시는 이미 지난해 말 주택법 개정을 국토교통부에 건의했다. 그러나 여태 감감소식이다.

기득권에 빨대 꽂은 세력, 저항하고 어깃장 놓고

"지금은 분양은 해도 환매를 못 해준다. 법이 바뀌어야 매끄럽게 진행할 수 있다. 그런데 바꾸겠다고만 하지, 시간만 끌어요. 대체 이런 사정을 알기는 하나요." 김 사장이 왜 느닷없이 전화 걸어 "정확한 정보 전달이 안 되고 있다."라면서 "언론은 왜…."라고 따지듯 물었는지 비로소 알 것 같았다. 기실 부동산과 관련해 정확한 정보 전달이 안 되는 게 어제오늘의 일은 아니다. 문재인 정부 부동산정책 실패의 원인을 두고서는 엉터리 진단이 아직도 회자하는 터다. 그것도 전문가라는 이들의 입을 통해서 확인된 진실인 양 무한반복 중이다.

세금 때리기와 규제 일변도 대책이 집값 폭등을 불렀다거나 수요억제로는 집값을 잡을 수 없다는 게 드러나지 않았냐는 진단이 대표적이다. 단언컨대 엉터리 진단이다. 진실은 그 반대다. 문재인 정부가 거의 끝나갈 때까지 세금 때리기나 규제 일변도 대책이 없었다. 문재인 정권은 수요억제 정책을 편 적이 없다. 입으로만 수요를 억제했을 뿐 실제로는 투기를 부추겼다. 수요를 억제한 게 아니라 반대로 투기를 조장한 게 문제인 정부 부동산정책의 실체다.

　부동산정책은 문 정부 초반부터 거꾸로 갔다. 임대사업자(다주택자)에게 온갖 혜택을 몰아주는 역주행으로 시작했다. 사는 집 말고 팔라는 공언과 정반대로 집을 사면 살수록 대박이 되는 정책을 편 것이다. 집 부자들에게 재산세, 취득세, 양도소득세, 종합부동산세, 소득세에 걸친 엄청난 세제 특혜를 제공하는데 누가 집을 팔겠나. 팔기는커녕 늘리기 바빴다. 세제 혜택만인가. 실수요자 대출은 조이면서도 임대사업자(다주택자)에게는 확 늘려줬다. 임대사업자로 등록만 하면 집값의 80%까지 대출을 받을 수 있도록 해줬다. 세금 깎아줘, 대출 늘려줘, 한마디로 주택투기에 꽃길을 깔아준 것이다. 그 결과 다주택자가 급증했고 집값은 미친 듯 치솟았다.

　결론적으로 문재인 정부 부동산정책 실패는 세금 때리기와 규제 정책이 아니라 투기 조장 정책이 낳은 필연적 실패였던 거다. 김 사장은 문재인 정권 내내 실패가 예정된 그 엉터리 정책, 엉터리 진단과 싸웠다. 그러다 오세훈 서울시장 체제에서 칼자루를 쥐었다. 그의 철학대로 '찐' 친서민 정책을 펼 수 있는 기회를 잡은 것이다. 그러나 이상은 아름답고 현실은 추악하다고 했던가. 기득권에 빨대 꽂은 세력은 저항하고 어깃장 놓고 훼방놓는다.

"원가를 공개하면 싸진다." 지난 6월 인터뷰 때 김 사장은 단호했다. 자신감 넘쳤다. 김 사장의 목소리가 다시 힘을 찾았으면 좋겠다. '이생망'의 절망에 빠진 서민과 청년, 부동산 기득권 울타리 바깥의 시민들을 위해!

03 사는 집 말고 팔라면서 투기 부추긴 문재인 정권

2021. 05. 09.

문재인 정권은 투기꾼을 위한 정권으로 마감할 것인가

수요 억제한 게 아니라 투기 조장한 게 文정권 부동산정책

문재인 정부 부동산정책은 실패했다. 실패도 이만저만한 실패가 아니다. 망국적 대실패다. 미친 집값이 움직일 수 없는 증거다. 이제 이를 부정하는 목소리는 소멸했다. 결과에 대한 평가는 그렇게 실패로 수렴되었다. 그런데 과정에 대한 진단은 다르다. 왜 실패한 건지를 두고는 상반된 진단이 공존한다. 어느 한쪽은 엉터리다.

문재인 정부 4년간 집값은 왜 그렇게 미친 듯 치솟았나. 어느 보수신문은 세금 때리기와 규제 일변도 대책을 지목했다. "소수의 주택 자산가를 징벌해 다수 서민·중산층의 환심을 사려는 편 가르기 정책이 결국 집값 폭등을 불렀다."라는 것이다. "수요억제로는 집값을 잡을 수 없다는 게 드러났다."라는 어느 유명 증권 애널리스트의 진단도 같은 얘기다.

이런 진단이 국민의힘, 보수언론, 일부 시장 전문가들을 통해 유포되지만 단언컨대 엉터리 진단이다. 진실은 그 반대다. 지난 4년간 세금 때리기, 규제 일변도 대책이 없었다. 문재인 정권은 수요억제 정책을 편 적이 없다. 입으로만 수요를 억제했을 뿐 실제로는 투기를 부추겼다. 수요를 억제한 게 아니라 반대로 투기를 조장한 게 문재인 정부 부동산정책의 실체다.

부동산정책은 문 정부 초반부터 거꾸로 갔다. 임대사업자(다주택자)에게 온갖 혜택을 몰아주는 역주행으로 시작했다. 사는 집 말고 팔라는 공언과 정반대로 집을 사면 살수록 대박이 되는 정책을 편 것이다. 대국민 사기극이나 다름없다. 집 부자들에게 재산세, 취득세, 양도소득세, 종합부동산세, 소득세에 걸친 엄청난 세제 특혜를 제공하는데 누가 집을 팔겠나. 집을 팔기는커녕 늘리기 바빴다.

세제 혜택만이 아니었다. 실수요자 대출은 조이면서도 임대사업자(다주택자)에게는 확 늘려줬다. 임대사업자로 등록만 하면 집값의 80%까지 대출을 받을 수 있도록 해줬다. 세금 깎아줘, 대출 늘려줘, 한마디로 주택투기에 꽃길을 깔아준 것이다. 그 결과 다주택자가 급증했고, 집값은 미친 듯 치솟았다. 부동산 정책 실패는 세금 때리기와 규제 정책이 아니라 투기 조장 정책이 낳은 예고된 실패였던 거다.

투기세력에게 탈출구를, '영끌' 서민들에겐 폭탄을

기회는 많았다. 잘못을 인정하고, 책임을 묻고, 정책 방향을 전환했으면 됐다. 그러나 어처구니없게도 문 대통령은 현실 인식이 아예 없었고, 여당은 안일하기 짝이 없었다. 대통령은 서울 집값이 이미 미쳐 날뛰던 2019년 11월 '국민과의 대화'에서 "대부분의 기간 동안 부동산 가격을 잡아 왔고 전국적으로는 집값이 하락할 정도로 안정화되고 있다."라고, 어디 딴 세상 사람인 듯 말했다. 2019년 종합부동산세 강화 법안은 그나마 투기의 고삐를 쥘 수 있는 계기였는데 이마저도 20대 국회는 어물쩍 뭉개버렸다.

그 결과 문 정권을 믿었던 무주택 서민들은 '벼락거지'가 됐다. 여당의 4·7 재보선 참패는 당연한 귀결이었다. 그런데도 달라지지 않는다. 느즈막이 강화된 주택 관련 세제는 비로소 오는 6월 시작되는 것인데, 시작도 전에 뒷걸음질칠 조짐이다. 1주택 실수요자의 보유세는 경감해 주는 게 마땅하다. 그러나 논의 흐름은 여전히 투기 조장 연장선에 있다. 무주택 실수요자에게 다시 대출을 늘려주고, 다주택자 양도세를 깎아주자는 것부터 미심쩍다. 투기세력에게 탈출구를 열어주는 것이자 '영끌' 서민들에게 폭탄을 넘기는 계기가 될 것이다. 지금 집 문제의 핵심은 국민소득 대비로 역사상 최고점에 있는 미친 집값이다.

엉터리 진단은 엉터리 해법을 낳는다. 실패에서 교훈을 얻지 못하면 더 큰 실패가 기다릴 뿐이다. 촛불혁명 정부라는 문재인 정권은 끝까지 투기꾼을 위한 정권으로 마감할 것인가.

04 가계부채 해법, 주택정책에 달렸다

2017. 06. 05.

한국 경제 뇌관, 가계부채는 미필적 고의의 결과다. 이래도 되나, 다들 불안감이 없지 않았을 것이다. 이주열 한국은행 총재는 "아차 싶더라."라고 했다. 2014년 8월 '금리인하 + 주택금융규제(LTV·DTI) 완화'가 단행될 때다. 기준금리를 내리는 마당에 대출 규제 빗장까지 풀어버리면? 이후 상황은 안 봐도 비디오다. "노."(No)라고 외치지 못한 신제윤 당시 금융위원장도 마음 한구석은 찜찜했을 것이다. 그는 빗장을 풀기 직전까지 가계부채와 은행 건전성을 위해 규제를 유지해야 한다는 입장이었다.

미필적 고의를 숨긴 채 '지도에 없는 길'로 모두를 내몬 이는 최경환 당시 경제부총리였다. 박근혜 정부 실세인 그가 경제팀

수장을 맡으면서 모든 게 뒤집혔다. LTV·DTI 규제를 두고 '한겨울에 여름옷을 입은 격'이라며 사자후를 토하자 관계당국 수장들은 풀잎처럼 누웠다. 대출 규제 완화에 신중해야 한다던 한은은 "LTV·DTI 규제가 부동산 거래 활성화를 제약하는 측면이 있다."라며 입장을 바꿨다. 주무기관 수장인 신 위원장도 "금융산업이 안정을 유지하고 있는 만큼 금융이 실물을 지원하는 방안을 검토할 수 있다."라며 기존 입장을 뒤집었다.

이후 상황도 미필적 고의의 연속이었다. 이 총재의 한은은 최 부총리가 취임하자마자 기준금리를 내리더니 이후 네 번 더 끌어내렸다. 가계부채가 무섭게 느는데도 이 총재는 불안감을 감춘 채 "좀 더 지켜보자."라는 말만 되풀이했다. 마침내 그가 "가계부채 문제를 가볍게 볼 수 없다."라고 토로하긴 했으나 만시지탄이었다.

잘못을 바로잡을 기회는 있었다. 1년 한시로 푼 LTV·DTI 규제를 다시 되돌리면 됐다. 그러나 바통을 이어받은 임종룡 금융위원장도 "노."를 외치지 않았다. 뒤늦게 범정부 대책이라고 내놓은 작년 8·25가계부채 대책에서도 LTV·DTI 규제 강화안은 빠졌다. 투기수요를 억제하는 장치인 분양권 전매제한도 포함되지 않았다. 금융당국이 필요성을 주장했으나 국토교통부 반대에 막혔다고 한다. 가계부채 대책이 아니라 '집값 떠받치기 대책'이었다. 이후에도 가계부채는 두 자릿수 증가율을 지속했다.

　가계부채 굴레를 만든 가장 큰 책임은 최 전 부총리에게 있다. 그러나 미필적 고의를 숨긴 채 바람 앞 풀잎처럼 누워버린 관계당국 수장들도 원죄에서 자유로울 수 없다. 최 부총리의 경제팀은 빚 내서 집 사라는 데 그치지 않고 혈세를 동원해 집을 여러 채 사는 투기세력도 도와줬다. '내 임기 동안에만 문제가 없으면 된다'는 식의 무책임(이준구 서울대 명예교수)이 아닐 수 없다.

　가계부채가 뭐가 문제냐고 말하는 이들도 있다. 박근혜 정부 시절 전혀 문제 없다고 큰소리치는 금융당국 고위 인사도 있었다. 그러나 급증한 가계부채가 경제적 재앙으로 이어지지 않은 경우는 찾아보기 어렵다. 경제적 재앙에는 언제나 가계부채의 급격한 증가가 선행했다. 2008년 글로벌 금융위기가 터지기 전 7년간 미국 가계부채는 두 배로 늘었다. 1929년 대공황 전 9년 새 미국 도시지역 주택담보대출은 세 배 증가했다. 2014년 가을 국내에 소개된 책, 『빚으로 지은 집House of Debt』은 가계부채의 위험성을 실증적으로 보여준다. 한국 가계부채는 지난 9년 두 배 이상 늘었다. 저자(아티프 미안, 아미르 수피)는 "우리는 자주 빚이 얼마나 무서운지 잊고 산다."라고 지적했다. 역사적 고찰이 아니더라도 대한민국 서민의 삶은 지금 '빚으로 지은 집' 때문에 견디기 힘들도록 팍팍하다. 3월 말 기준 가계부채 1,360

조 원 중 절반인 679조 원이 주택담보대출이다.

  문재인 정부는 박근혜 정부가 떠넘긴 골치 아픈 숙제를 풀 수 있을까. 문 대통령이 8월까지 종합대책 마련을 지시했다지만 뾰족수가 나올지 의문이다. 투기수요를 잠재우고 실수요자 위주로 주택정책을 확 뜯어고치지 않는 한 재탕, 삼탕 대책으로 변죽만 울릴 것이다. 그때까지 기다릴 만큼 여유롭지도 않다. 지금 당장 집값도, 부채도 뜀박질이 심상찮다. 금융감독당국 한 인사는 "투기수요를 잠재울 정책 시그널을 빨리 줘야 한다. 타이밍을 놓치고 있다."라고 걱정했다.

05 집값 떠받치는 가계부채 대책

2016. 09. 09.

가계부채 권하는 정부, 빚내서 집 사라는 메시지
아파트 분양권 전매제한 풀고 동일인에게 복수로 아파트 대출 보증

"제가 예의주시할게요.", "어, 그래. 근데 너 그게 무슨 뜻인지는 아니?", "예의를 지키면서 지켜본다는 말 아녜요?", "어, 그래. 제대로 알고 있구나." 언젠가 TV드라마에서 30대 백수 삼촌과 '중딩' 조카의 진지하기 짝이 없는 대화를 듣고 빵 터진 적이 있다. 예의주시(銳意注視), 정신을 바짝 차리고 지켜본다는 이 말을 작가는 그렇게 비틀어 시청자를 폭소케 했다. 많은 이들이 흔히 쓰면서도 정작 뜻은 제대로 모르는 언어사용의 맹점을 익살스럽게 꼬집은 것이다.

정부도 이 말을 참 많이 쓴다. 과거 무슨 무슨 대책 발표자료엔 어김없이 예의주시하겠다는 말이 양념처럼 들어갔다. 요즘엔 '모니터링 강화'라는 양념이 추가됐는데 그 말이 그 말이다. 이런 표현을 볼 때마다 실소가 터진다. 드라마의 개그가 떠올라서가 아니다. 열심히 들여다보겠다는 게 무슨 대책인가 싶어서다. 최근 정부 관계기관 합동으로 마련해 발표한 가계부채 대책에도 모니터링 강화 표현이 있다. 가계부채가 큰일이라며 내놓은 대책인데, "열심히 들여다보겠다."라고 하니 "불이야." 하고 소리쳐놓고 불이 어떻게 번지나 유심히 지켜보겠다는 건가. 그 한가한 레토릭에 다시 실소가 터졌다. 가계부채가 한국 경제의 뇌관이 된 건 이미 오래전이다. 이명박 정부의 김석동 금융위원장이 "가계부채 걱정에 밤잠을 이룰 수 없다."라고 한 게 2011년이다. 그동안 뭘 했기에 아직도 모니터링 강화와 예의주시인가.

하긴 지난 2년 정부는 예의주시할 마음의 여유가 없었다. 가계부채를 걱정하기는커녕 거꾸로 가계부채를 늘리느라 너무 바빴다. 한국은행에 압력을 넣어 금리를 끌어내리고 주택을 담보로 빚을 낼 수 있는 한도를 과감하게 늘렸다. 빚을 내 집을 사라는 강력한 메시지였다. 심지어 정부는 투기수요까지 부추겼다. 아파트 분양권 전매제한을 풀고 동일인에게 아파트 중도금 대출 보증을 여러 건씩 해줬다. 실수요가 아닌 투기를 정부가 단속하는 게 아니라 조장한 것이다.

빚과 투기로 집값 띄워놓고 이를 정상화라고 부르는 정부

정부는 얼어붙은 경기를 녹이고 싶었을 것이다. 처지는 성장률을 끌어올려 실력을, 그 성과를 자랑하고 싶었을 것이다. 그래서 가계부채 화력으로 부동산 시장을 띄우는 단기부양책을 밀어붙인 것일 텐데 그게 얼마나 위험한 것인지, 얼마나 빗나간 화살인지 정부는 모른 체했다. 정부 안팎에서 숱하게 경고음이 울렸지만 철저히 무시했다. 경제정책 고수들의 경고는 귓등으로도 듣지 않았다. 그들이 절대로 하지 말라는 것만 콕 집어 집요하게 밀어붙였다. 얼마 전까지만 해도 "가계부채를 이렇게 늘려도 되느냐."라는 물음에 정부 고위인사는 전혀 문제없다고 큰소리쳤다.

"장래 안정과 성장에 역행하는 것으로 해서는 안 되는 정책."(조순), "후손들의 소득을 빼앗아오는 짓이며 국가 불행을 키우는 일."(박승), "토건국가 정책은 금물. 부동산 경기로 살리겠다는 과거 연장선의 정책은 (더 이상)안 된다."(이헌재)…. 수년 전부터 최근까지 경제석학, 정책고수들의 걱정과 경고는 꼬리를 물었다. 이들은 하나 같이 부작용만 큰 구시대적 정책으로 규정했다.

만시지탄이지만 이제라도 가계부채가 정말 걱정이 되었다면 대책의 메뉴는 달랐어야 했다. 투기 조장을 멈추고 시장에 억제 시그널을 분명히 줬어야 했다. 그러나 대책에서 분양권 전매제한은 쏙 뺐다. 빗장 푼 주택금융 규제도 조이지 않았다. 대신 택지공급을 줄이기로 했다. 가계부채 고삐를 줄 알맹이는 쏙 빼고 집값을 떠받칠 정책은 집어넣은 것이다. 뒷북 가계부채 대책이 집값 떠받치기 메시지로 시장에 전달된 이유다. 대책 발표 이후 집값은 더 들썩이고 있다. 가계부채도 따라서 더 늘 것이다.

  미래 세대에게 높은 주거비는 '헬조선' 구성항목 중 하나다. 그런데 정부는 빚과 투기로 집값을 띄워놓고 이를 정상화라고 부른다. 그 정상화로 무주택 서민의 고통이 가중되고 있는 현실은 외면한다. 부디 입으로만 민생을 말하지 말고 서민의 삶을 예의주시해주기 바란다. 그게 민생을 말할 자격이고 예의다. 그럴 때 비로소 제대로 된 가계부채 대책도 나올 것이다.

06 문재인 정부 부동산 정책은 사기(詐欺)다

2020. 07. 03.

집값만큼은 자신 있다는 큰소리치곤 행동은 반대
투기와의 전쟁 선포해놓고 정작 투기를 부추긴 건 정부

문재인 정부 부동산 정책은 사기라고 나는 생각한다. 믿게 해놓고 뒤통수를 치는 모습이 딱 그렇다. 문재인 대통령은 집값만큼은 자신 있다고 큰소리쳤지만 시장 흐름은 정반대였다. 집값은 폭등했고 서민들은 지금 한숨만 토하고 있다. 무주택 서민이 그렇게 또 당했다. 정부가 대책을 발표할 때마다 집값은 오히려 뛰었다. 정부 정책 발표가 집값 상승의 신호탄이 되는 아이러니의 연속이었다. 정부의 느슨함을 간파한 시장이 대책에 겁먹기는커녕 거꾸로 움직인 것이다. 정부를 믿지 않고 일찌감치 영혼까지 끌어모아 집을 산 이들은 얼마나 현명한가.

어설픈 변명은 집어치워라. 시장의 탐욕을 탓하지도 마라. 책임 전가는 비겁하다. 투기와의 전쟁을 선포해놓고 정작 투기를 부추긴 건 정부 자신이다. 집값 폭등은 말 따로 행동 따로인 정책이 자초한 결과일 뿐이다. 처음부터 느슨하고 엉성했다. 김현미 국토교통부 장관은 "사는 집 말고 파시라."라고 했다. 그래놓고 집 부자들에게 세제 혜택을 듬뿍 얹어 탈출구를 열어줬다. 집 부자들은 집을 꼭 움켜쥐고 임대사업의 세상으로 도피했다. "주택투기에 꽃길을 깔아준 결과."(이준구 서울대 경제학부 명예교수)였다.

이 교수는 일찍이 "이 말도 안 되는 투기조장 정책(주택임대사업자 등록제)을 미련 없이 쓰레기통에 처넣을 것을 기대했으나 놀랍게도 이를 답습하는 데 그치지 않고 특혜를 한층 더 늘리는 역주행을 하고 말았다."라며 개탄했다. 집 부자들에게 재산세, 취득세, 양도소득세, 종합부동산세, 소득세에 걸친 엄청난 세제상의 특혜를 제공하는데 누가 집을 팔겠나. 이 교수의 표현을 빌리면 문재인 정부는 "엄청나게 큰 구멍이 뚫려 있는 그물로 부동산 투기라는 물고기를 잡으려고 한 것."이다.

제발 투기와의 전쟁이라도 제대로 해보길

정권 초반 부동산 보유세 '찔끔 인상', 2기 내각 인선에서 집을 세 채 가진 인사를 국토교통부 장관으로 지명한 것도 똑같이 한심한 일이었다. 또 주택 여럿을 그대로 보유하는 청와대 참모들과 고위 공직자들의 모습은 시장에 어떻게 비쳤을 것인가. 정말 집값을 잡겠다는 건지, 집값 잡는 시늉을 하겠다는 건지 그 진의를 의심하지 않을 수 없었다. 지난해 발표한 종합부동산세 강화 법안은 그나마 투기의 고삐를 죌 수 있는 핵심 수단이었는데, 이마저도 20대 국회에서 어물쩍 뭉개버렸다. 삐딱한 보수 야당 탓을 하겠지만 민주당은 가슴에 손을 얹고 법안 통과를 위해 얼마나 노력했는지 돌아봐야 한다.

정부가 늘어놓은 이 모든 과정들이 바로 집값 폭등의 통로이자 이유였다. 이런 흐름이 줄기차게 이어지는데도 문 대통령은 녹음기 틀어대듯 부동산만큼은 확실히 잡겠다는 립서비스만 했다. 서민들의 한숨과 원망이 커지자 문 대통령은 다시 투기성 주택보유자 부담을 강화하라는 등 주문을 쏟아냈는데, "집값 이렇게 잡았다."라면서 대국민 보고를 해야 할 집권 4년 차에 이 무슨 뒷북인가.

이제 야당 탓을 할 수도 없다. 지난 총선에서 여당은 국회 권력을 장악했다. 절대 과반 의석(176석)에 17개 상임위원장을 모두 차지했다. 이러고도 개혁하는 시늉만 계속할 건가. 그건 개혁세력이 아니라 사실은 기득권 수구 세력임을, 그간의 부동산 정책이 사기였음을 스스로 인정하는 것이나 다름없다.

늦어도 한참 늦었지만 이제라도 제발 비상한 각오, 발상의 전환, 과감한 실행으로 투기와의 전쟁이라도 제대로 해보라. 부동산만큼은 확실히 잡겠다는 공언을 제대로 이행하라. 정치는 "결과에 책임지는 것."(막스 베버)이라고 했다.

07 '경제는 심리'라는데…

2014. 09. 05.

정부가 앞장서 위기라고 떠들고 언론은 툭하면 위기론 대서특필
비관론으로 겁 주기보다 낙관론으로 자신감 불어넣는 게 효과적

1997년 말 한국경제는 파산했다. 대외지불능력(외환보유액)이 바닥을 드러냈다. 국제통화기금(IMF)의 '경제신탁통치'가 시작됐다. 대기업이 쓰러지고 실업자가 쏟아졌다. 고통이 컸지만 회복은 빨랐다. 1998년 5.7% 뒷걸음질친 경제가 1999년 10.7%, 2000년 8.8% 성장했다. 39억 달러까지 빠졌던 외환 곳간은 3년 만에 1,000억 달러 수준으로 불어났다.

그러나 트라우마는 쉽게 아물지 않았다. 자라 보고 놀란 가슴 솥뚜껑만 봐도 놀란다고, 언론은 툭하면 위기론을 대서특필했다. 그리 큰 걱정거리가 아닐 수도 있는 경제 현상을 침소봉대하면서 "곧 늑대가 나타날 것."이라고 외쳐대곤 했다. "경제는 심리."라는 말을 처음 들은 건 그때였다. 위기론을 퍼뜨리는 보도가 잇따르자 진념 당시 재정경제부 장관은 "경제는 심리다. 이런 식으로 써대면 멀쩡하던 경제도 죽는다."라고 하소연했다. 경제가 잘 돌아가도 언론이 계속 위기라고 하면 경제주체들이 지갑을 닫게 되고 실제 위기가 발생한다는 말이다.

희한하게 요즘은 반대다. "일본의 잃어버린 20년을 닮아간다.", "디플레이션 초기 단계에 와 있다." 등등의 우울한 진단과 전망으로 위기감을 퍼뜨리는 이는 언론이 아니라 최경환 경제부총리다. 역설적이게도 정부가 앞장서 위기라고 떠드는 꼴이다. 진 전 장관의 논리를 적용하면 경제를 살려야 할 정부가 경제를 죽이고 있는 것이다. 지속적 물가하락을 의미하는 디플레이션이 예상되면 소비와 투자는 얼어붙는다. 최 부총리가 거꾸로 "여러 문제가 있지만 우리 경제는 양호한 펀더멘털(기초체력)을 바탕으로 서서히 회복 중."이라고 낙관론을 편다면 어떨까. 경기가 불황일 때 회복국면으로의 전환은 특정 경제주체들의 집단적 낙관주의와 이에 따른 긍정론의 확산으로도 이뤄질 수 있다는 경제이론을 적용한다면 비관론으로 겁을 주기보다 낙관론으로 자신감을 불어넣는 편이 효과적일 것이다.

경기부양 수단을 총동원하기 위한 압박용임을 모르지 않는다. 최 부총리의 위기론은 한국은행엔 추가 금리인하를, 국회엔 경기부양 관련 법안 통과를 촉구하는 레토릭 성격이 짙다. 그런 만큼 과장이 섞여 있지만 터무니없는 경고인 것만도 아니다. 상당수 경제전문가가 그의 위기론에 동의한다. "위기인 건 사실이다. 이미 저성장·저물가 경제로 들어섰다."(박승 전 한은 총재), "디플레까지는 아니더라도 위기라는 데 동의한다."(안동현 서울대 경제학과 교수), "위기인 게 맞다. 위기를 위기라고 정확히 얘기하는 게 옳다."(전성인 홍익대 경제학과 교수) 등등.

무리한 단기부양책을 쓰면 일본 딜레마에 빠질 것

위기론을 퍼뜨리는 주체와 그에 대한 평가가 2000년과는 정반대인 게 흥미롭고 역설적이지만 딱히 정답이랄 건 없다. 그때와 지금은 상황이 다르고 위기론의 의도도 다르기 때문이다. 지금의 문제는 진단보다는 해법이다. 그 뻔한 레퍼토리 "빚내서 집 사라."는 게 핵심인 '최경환노믹스'가 과연 경제를 살릴 해법이냐는 것이다. 바로 이 대목에서 걱정이 쏟아진다. 박 전 총재는 "무리한 단기부양책을 쓰면 일본 딜레마에 빠질 것."이라고 말했다. 1980년대 말 경기침체를 막기 위해 제로금리와 재정확대로 돈을 풀었지만 투자와 소비는 늘지 않고 자산 거품만 일었다가 1992년 거품이 꺼지면서 장기불황으로 빠져든 '역사에 있는 길'을 똑같이 밟게 될 것이란 경고다. 전 교수도 "지금 빚내서 집 사라는 건 거의 사기."라고 했다.

몇몇 경제학자들만이 아니다. 똑같은 걱정이 여당에서도 나온다. 여당 경제통들도 "인위적으로 부동산 가격 올려 성공해도 거품이 꺼질 때 부작용만 불거진다."(이한구 의원)거나 "부동산에서 물꼬 트고 돈 풀면 경기가 제대로 돌아갈 것이라고 보는 전형적 단기부양책."(유승민 의원)이라고 걱정하는 터다. 요약하면 이들을 걱정케 하는 건 "위기라면서 내놓은 해법이 되레 위기를 키울 가능성."이다. 이미 부동산 시장이 들썩거리고 가계부채 증가속도는 빨라지기 시작했다. 경제회복의 신호탄일까, 위기로의 초대장일까.

08 망국적인 '미친 집값', 남 탓하는 문재인 정권

2020. 11. 20.

자고 나면 억 소리 나게 오르는 집값, 이게 나라인가?
"정권·관료·재벌이 조장한 부동산투기가 나라를 무너뜨린다."

문재인 정권은 말 따로 행동 따로인 언행 불일치 정권이다. 국민과 열심히 소통하겠다는 약속부터 가뭇없이 사라졌다. 소통 의지와 실천이 불통의 박근혜 대통령과 별반 다르지 않다. 직접 브리핑과 기자간담회를 합쳐 박근혜 5회, 문재인 6회에 불과하다. 우열을 가릴 수 없는 공동 꼴찌다. 김대중, 노무현 대통령은 150차례나 소통의 자리를 가졌다. 이명박 대통령도 20회는 된다.

부동산 정책의 언행 불일치는 최악이다. 부동산 문제만큼은 자신 있다고 큰소리쳤지만 '근자감'(근거 없는 자신감)이었다. 그에 걸맞은 치열한 고민, 과감한 실천은커녕 어처구니없게도 투기를 부채질해 집값을 끌어올리는 정반대 정책을 실행했다. 대국민 사기극이나 다름없다. 그 결과 집값은 나라 근간을 흔들 만큼 폭등했다. 가히 망국적이다. 정책 신뢰는 바닥으로 추락했고 20대마저 '영끌'에 나섰다.

자고 나면 억 소리 나게 오르는 집값, 소득주도 성장이 아니라 불로소득 주도 성장이 되어버린 경제, 한 번도 경험하지 못한 세상. 이게 나라인가? 나라다운 나라를 만들라고 촛불 들어 광화문을 메웠던 시민들은 처참하게 배신당했다. 그런데도 반성은 없다. 그저 유동성 탓, 전 정권 탓이다. 저금리로 넘쳐나는 유동성이 주택 투기로 흐르게 한 정책, 누가 만들고 누가 실행했나. 집권 4년 차가 돼서도 전 정권을 탓하는 비겁함, 뻔뻔함은 어디서 배운 버릇인가. 미친 집값에 국민의 주거기본권이 무너지는데도 반성은 없고 남 탓이나 하는 '뻔뻔 멘탈'이 놀라울 따름이다.

"지금 집값 폭등은 전적으로 문재인 정권의 책임이다. 정책 실패라는 말로는 부족하다. 문재인 정부의 '역대급' 토건 노선, '불로소득' 주도성장 정책에 의해 투기세력이 양성되었다." 기만적 권력 앞에서 경제정의실천시민연합(경실련) 부동산건설개혁본부장 김헌동의 비판은 통렬하다. 김 본부장은 23일 출간하는 『김헌동의 부동산 대폭로-누가 집값을 끌어올렸나』에서 말 따로 행동 따로인 문재인 정부 부동산 정책을 신랄하게 파헤친다. 시민단체 '더불어삶' 대표 안진이와의 '시민 대화'를 책으로 엮은 것이다. 김 본부장은 이 책에서 지난 3년간 정부의 어떤 정책들이 집값 상승에 결정적 영향을 끼쳤는지 구체적으로 폭로한다.

주택임대사업자 특혜로 50만 투기세력이 생겨났고, 주택 100만 채가 사재기 됐다. 세율을 올린다고 하지만 진짜 부자인 재벌과 법인의 토지 세율은 건드리지 않고 개인만 들쑤신다. 이 과정에서 청와대 정책실장들(장하성, 김수현)의 아파트값은 10억씩이나 올랐다. 서민들이 1년에 500만 원 저축할 때 고위 공직자, 국회의원 아파트값은 3억, 5억씩 올랐다. 코로나19 팬데믹 이후 집값이 일부 하락할 조짐을 보이자 정부가 직접 미니 신도시 개발, 공기업 참여 서울 도심재개발·재건축 계획을 발표해 반전시켜 버렸다(2020년 5·6대책). 이를 직접 발표한 국토부 관료(박선호)는 해당 지역에 토지 500평을 갖고 있다.

촛불혁명 여망 깊이 새겼다면 치열하고 과감했어야

김 본부장은 "그런데도 대통령은 부동산은 자신 있다고, 최장수 국토부 장관은 상승세가 멈췄다고 한다. 속 터지는 소리다. '세상이 왜 이래, 왜 이렇게 힘들어' 하지 않을 수 없다."라며 개탄한다. 비판을 위한 비판, 대안 없는 비판이 아니다. 김 본부장은 "대통령이 의지가 강하면 집값 잡는 것은 쉽다."라고 말한다. 공기업에 주어진 3대 권한(토지수용권, 용도변경권, 독점개발권)을 국민을 위해 사용하고 분양에 관련된 개혁적인 제도들을 활용하면 지금과 같은 미친 집값은 쉽게 정상화할 수 있다는 것이다.

지금은 이 권한을 기득권을 위해서만 쓰는 게 문제다. 여기에 분양원가 공개, 분양가상한제, 후분양제를 섞어 적정 건축비를 도입하고, 건물만 분양하는 방식을 쓰면 서울 강남 한복판에서도 2억 원 이내로 30평대 아파트를 분양할 수 있다. 이른바 '반값 아파트'로 꾸준한 공급 신호가 확실하다면 집값은 반드시 떨어진다.

지금의 집값 폭등은 국민 대다수를 소외시키고 관료와 재벌, 소수 기득권만을 배 불리는 극단적 상황이라는 게 김 본부장의 진단이다. 한마디로 "정권, 관료, 재벌이 조장한 부동산투기가 이 나라를 무너뜨리고 있다."라고 그는 일갈했다. 문재인 정권은 스스로 권력을 쟁취한 게 아니다. 천만 촛불 시민이 쥐여준 것이다. 그런데도 너무 느슨하고 안일했다. 촛불혁명의 여망을 깊이 새겼다면 치열하고 과감했어야 했다. 어느새 또 다른 기득권 보수세력이 되어 그저 개혁하는 척 시늉만 한 것 아니냐는 비판도 이젠 부질없다. 너무 늦었다. 하다 하다 '호텔 개조'가 대책이라니, 만시지탄의 한숨만 깊어진다.

09 | 집 부자 세금 깎아주겠다는 이재명의 '자기모순'

2021. 12. 21.

민생경제를 고려한다면서 다주택자 양도세 중과 유예?
이재명의 실용도 윤석열의 공정처럼 진의를 의심받을 수밖에

대선판이 희한하게 돌아간다. 희망은 안 보이고 추문과 표퓰리즘만 요란하다. 추문을 덮으려는 내로남불, 소신을 뒤집는 자기모순이 버젓이 벌어진다. 이재명·윤석열 여야 양강 후보가 펼치는 경쟁이 딱 그 수준이다. 입만 열면 공정을 외치던 윤석열 국민의힘 후보는 정작 자기 일엔 그러지 않았다. 사과 대신 그토록 비난하던 '내로남불'을 몸소 시전했다. 부인의 허위경력 자체도 문제이지만 이를 감싸려 한 윤 후보의 태도가 더 큰 문제다. 그렇게 한순간에 윤 후보의 공정은 오염되고 말았다. 미래는 보여주지 못하면서 그나마 갖고 있던 상징자본을 탕진하고 만 꼴이다. 앞으로 어떻게 공정을 입에 올릴 것인가. 스스로 민망할 것이다.

이재명 더불어민주당 후보의 행보도 영 수상하다. 입만 열면 "불로소득 차단.", "보유세 강화."를 외치더니 이젠 대놓고 거꾸로 간다. 보유세, 양도세 완화카드로 부동산 세제를 후퇴시키려 한다. 종부세 폐지를 공언한 윤 후보와 세금 깎아주기 경쟁이라도 하겠다는 건가. 1가구 1주택 보유세 완화 필요성을 부인하지 않는다. 집 한 채 갖고 있을 뿐인데 문재인 정부 부동산정책 실패의 결과로 집값이 폭등해 세 부담이 폭증한 만큼 감면해주는 게 맞다고 본다.

그러나 금도가 있다. 어려움에 처한 민생경제를 고려한다면서 다주택자 양도세 중과를 유예해주겠다는 건 참으로 이해하기 어렵다. 집 부자들 세금 깎아주는 게 어려움에 처한 민생경제와 무슨 상관인가. 다주택자들은 문재인 정부 부동산정책의 최대 수혜자들이다. 집값 반드시 잡겠다던 문재인 정부는 거꾸로 집값 띄우는 정책을 폈다. 촛불혁명의 배신이자 대국민 사기였다. 이렇게 서민 뒤통수치는 정책에 제로금리의 유동성이 결합했다. 그 결과가 미친 집값이다. 그러니 대국민 사기극의 최대 수혜자들을 어려움에 처한 민생경제의 피해자로 둔갑시키는 건 그 자체로 2차 사기다. '불로소득 차단'이 아니라 퇴로를 열어주는 '불로소득 보장'이기도 하다.

지금은 집 부자 세금 깎아주기 경쟁이나 할 때가 아니다

정책 신뢰가 다시 한번 무너지는 건 더 큰 사회적 손실이다. 집권하면 또 바뀔 정책, 뭣 하러 믿고 따르겠나. 이래저래 게도 구럭도 잃는 패착이다. 김부겸 총리가 제동을 건 것은 그나마 다행한 일이다. 이쯤 되면 이재명의 실용도 윤석열의 공정처럼 진의를 의심받을 수밖에 없다. 소신과 원칙도 버리는 실용이라면 바람 따라 오락가락하는 기회주의일 뿐이다. 어려움에 처한 민생경제의 현주소가 집 부자들일 수는 없다. 미친 집값에 '이생망'의 절망에 빠진 무주택 서민, 미친 집값에 미래를 빼앗긴 청년세대를 빼고 민생경제를 논할 수 없다. 그런데도 서로 집 부자 세금 깎아주기 경쟁만 할 뿐 이들을 위한 정책 경쟁은 보이질 않는다.

대한민국은 지금 아파트로 동강났다. 미친 집값이 가른 양극화 세상이다. 그 성채에 입성한 이들과 바깥의 서민들은 같은 세상을 사는 게 아니다. 이를 해결해야 희망이 싹트고 미래가 열린다. 집 부자 세금 깎아주기 경쟁이나 할 때가 아니다. 이재명, 윤석열이 펼치는 대선판에서 희망을 찾기 어려운 이유다. 금융권 고위인사 K는 "이 후보가 왜 그렇게까지 하는지 이해할 수 없다."라고 말했다. K는 이 후보 지지자다.

10 무풍지대, 재벌 저택…
루소가 본 대한민국

2021. 05. 05.

지금 루소가 환생한다면 단연코 대한민국 서울을 주목
욕망이 아파트로 질주, 미친 집값이 욕망 재생산하는 악순환

 태초에 땅은 그 누구의 것도 아니었다. 공기나 강물이 누구의 소유일 수 없듯 땅도 마찬가지였다. 자연과 인간은 공존할 뿐이었다. 그러던 어느 날 자연의 질서가 깨지는 사건이 벌어진다. 인류 A가 땅에 울타리를 치고는 "이 땅은 내 것."이라고 공언한 것이다. B도, C도 따라 했다. 인류는 그렇게 울타리를 친 자와 치지 못한 자로 나뉘었다.
 울타리 친 자들은 뭉쳤다. 법과 제도를 만들어 울타리를 굳히고 유지했다. 그렇게 탄생한 법과 제도는 약자에게는 새로운 구속을, 부자에게는 새로운 힘을 부여해 자연적 자유를 영원히 파괴하고 소유와 불평등을 단단하게 고정시켰다. 18세기 프랑스 사상가 장 자크 루소가 갈파한 '인간 불평등의 기원'이다.

지금 루소가 환생한다면 단연코 대한민국 서울을 주목할 것이다. 서울은 울타리 친 자와 치지 못한 자의 세상이 극명하게 갈린 지구촌 최악의 양극화 도시다. 그 중심에 '미친 집값'의 상징, 아파트가 있다. 욕망은 아파트로 질주하고 '미친 집값'은 다시 욕망을 재생산하는 악순환이 반복 중이다. 무주택 서민은 그 무한루프 밖으로 내쳐졌다. 그 울타리가 너무 높아 그들에겐 '이생망'(이번 생은 망했다)의 절망만 가득하다.

탐욕을 탓할 수는 없다. 탐욕은 자본주의 시장경제를 유지하고 발전시키는 원동력이다. 오직 문제는 유한한 자원인 땅을 탐욕의 수단, 투기의 대상으로 삼도록 부추긴 정부 정책이다. 부동산만큼은 자신 있다는 공언이 무색하게도 문재인 정권은 너무 느슨하고 무능했다. 설상가상 국민을 속였다. 신뢰가 무너진 정책은 약발이 떨어진 지 오래다. 울타리가 가장 높고 넓은 곳 서울 한남동 재벌가는 아예 정책 무풍지대다. 최근 UPI뉴스의 탐사보도 '재벌가 남산캐슬은 공사중'은 딴판인 세상, 또 다른 서울을 생생하게 보여줬다.

이들의 저택은 수백 평이 기본인데, 더 넓게 확장하거나 신축하느라 여기저기 공사가 한창이었다. 이 세상 사람이 아닌 어느 회장님은 여전히 한동네에 저택 다섯 채를 보유 중이고, 따님은 연면적 1,600평인 대저택을 신축 중인 사실이 드러났다. '영토 확장'만이 아니다. 저택을 회사에 팔았다가 헐값에 되사 배임·횡령이 의심되는 사례도, 1,300억 조세포탈 혐의로 재판 중인 회장님의 저택에 해당 회사가 120억 근저당권을 설정해 세무당국의 압류를 막으려는 꼼수 정황도 포착됐다. 재벌가 '남산캐슬'은 루소가 갈파한 소유와 불평등의 최정점이었다.

세습자본주의 사회로 깊숙이 진입, 무주택 서민은 절규

불평등이 극심하다고 해서 루소의 외침처럼 문명과 부를 거부하고 자연 상태로 돌아갈 수는 없다. 부자들이 더 넓고 좋은 집에 사는 것을 두고 시시비비할 일도 아니다. 주목할 것은 유한한 자원의 쏠림과 남용을 막는 의지와 실천이 있느냐다. 과거 군부독재 정권의 연장인 노태우 정부도 토지공개념을 법제화하고, 기업의 비업무용 토지를 강제 매각하도록 하는 등 과감한 개혁을 단행했다. 촛불혁명 정부라면서 지난 4년 문재인 정부에선 이에 견줄 과감한 개혁은 시도조차 없었다. 국민은 대권에다 의회권력, 지방권력까지 몽땅 몰아줬는데도 왜 그 모양인지, 한심하고 참담한 일이다.

그리하여 지금 대한민국, 적어도 수도권에선 "열심히 일해서 대출받아 집 사고 결혼하는 공식은 깨진 지 오래."(이재명 경기지사)다. 부모의 재력에 따라 나의 미래가 결정되는, 신분제나 다름없는 '세습자본주의' 사회로 깊숙이 진입했다. 그런 사회의 무주택 서민은 더 이상 선택지가 없다. 울타리 밖 벼랑 끝에서 절규하거나 절망할 뿐이다.

8장

사람과 사람⋯
의미 없는 삶은 없다

01 "처음부터 보수는 실패했다."
삶의 끝자락까지 시대 흐름 놓치지 않는 경제학자 조순

2020. 01. 01.

"나라의 중심을 세울 진짜 보수가 없다."
"지도자의 질 높아지지 않으면 10년 지나도 달라질 게 없다."

   서울대 교수, 경제부총리, 한국은행 총재, 초대 민선 서울시장, 한나라당 총재…. 경제학자 조순(91)의 이력이다. 정·관·학계를 아우르는 광폭 스펙이다. 이름 뒤에 어떤 직함을 붙여야 할까.

   "교수라고 해주세요. 원래 교수였으니." 2019년을 하루 남겨둔 30일 오후 서울 관악구 행운동 조 전 교수의 자택을 찾았다. 다리가 불편해 보였다. 의자에서 일어설 땐 양손에 지팡이가 쥐어져 있었다. 그렇다고 건강에 큰 이상이 있는 건 아닌 듯했다. 혈색, 발음, 언변에서 그 연령대의 연로한 기색을 찾을 수

2019년말 필자와 인터뷰하는 91세의 조순.
2년6개월 지난 2022년 6월 94세 일기로 타계했다. (UPI뉴스)

없었다. 조 전 교수는 1928년 2월 1일생, 한 달 뒤면 만 92세가 된다. 시대 흐름을 읽고, 천하를 내다보는 일은 원로학자 조순의 숙명인가. 요즘도 그는 매일 아침 파이낸셜타임스를 읽는다고 했다. 다만, 함께 보던 중국 인민일보는 요즘 보지 못한다. 언젠가부터 배달이 뚝 끊겼다고 한다. 미루어 짐작할 만한 일이다. 요즘 세상에 종이신문, 그것도 인민일보를 배달받아 보는 이가 몇이나 될 것인가. 종이신문의 시대는 점점 멀어지고 있다.

2020년, 새로운 10년을 여는 첫해 새 희망을 품을 수 있을까. 구순의 학자는 거꾸로 걱정을 토로했다. 정치도, 경제도, 남북관계도 그의 전망은 어두웠다. 당장 해빙 무드였던 북미관계가 어느새 과거로 회귀하고 새해 초 북한의 도발 가능성마저 고개를 든 터다. 2018년 4월 남북정상회담 전만 해도 조 전 교수는 "북한은 달라질 것이다. 이전과는 완전히 다른 길을 갈 것."이라며 낙관했었다. 그러나 이젠 "트럼프도 잘했다고 보기 어렵지만 결국 김정은의 책임이다. 남한 사람들도 속은 거다."라며 낙관론을 버렸다. 조 전 교수는 "남한도 북한도 희망이 없다. 실행하고 서로 믿도록 해야 하는데 우린 그걸 못하고 있다."라고 진단했다. "통일이라는 게 결국 서로의 신뢰에서 생기는 건데, 이래서 무슨 통일이 되겠냐."라며 탄식했다. 조 전 교수는 "결국 김정은이 성의를 보여야지. 입으로만 하는 게 아니라는 걸

보여야지."라고 콕 집어 말했다. 말로만이 아니라 실제로 핵을 포기하고 '빅딜'을 하라는 얘기다.

한국의 경제 침체와 사회 갈등의 해법으로는 국민, 특히 지도자와 엘리트의 질을 언급했다. "국민의 질, 특히 지도자의 질이 좋아져야 사회와 나라가 달라진다."라는 설명이다. 조 전 교수는 "그게 안 되면 10년이 가도 나아질 게 없다."라면서 "지도자의 질이 썩 좋았던 때가 별로 없는데, 특히 이명박·박근혜·문재인 시대에 와서 많이 떨어졌다."라고 지적했다. 그러면서 조 전 교수는 이 대목에서 보수의 책임을 강조했다. "보수가 나라의 중심을 잡는 법인데, 그런 일을 하는 진짜 보수가 없었다."라고 진단했다. 그는 "우리는 처음부터 보수가 실패했다. 보수가 없었다."라고 말했다.

─**민주주의는 다양성인데, 정치권은 여전히 좌·우, 진보·보수 이분법으로 사회갈등을 부추기지 않나?**

"양분화도 정직하게 하면 된다. 토론을 한다든지 자유롭게 하면 괜찮다. 상대방이 좋은 게 있으면 양보를 한다든지. 그런데 우리는 자신이 이기려는 의도밖에 없다. 또 우리는 처음부터 보수가 실패했다. 보수가 무엇인가. 그 나라의 중심을 잡는 것이 보수다. 그런데 사사오입 개헌부터 군사정권과 거기에 붙었던 권력들이 보수를 자처하며 생존을 도모하고 커졌다. 이제는 기득권을 지키려고 하는 것밖에 안 된다. 내가 정말 이 나라의 중심이다는 포부를 가진 보수는 없었다고 본다."

조 전 교수는 진짜 보수는 없었다고 단언했다. 과거 수차례 인터뷰에서도 "보수세력이 중심을 잡고 보수의 역할을 해야 하는데 단순히 이념에 사로잡혀 빨갱이 타령이나 하고 있다."라며 비판하곤 했다.

─보수가 처음부터 실패했다는 건 무슨 말인가?

"이승만 시대 초기의 경제정책은 그런대로 괜찮았다. 농지개혁을 했고 인플레도 잡았다. 이승만의 실패는 건국의 공은 세웠지만 소위 '나라 만들기'엔 실패했다는 거다. 나라가 그냥 대한민국 출범, 이걸로만은 안 된다. 세 가지를 해야 한다. 첫째는 갈기갈기 찢긴 국론을 통일해 안정시키는 것, 둘째는 정치경제 방향을 제시하는 것, 셋째는 개인의 행동이 후세에 모범을 보여 전통과 관습을 세우는 일이다. 이걸 이승만은 못 했다. 첫째는 이념 투쟁이 워낙 심했기 때문에 국론 통일이 어려웠으니 많이 탓할 수는 없는데 둘째, 셋째는 완전히 실패했다. 사사오입 개헌, 3·15 부정선거로 4·19혁명을 촉발했고 개인 행동에 있어서도 모범을 보일 만한 일을 하지 못했다. 초대 대통령이 해외로 망명하는 일이 어디 있을 수 있는 일인가."

그래서 조 전 교수는 해방 이후 70여 년을 후하게 평가하지 않았다. 초대 이승만 정권에 대해선 건국의 공은 있으나 제대로 된 나라 만들기엔 실패했다고 평했다, 또한 박정희 정권에 대해선 한강의 기적을 이뤄 절대빈곤에서 벗어나게 했지만 수출·성장 지상주의, 정경유착 등의 부정적 유산을 남겼다고 평했다. 그 결과 오늘의 한국은 정치·경제·사회적으로 '균형 잃은 나라'가 돼 있다는 게 그의 진단이다.

─한국이 처한 상황이 그렇게 심각한가.

"우리 역사를 봐라. 이율곡이 개혁하자고 소리 높여 외쳤는데 임진란(1592년)이 터져 8년간 나라가 뒤집힐 정도로 욕을 봤다. 그런데도 이후 전혀 개혁이 없었다. 그 뒤 병자호란(1636년)을 만났는데 또 전혀 과거를 탈피하지 못했다. 그렇게 죽 내려와 나중에 한 것이 갑오개혁(1894년)인데, 이건 일본인들이 하라고 해서 일본 지휘 아래 진행된 것으로 일본 침략을 돕는 역할을 했다. 그런 역사를 단절해야 하는데 지금 한국은 어떤가. 한국이 제 목소리 내고 방향을 잡아야 한다. 그게 미국도 중국도 일본도 두려워하는 거다. 강대국 눈치만 보고 제 목소리 못 내고 어디 붙으면 유리할까 생각하는 수준으로는 치욕의 역사를 단절할 수 없다. 그게 조선을 삼키려 강대국이 각축하던 1894년의 상황이다."

조 전 교수는 "자기 힘으로 나라를 세워가고 지켜나가려 해야지 의존하려는 생각부터 버려야 한다."라고 강조했다.

―2020년은 새로운 10년을 여는 첫해다. 2020년대 한반도의 운명, 어떻게 달라질까?

"어떤 나라를 막론하고 나라가 좋아지고 나빠지는 것은 그 나라 지도자의 질에 달렸다. 그 주변의 엘리트의 질도 중요하다. 나아가서는 국민의 질이 좋아져야 그 나라가 좋아지고 새로운 운명이 전개된다. 결국 지도자의 질이 좋아져야 하고 국민이 행동과 사고를 제대로 할 줄 알아야 한다. 그걸 못하면 10년이 지나도 달라질 게 없다."

―지도자의 질에 문제가 있나?

"지도자의 질이 썩 좋았던 때가 별로 없다. 특히 우리 기억에 남는 것은 마지막 서너 지도자들이다. 이명박, 박근혜, 문재인 등. 견식, 국민 통솔 능력 등 이런 것들이 다 부족했다. 이명박의 경우 한반도에 운하를 만들겠다면서 4대강 문제를 들고나오고, 박근혜는 최순실을 모범으로 삼았다. 말이 안 되는 거다. 문재인 정권도 소득주도성장이라는 희한한 이데올로기를 가지고 있다."

조 전 교수는 2015년 말 인터뷰에서는 "세상은 이미 뉴노멀 시대다. 더 이상 고도성장은 없다. 수출만 잘해봐야 이제 별 재

2019년말 인터뷰후 찍은 기념 사진. 가운데가 필자, 왼쪽은 신왕승 비서.

미가 없다."라면서 경제민주화 필요성을 강조했었다. 부동산 중심 경기부양책에 대해서도 "장래 안정과 성장에 역행하는 것."이라고 비판했다.

―100년 전 구한말 때 사대외교를 하다 망국의 길로 갔다. 그때와 비교하면 지금은 어떤가?

"우리는 구한말 시대에 힘이 없었다. 그런데 힘이라는 것은 자기가 만들어야 하는 것이다. 노력을 안 해서 힘이 없었던 거다. 조선시대에 율곡의 10만 양병설이 있었지만 이를 실행하지 않았다. 이제는 미·중·러에 의존하려는 생각을 버려야 한다. 영원한 친구도 영원한 적도 없다. 남을 믿을 것이 아니라 자기를 믿어야 한다. 우리 국민의 능력이 부족한가. 아니다. 다 할 수 있는데 안 해서 그렇다."

조 전 교수는 율곡 이이(1536~1584)의 문장을 즐겨 인용한다. 그중 하나가 "천하의 일은 잘되지 않으면 잘못되고, 나라의 대세는 다스려지지 않으면 어지러워진다."라는 명언이다. 나이 서른에 당대 왕인 명종(재위 1545~1567)에게 올렸다는 직언으로, 천하는 잘되지 않으면 잘못되는 것이지 중간은 없다는 의미다.

조 전 교수가 440여 년 전 조선 중기 석학이자 정치가의 명언을 즐겨 인용하는 것은 현 세대에 보다 넓고 깊은 함의를 전달하고 싶기 때문일 것이다. 율곡이 남긴 명언의 핵심은 "잘되고 잘못되고, 다스려지고 어지러워지는 것은 실로 사람에게 달려 있다."라는 것이다. 조 전 교수는 "율곡 선생의 말씀은 어느 나라 어느 시대에도 들어맞는 진리."라며 대통령과 위정자들을 겨냥해 "진정성과 성의를 갖고 대책을 마련하고 국민들이 믿도록 해야 한다."라고 말했다. "국민들에게 정부에 대한 믿음을 주는 것, 이게 경제 대책이든 뭐든 모든 정책의 첫걸음."이라고, 조 전 교수는 강조했다.

"대통령 빼고는 다 해보신 것 아닌가요?" 소리 없는 웃음에 흰 눈썹이 올라갔다. 2022년 향년 94세 타계한 조순 교수를 다시 만났을 때다. 경제부총리와 한국은행 총재, 초대 민선 서울시장, 한나라당 총재가 과거 그의 삶을 채운 자리들이다. 그러나 그가 '원래 교수'라고 강조하듯 그의 큰 족적은 한국 경제학계에 뚜렷이 새겨져 있다. 인터뷰에서 그는 경제학자로서의 충고도 잊지 않았다. "작금 경제학이 자꾸만 미시적으로 가고 있어 천하대세를 잘 보지 못하는 방향으로 치닫고 있다."라는 것이다. 조 교수는 "영국 엘리자베스 여왕이 금융위기가 왔을 때 유명한 경제학자들에게 '당신들은 머리도 좋고 공부도 많이 했는데 왜 몰랐느냐.'고 했다."라는 일화를 소개하면서 큰 흐름을 읽는 경제학의 중요성을 강조했다.

아울러 쇠퇴하는 인문학에 대해 우려를 나타냈다. 인문학이 죽으면 방향을 잡을 수가 없다는 것이다. 조 교수는 "선악 구별이 안 되고 가치판단이 안 선다. 인문학을 모른다는 건 인간을 이해하지 못한다는 것."이라고 말했다.

조순은

1928년 강릉 출생
1946~1949 경기고, 서울대 상학
1957~1960 美보든대학 경제학 학사
1960~1967 美캘리포니아대 버클리캠퍼스 경제학 박사
1975~1979 서울대 사회과학대 학장
1988.12~1990.3 제17대 경제기획원 장관, 부총리
1992~1993 한국은행 총재
1995.7~1997.9 제30대 서울시장
1997.11~1998.8 한나라당 총재
2022년 6월 타계.

02 | 가난을 어떻게 해결할 것인가?
학창시절부터 거대담론 품은 경제석학 박승

2016. 09. 12.

한은은 인생의 고향, 독립성 강화하는 한은법 개정을 밀어붙여
주경야독하며 서울대 입학, 빈곤을 해결하는 문제가 최대 관심사

푸른 벼 청도(青稻). 박승(80) 전 한국은행 총재의 호다. 스스로 지었다. 두 글자엔 그의 80년 인생이 함축돼 있다. 어린 시절의 가난과 주경야독의 고단함과 그 기억들이 거기에 있다. 경제학을 공부해 강단에 서고 나랏일을 하게 되는 인생 항로의 출발점도 거기다.

어린 시절부터 그는 농사를 지었다. '청도'는 아련한 그 시절의 기억으로 그의 인생 전체를 관통하는 키워드다. 푹푹 찌는 무더위에 논바닥의 흙냄새와 농부들의 땀 냄새, 거기에 더해진 푸른 벼 냄새는 그에게 고향의 원형 같은 것이다. 세월을 따라

2002년 한국은행 총재 시절의 박승. (사진: 박승 제공)

고향의 외형이 바뀌어도 그 원형은 마음속에서 영원한 것이다. 그는 지금도 그 냄새를 기억한다고 했다. 자택 서재에서 그의 인생을 논하는 자리. 시작은 그래서 청도 향기 가득한 그 시절의 추억이었다.

―**농사를 언제까지 지으셨나?**

"대학도 농사지으며 다녔지. 등록만 하고 고향 김제로 내려와 농사를 짓다가 시험 때만 올라가 동기들에게 노트를 빌려 시험을 봤다. 그런 식으로 2년을 보냈는데 도저히 안 되겠더라. 일단 군대를 갔고 복학하면서 논을 절반 정도 팔아 서울 마포에서 자취를 시작했지. 복학하면서 제대로 강의를 듣고 성적도 좋아지기 시작했다."

소작농의 아들인 그에게 농사는 가족을 부양하는 생업이면서 가난의 굴레였다. 농사철엔 학교에 가지 못했고 수업료를 내지 못해 시험도 못 치르고 귀가하기도 했다. 대학도 원래 해군사관학교에 지원해 합격했다. 돈을 들이지 않고 갈 수 있는 곳이었기 때문이다. 그러나 경제학자의 꿈을 버릴 수 없었고 또 가족 부양문제가 걸려 재수를 택했다. 낮에 농사짓고 밤에 등잔불 아래서 공부하며 1년을 보내고 들어간 곳이 서울대 경제학과였다.

―주경야독하며 서울대 가기가 쉽지 않았을 텐데.

"틀림없는 주경야독이었지. 그해 쌀 다섯 가마를 저축했는데 서울대 등록금이 그 정도였다. 그런데 정작 시험을 잘 보지 못했다. 틀림없이 떨어졌다고 생각했는데 희한하게 합격했다."

그가 경제학을 선택한 동기도 가난이었다. 수업료를 내지 못해 시험도 보지 못하던 시절 소년 박승의 머릿속엔 거대담론이 똬리를 틀었다. '가난을 어떻게 해결할 것인가.' 그는 "빈곤을 해결하는 문제가 나의 최대 관심사였다."라고 말했다.

―경제학을 공부해 교수, 청와대 경제수석, 건설부 장관, 중앙은행 총재까지 지내셨다. 가난이 준 선물인 셈인가?

"학창 시절 내가 장관 하고 한은총재 하리라고 생각도 못 했다. 내가 기대한 것보다 훨씬 잘된 건데, 왜 그런가 생각해본 적이 있다. 나는 개인보다 사회를 먼저 생각하는 사고가 어려서부터 확고했다. 소외된 사람, 약자에 대한 배려심도 많았다. 내가 어렵게 자라서 그랬겠지만 그게 큰 자산이었던 것 같다."

이런 품성을 엿볼 수 있는 일화. 한은 행원 시절 대학 동기들과 영종도 을왕리 해수욕장에 놀러 갔다가 태풍을 만났다. 지금은 인천대교로 연결돼 있지만 당시는 인천에서 배로 두 시간 거리. 돌아갈 배는 한 대밖에 오지 않았다. 서로 올라타려고 난리가 났다. 밧줄을 잡고 기어오르는 위험한 상황. 청년 박승은 승선을 포기하고 교통정리에 나섰다. 이미 배에 올라탄 친구들은 그 모습을 안타깝게 지켜봐야 했다.

─교수와 관료, 어느 쪽이 천직인가?

"교수다. 내 지식을 젊은 제자들에게 전달하는 것, 그것이 아주 좋았다. '열강'을 했지. 제자들도 빨려 들어오고, 제자들과 하나가 되는 그런 시간이었다. 지금은 보편화되었지만 그때만 해도 교수가 제자들에게 평가받는 일은 없었다. 그런데 난 모든 과목에 대해 제자들에게 평가를 받았다."

그는 자서전『하늘을 보고 별을 보고』에서 "강단에 서면 굿판의 무당처럼 신이 났다."라고 회고했다. 그런 그를 학생들은 후하게 평가했다. 학생들에게 A학점을 받은 셈이다. 강단에서 보낸 시간이 가장 길기도 하다. 중앙대 교수로 지낸 시간이 26년. 이에 비해 한은에서 19년을 보냈고 정부에 몸담은 건 2년에 불과하다. 교수는 그에게 평생의 꿈이었지만 사회생활의 시작은 한은이었다. 한은은 그에게 삶의 새 지평을 열어줬다. "가난에서 벗어나게 하고 방황과 불안에서 안정과 도약의 길로 인도하는 계기가 되었다."라고 그는 회고했다. 교수가 되는 과정은 우연적이다.

"1968년인가 필화사건이 터졌다. 당시 국제수지가 막대한 적자였는데 환율 때문이었다. 원화가 너무 고평가되어 있었던 거다. 총재가 재무부 장관을 초청해서 브리핑을 하자면서 나더러 준비하라는 거다. 급히 원고를 쓰고 서봉균 당시 재무장관 앞에서 브리핑은 잘 끝냈다. 그런데 이 내용이 다음날 동아일보 톱기사로 나와 버렸다. 우리는 건의한 것뿐인데 당장 환율을 인상하는 것처럼 썼더라. 아니나 다를까 중앙정보부에서 들이닥쳐 부총재보까지 줄줄이 잡아갔다. 남산 분실로 끌려갔는데 들어가자마자 주먹질부터 하더라. 여기저기서 신음소리 나고. 그 사람들 참. 누가 자료를 동아일보에 줬냐는 거다."

그는 일주일 조사를 받은 끝에 하지 않은 일에 대해 "내가 그랬다."라고 시인하고 말았다. 누군가는 유출 책임을 져야 다들 풀려날 것이기에. 그 일로 한은을 그만둬야 할 처지가 되었는데 이후 유출 경위가 밝혀졌다. 기자가 대학 친구인 행원을 만나러 한은 사무실을 찾았는데 거기에서 자료가 유출된 거였다. 죄 없이 모든 걸 뒤집어쓴 꼴이 된 건데, 한은 집행부는 한은 최초의 해외 학술연수 프로그램에 그를 선발하는 것으로 마음의 빚을 갚았다. 뉴욕주립대에서 석·박사 학위를 받고 강단에 서게 되는 인생의 전환점은 그렇게 우연히 찾아왔다.

―정부에 계실 때도 큰일들을 하시지 않았나?

"청와대 경제수석이 됐는데 어떻게 발탁된 것인지는 모른다. 당시 노태우 대통령과는 일면식도 없었다. 내게 맡긴 최대 임무가 노 대통령 공약, 주택 200만 호 건설이었다. 그런데 서울에 땅이 있나. 광화문 측량원표 기준으로 25㎞ 지점에 신도시를 건설하는 발상이 그래서 나왔다. 분당, 일산, 산본, 평촌, 인천 중동 다섯 개다. 이 계획을 경제수석 때 세웠는데 계획을 세웠으니 집행하라며 건설부 장관으로 임명하더라."

─한편으로 토지공개념을 도입했는데.

"부동산값 상승이 국민생활 빈곤화의 근본원인이라는 생각에 이 제도의 도입을 대통령에게 누차 말씀드렸다. 노 대통령이 보수적 군인이지만 민생에 필요하다는 개혁엔 적극적이었다. 토지공개념이 토지소유자에게 불이익을 준다는 것을 알지만 주택문제를 해결하기 위해 필요하다고 판단한 것이다."

보수정권에서 역대 가장 진보적 정책을 추진한 것인데, 그런 그의 눈에 빚내서 집 사라는 현 정부 정책은 어떻게 비칠 것인가. 그는 "가계부채를 늘리고 집값을 올리는 정책은 앞으로 남고 뒤로 밑지는 나쁜 정책이다."라고 말했다. "앞으로 남는 건 일시적으로 경기가 좋아진다는 것이고 뒤로 밑지는 건 집값 상승으로 서민 가계의 부담을 키우고 후손들이 집을 갖지 못하게 하며 국민 생활 수준을 떨어뜨리는 것."이라는 설명이다. "부동산 중심 사회에서 벗어나야 선진국이 될 수 있다."라는 건 그의 지론이기도 하다.

─부동산 중심사회는 뭐가 문제인가?

"사람들이 불필요하게 넓은 땅과 큰 집을 차지하려 하기 때문에 땅과 집이 부족하게 되고 땅값, 집값이 오르게 된다. 이는 생산소득이 아니고 후세들의 부담으로 이뤄지는 비생산적 소득인 만큼 오를수록 삶의 질은 나빠진다."

2001년 2월 말 그는 중앙대에서 정년 퇴임했다. 3월 10일 전윤철 청와대 비서실장에게서 전화가 왔다. "한은 총재에 내정됐다. 19일 국무회의에서 의결하는 대로 발표할 거다." 그는 자서전에서 "그렇게 기쁠 수가 없었다. 한은은 내 인생의 고향이다. 66세에 이런 곳에서 마지막 봉사를 할 수 있게 된 것은 더할 수 없는 영광이다."라고 회고했다.

─한은 총재 시절 독립성을 강화한 것으로 평가받는데.

"중앙은행은 발권력을 갖고 있다. 늘 바뀔 수 있는 정부에 이를 맡겨 놓으면 정치적 목적으로 남용하거나 당장의 편익 때문에 물가안정을 소홀히 할 우려가 있다. 그래서 독립성이 필요한데 1950년 창립 이래 독립성은 없었다. 재무부 남대문 출장소라고 하지 않았나. 그래서 독립성을 강화하는 한은법 개정을 밀어붙였다. 인건비를 제외한 한은 예산에 대한 재경부 장관의 승인권도 그때 폐지됐다."

그는 온화한 성품이지만 독립성을 지키는 데는 대쪽 같았다.

경제석학 박승. 청와대 경제수석, 건설부 장관,
한국은행 총재 등 오랜 시간 고위관직을 지냈으나
"천직은 교수"라고 했다. (사진: 박승 제공)

총재 시절 정부에서 금융통화위원들에게 금리인상 반대를 주문했다는 소리에 당시 장관에게 전화를 걸어 고함치며 항의한 일화는 유명하다. "고함소리가 어찌나 컸던지 비서진들이 놀라 뛰어들어왔다."라고 한다.

─화폐개혁도 추진하지 않으셨나?

"2008년 1월 1일 단행하는 것으로 화폐개혁을 추진했다. 1,000원을 1환으로 바꿔 원·달러 환율을 1대1로 유지하고 고액권은 100환(10만 원), 50환(5만 원)을 발행하려 했다. 도안 인물로 100환엔 김구 선생, 50환엔 신사임당을 채택했다. 정부는 인플레를 자극할 수 있다거나 뇌물 주기 편해져 부패를 조장할 우려가 있다며 부정적이었다. 시간이 흐르고 보면 어느 때인가 화폐제도 개혁 지연을 후회할 때가 올 것이다."

그의 좌우명은 선심후물(先心後物). 물질보다 마음이 더 중요하다는 말이다. 이런 철학이 정치·경제적 이념에 그대로 반영된 듯하다. 박 전 총재는 "시장경제 부문에서는 확고한 시장주의자라는 점에서 보수적이지만 공공부문에서는 시장원리보다 사회공익을 중시한다는 점에서 진보적이다."라고 자평했다. 부동산 중심 사회에서 하루빨리 벗어나야 한다는 지론도 이런 철학에 뿌리를 두고 있는 것으로 보인다. 사후에 재산을 사회에 환원하기로 하고 서울대병원에 장기기증을 서약한 것도 마찬가지다.

끝으로 경제전망을 물었다. "갈수록 어려워질 것이다. 지금 위기는 과거 위기와는 근본적으로 다르다. 과거엔 고비만 넘기면 성장력이 복원되는 위기였다. 잠재성장률은 높았기 때문이다. 지금은 고비를 넘긴다고 해도 구조적 개혁이 있지 않는 한 복원되지 않는다. 잠재성장력 자체가 망가졌기 때문이다. 이걸 높여야 하는데 지금과 같은 단기부양책으로는 안 된다."

박승은

1936년 전북 김제 출생
1954년 이리공고 졸업
1961년 서울대 상대 졸업, 한국은행 조사역
1974년 뉴욕대 경제학 박사
1984년 중앙대 정경대학장
1988년 청와대 경제수석
1988~1989년 건설부 장관
2002~2006년 한국은행 총재.

03 "복지가 좌파정책? 세계 어디서도 들어본 적 없는 얘기."

좌우 넘나드는 책사 김종인

2011. 10. 05.

복지는 이념의 문제가 아니라 시대정신

보수를 지키기 위해 보수가 먼저 양보를 해야 한다

"엠비노믹스? 그런 게 어디 있나.", "복지는 좌파가 하는 거라고? 세계 어디서도 들어보지 못한 얘기다." 여와 야, 보수와 진보의 이분법으로 볼 때 김종인 전 의원은 여권·보수 인사다. 전두환 정부에서 여당(민정당) 국회의원을, 노태우 정부에서 보건사회부 장관, 청와대 경제수석, 여당(민자당) 국회의원을 지냈다. 17대 국회에서는 민주당 국회의원이기도 했지만 전반적인 그의 스펙은 여권 그리고 보수다.

그런데 그의 입에서 나오는 소리는 작금의 여권·보수와는 딴판이다. 오히려 그들의 논리를 뒤집으며 통렬히 비판하는 데 주

좌우 넘나드는 책사 김종인. 그는 보수 인사로 분류된다. 그러나 특정 이념에 갇히는 것을 거부한다. 정책가는 도그마에 사로잡히면 안 된다는 게 그의 지론이다. (사진: 김종인 제공)

저함이 없다. 이명박 대통령부터 오세훈 전 서울시장, 한나라당, 목소리 큰 보수단체까지 그의 눈엔 모두 함량 미달이거나 모순투성이다. 모두 시대 흐름을 제대로 읽지 못하고 있다는 게 그의 지적이다. 그는 안철수 서울대 융합과학기술원장에 대해서도 무책임하다고 비판했다. 아무 준비도 없이 어느 날 갑자기 서울시장에 도전하겠다고 나선 것이 그렇고 한바탕 바람을 일으킨 뒤 너무 쉽게 학교로 돌아간 것이 또 그렇다고 했다.

김 전 의원은 여권의 유력 대권주자인 한나라당 박근혜 전 대표의 멘토로도 알려져 있다. 이에 대해 김 전 의원은 "이따금 기회 있을 때 얘기하는 정도."라고만 했다. 그러면서도 "현재 나타난 사람 중에서는 가장 낫다고 생각한다. 신뢰할 수 있는 사람인 것 같다."라고 평했다. 김 전 의원과의 인터뷰는 지난달 30일 오전 서울 부암동 그의 사무실에서 80분가량 진행됐다. 먼저 '안철수 현상'에 대한 질문으로 인터뷰를 시작했다.

—안철수 원장이 서울시장 출마 선언할 때 자문하던가?

"난 만류했다. 8월 30일 몇 명 모였는데 얘기 나와서 그거(출마)는 좋지 않다고 얘기하고 나와 버렸다. 서울시장을 행정만 해서 아무나 할 수 있는 것으로 착각해서는 안 된다. 기업에서 일한 사람이 정부에 가서도 잘할 수 있다고 생각하는 것이 큰

병이다."

―**민감한 얘기다. 이명박 대통령도 기업인 출신인데.**

"민감할 게 뭐 있나. 현직 대통령이 하는 것 보면 모르나. 경제대통령이라고 해서 뽑아줬는데 경제가 어떤 식으로 됐나."

―**엠비노믹스를 평가한다면?**

"엠비노믹스는 없다. 747공약은 처음부터 불가능한 공약이다. 가당치도 않은 목표를 설정한 것이다. 엠비노믹스는 기업 프렌들리인데, 이것은 기업 마음대로 내버려두자는 것이다. 대한민국은 기업만 사는 나라가 아닌데 어떻게 국정지표로 내세우나. 그런데 친기업 정책을 지키지 못하니까 친서민 정책으로 바꾸더니 이제는 공정사회, 공생을 들고 나왔다. 1년도 안 가서 자꾸 바꾸고… 엠비노믹스는 없다."

―**감세 정책은 어떻게 보나.**

"법인세 감세하면 법인이 투자 많이 할 거라고 생각하겠지만 기업이 세금 때문에 투자를 하지 않는 것이 아니다. 기업은 돈을 벌 수 있다고 생각하면 무조건 투자하게 돼 있다. 법인세 감세가 투자로 이어지지 않는다는 것은 후진국, 선진국에서 이미 검증이 끝난 이야기다."

―우리는 2008년 금융위기 당시 버블을 줄이는 대신 버블을 더 키워 위기를 넘겼다. 그래서 폭발력은 더 커졌다. 이게 터지면 어떻게 되나?

"또 (이 대통령은) '올 것이 왔다'고 하겠지."

―한국 경제는 고물가와 폭발 직전의 가계 빚이 특히 심각하다. 저금리 때문 아닌가?

"저금리의 저주는 전 세계가 앓고 있는 병이다. 예를 들어 일본이 1990년대부터 제로금리를 하고 있다. 일본 경제가 정상화 됐나. 빚만 늘었다. 이제는 금리를 올릴 수도 없다. 금리를 올리면 정부의 부담이 늘어나니까. 우리도 금리를 올리면 가계 주택담보대출 상환 부담이 늘어 잘못하면 집값이 더 떨어지고 그러면 은행이 문제다. 정책을 처음부터 잘못해서 이런 상황이 온 것이다."

―한국은행은 금리정책으로 물가 잡는 게 임무 아닌가. 그래서 독립성도 보장해준 것인데.

"한국은행이 독자성이 있어야지 금리정책을 하지. 한은이 독립을 하려면 한은 총재가 몇 명이 죽어야 한다고 했다. 그 말은 한은 총재가 권력의 눈치를 보면 아무것도 할 수 없다는 얘기다."

―왜 금리인상 타이밍을 놓쳤다고 보나?

"지난해 11월 G20회의 서울 개최가 한국 경제를 왜곡되게 만들 것이라고 진작 얘기했다. 그것을 하기 위해 우리나라의 거시지표가 아름답게 보여야 하니까 저금리, 고환율 유지해서 수출 좀 많이 하게 해서 한국이 잘나가는 나라처럼 보이려고 하다가 결국 시기를 놓쳤다. G20회의 하고 나면 우리가 엄청 발전할 것처럼 얘기했지만 어찌 됐나. 오히려 안 좋아졌다. G20은 한국경제에 별 의미가 없다."

―세계 경제위기가 심각한데….

"신자유주의는 규제완화, 자유화, 민영화 세 가지가 주류다. 이런 체제에서 돈의 기능 자체가 바뀌었다. 돈 자체가 상품이 되어버렸다. 돈이 돈을 버는 파생상품을 만들다가 파생상품이 어느 단계에서 부도가 나기 시작했고, 이것이 전체 부도로 이어졌다. 버블이라는 것은 어느 단계에 가면 터지게 돼 있다. 시장경제 이론에 의하면 붕괴한 금융기관은 없어지는 것이 당연하다. 하지만 대형 금융기관이 망하면 경제에 미치는 타격이 워낙 크기 때문에 정부가 나서서 재정으로 적자를 메워줬다. 결국 금융위기가 재정위기가 됐다.

―결국 신자유주의 실패 아닌가?

"시장경제가 제대로 운영되려면 시장 문화는 막스 베버의 말처럼 절대적인 절제 문화가 필요하다. 인간은 타고나기를 스스로 절제를 못 하게 돼 있다. 정부가 해줘야 한다. 한 사람의 탐욕이 심하면 그 탐욕을 충족시키기 위해 다른 사람의 자유를 파괴할 수밖에 없다. 그런데 사람들은 신자유주의 유래도 잘 모른다. 1948년 스위스 로잔에 자유주의 경제학자 200명이 모여서 신자유주의 선언을 했다. 그 사람들은 인간의 탐욕을 억제할 수 있는 제도적 장치를 함께 도입했다. 그것이 독일 경제다. 독일은 성공적인 신자유주의 모델이다. 미국식은 아니다."

―경제위기는 언제쯤 극복될까?

"빠른 시간 내에 해결될 것 같지 않다. 이제는 경제정책의 툴이 다 없어져 버렸다. 재정도 마음대로 활용할 수 없고 금융정책도 옛날처럼 할 수 없는 상황이다."

―지난 얘기지만 무상급식 주민투표는 어찌 보나?

"복지는 자신의 능력 안에서 하면 된다. 이제까지 복지를 해서 망한 나라는 없다. 가난한 사람만 급식을 하자는 이야기인데, 부자 아이를 추려낸다고 해서 몇 명이나 추려낼 수 있겠는가. 정부는 어린아이들에 대해서는 차별하지 말아야 한다. 소득세에서 자녀공제를 적용할 때 돈 많은 사람과 적은 사람 모두 똑같이 적용한다. 이 논리를 생각해본다면 무상급식은 문제될 것이 없다."

―오세훈 시장의 오판인가?

"정치인으로 미숙하다고 본다. 김문수(경기지사)는 다 하게 해주지 않았나. 서울시는 가장 잘 사는 시이면서 어려운 사람이 가장 많이 사는 곳이다. 나쁜 말로 하면 '배는 곯는데 얼굴에 화장하자'는 게 그 사람의 정책이다. '한강 르네상스'에다 고층 건물 지으면 다 된다고 생각하는데 정치적으로 미련한 짓을 한 것이다."

―복지는 좌파 정책인가?

"그런 얘기는 세계 어디서도 들어본 적이 없다. 역사적으로 보면 제일 먼저 복지를 주창한 사람들이 바로 보수주의자다. 보수를 지키기 위해 보수가 먼저 양보를 해야 한다."

―복지 포퓰리즘으로 재정이 위험해질 수도 있지 않나?

"복지는 이념의 문제가 아니라 시대정신이다. 빅토르 위고는 '이미 도래한 아이디어는 지구상의 어떤 힘도 정지시킬 수 없다'고 말했다. 지금 복지논쟁이 같은 상황이다. 우리의 능력의 범위 내에서 조화롭게 복지제도를 만들어서 끌고 갈 것인가를 이야기해야 한다. 이미 도래한 복지사상을 가지고 한다 안 한다를 논해서는 안 된다."

―스스로의 이념 정체성을 규정한다면?.
"1989년 베를린 장벽이 무너진 이후 이념논쟁은 끝났다. 실질 정책가는 도그마에 사로잡히면 안 된다. 유능한 목수는 연장이 많은 법이다."

김 전 의원은 과거 군사정권 시절 의료보험제와 아파트 분양가 상한제를 도입한 장본인이다. 재벌이 소매업까지 손대는 것을 두고 정주영 (현대그룹) 회장과 논쟁을 벌인 적이 있을 정도로 재벌 개혁론자이기도 하다. 김 전 의원은 초대 대법원장 가인 김병로의 손자다.

> **김종인**은
> 1940년 서울
> 한국외국어대 독일어학과
> 뮌스터대학교 대학원 경제학박사
> 1973~1985년 서강대 경제학과 교수
> 제4차·5차 경제개발계획 실무위원
> 11·12·14·17대 국회의원
> 1989년 보건사회부 장관

1990~1992년 대통령 경제수석비서관
2003~2004년 건국대 석좌교수
現 대한발전전략연구원 이사장.

04 "한민족 정체 밝혀내 미래 열겠다!"

역사학자로 변신한 금융경제위기 대책반장 김석동

2016. 07. 22.

경제관료로 위기마다 해결사였던 대책반장의 사학자로의 변신

패러다임 바꿔야 할 때, 미래는 과거 연장선상에 있지 않아

"인터뷰 한번 하시죠." 기회 있을 때마다 요청했지만 늘 퇴짜였다. 이유는 항상 같았다. "세상에서 빨리 잊히고 싶은 사람인데 인터뷰는 무슨…." 김석동 전 금융위원장은 언론 인터뷰를 극도로 꺼렸다. 박근혜 정부 출범 즈음 퇴임한 이후 일체 삼갔다.

"후배들 일하는 데 방해되잖아." 그는 "이제 나의 시대가 아니다."라며 매번 고개를 저었다. 그를 인터뷰하기까지 근 1년이 걸렸다. "이거 또 낚이는 거 같은데…." 매번 퇴짜놓은 게 미안했는지 마지못해 인터뷰에 응했다. 단, 조건이 붙었다. "경제에

김석동 전 금융위원장. 2013년 초 공직에서 물러난 뒤 역사학자로 변신했다.
유라시아 영토를 누비며 한민족 DNA의 뿌리를 찾는 중이다.
그의 포부는 "한민족의 정체를 찾아 이를 무기로 미래를 열겠다"는 것.
"고대사 연구는 현재의 문제"라고, 역사학자 김석동은 역설했다. (사진: 지평인문사회연구소)

대해서는 묻지 마라. 역사 얘기만 하자."라고 했다. 퇴임 후 그는 역사학자로 변신했다. 광활한 고대사에 푹 파묻혀 산다. 인생 2막의 극적 반전이다. 경제관료로 위기마다 해결사였던 대책반장 김석동이 사학자로 변신할 줄이야.

만나자마자 그는 세계지도부터 펼쳤다. 펜 끝이 중국 동북부, 옛 만주 땅에서 출발해 몽골, 카자흐스탄을 지나 터키와 우크라이나를 찍고 헝가리까지 이어졌다. 8,000㎞에 걸친 광활한 영토다. 그가 연구하는 한민족 고대사의 현장이다. 그의 몸과 마음은 수시로 이 광활한 영토 곳곳을 누빈다. 거기에서 수 천 년 역사의 퍼즐 조각들을 모으고 맞춰가는 중이다. 서울 충정로 서대문타워 10층 그의 사무실엔 그 흔적들이 그득했다. 그의 현재 직함은 지평인문사회연구소 대표다. 법무법인 지평이 만든 연구소다.

―지금 고대사라니 왠지 한가한 느낌이다.

"고대사 연구는 현재의 문제다. 한가한 주제가 아니다. 우리가 지금 상황을 돌파할 방법은 그것밖에 없다. 우리가 누군지 알아야 그 무기를 쓸 것 아닌가. 그러니 나도 한가할 수 없다. 사는 게 이렇게 바쁜 것인가 싶을 정도로 정신이 없다."

― 고대사가 왜 현재의 문제인가?

"지난 60년 우리는 폐허 속에서 일어났다. 세계 11번째 나라를 만들었다. 기적이다. 이게 어떻게 가능한 일인가. 가장 중요한 게 한민족 DNA다. 끈질긴 생존본능, 승부사·개척자 기질, 강한 집단에너지 이 네 가지가 특징이다. 이런 한민족의 역동성이 어디에서 온 거냐? 바로 유라시아 기마민족의 DNA다. 수천년 전 엄청난 역사가 있었던 거다. 그런데 끊기고 사라졌다. 이 역사를 복원해 한민족의 정체를 밝히려는 것이다. 그래야 우리의 미래가 열린다."

그러고 보니 우리는 고대사를 제대로 배운 적이 없다. 고조선을 대동강 유역의 작은 정치적 사회 정도로만 기억할 뿐이다. 김 전 위원장이 흥분된 목소리로 풀어놓는 고대사는 어렴풋한 통념을 뒤집는다. 고조선은 BC 24세기쯤 건국해 만주 일대까지 장악한 거대국가였다는 것이다. 그리고 이 고대국가가 유라시아 기마군단의 원류라고 했다. 그는 특유의 입담으로 새롭고, 놀랍고, 흥미진진한 얘기들을 쏟아냈다.

예를 들어 12세기 아시아와 유럽에 걸쳐 3,300만㎢의 땅을 정복한 칭기즈칸은 고구려의 후예다. 시조 주몽의 후손이며 발해(후고구려)를 세운 대조영의 동생 대야발의 19세손이다. 북방민족 사학자 전원철 박사의 지론이기도 하다. 그는 『고구려-발해인 칭기스 칸』의 저자다. 오랑캐 정도로 기억하던 흉노, 선비, 돌궐, 여진도 한민족의 혈족이거나 깊은 연관성을 갖고 있다. BC 3세기 몽골고원을 통일한 흉노는 중국인에게 만리장성을 쌓게 할 만큼 공포의 대상이었는데, 단재 신채호 선생은 『조선상고사』에서 "흉노는 고조선의 속주로 우리에게서 분리된 동족."이라고 썼다.

—근현대 사학자들은 고대사 연구에 대해 무협지 같다고 하던데.

"모르는 소리다. 고증해야 할 부분이 많지만 증거들은 계속 나오고 있다. 독일 공영방송 ZDF TV가 흉노 후예인 훈족의 역사를 다룬 다큐멘터리에서 신라 기마인물형 토기 형태가 훈족의 이동경로에서만 발견된다면서 훈족의 원래 고향이 한반도일 수 있다고 방송하기도 했다. 한국전 참전 때 터키군 여단장이 '한국과 우리는 혈맹국'이라고 했는데, 그들의 선조 돌궐이 고구려와 혈맹이었기에 한 말이다."

그는 "고조선은 더 이상 신화가 아니다."라면서 "한민족 고대 역사는 최소한 고조선부터는 제대로 기록되어야 한다."라고 했다. "고조선이라는 동아시아 최강의 국가가 어떻게 형성됐고, 또 이어졌는지, 이제 그 역사가 한민족 성장 DNA를 설명해줄 차례."라는 것이다. 압축하면 그의 고대사 연구는 "기마민족 DNA를 살려 꽉 막힌 미래를 열자."라는 것이다. 그는 "우리 무기가 뭐냐. 한민족 DNA다. 이거 갖고 다시 붙어보자는 것."이라고 말했다. 작년 말 펴낸 저서 『김석동의 대한민국 경제와 한민족 DNA』는 이 같은 고민과 연구의 결과물이다.

─희망을 갖는 건 좋은데 괴리감이 있지 않나. 미래세대는 지금 이 나라를 헬조선이라고 부른다.

"헬조선이라는 건 결국 형평의 문제다. 모든 시스템을 작동하게 하는 추가 형평인데 이게 깨진 것이다. 시장을 지키려면 균형을 유지하는 노력을 해야 하는데 우선 현재를 위한 것이 복지다. 복지의 기본 개념이 시스템을 유지하기 위한 최소비용이다. 또 미래엔 사람 팔자를 바꿀 수 있게 해줘야 하는데, 그게 바로 교육이다. 어떤 거지 같은 정부도 이 두 가지는 해야 하는 거다. 그런데 최소한의 장치인 복지 갖고 이상한 논쟁이나 하고 '개·돼지' 같은 소리나 하는, 정신 나간 사람이 교육정책을 하고 있으니 나라가 제대로 되겠나."

그의 '한민족 DNA 승부론'은 추상적 담론에 머물지 않는다. "지구촌 미래를 살리기 위해 공조와 협력이 필요한데 그 장을 이끌어내는 진원지를 한반도로 보고 있다."라면서 "국제적 협력을 이끌어낼 수 있는 연구에 참여하고 있다."라고 했다. 브렉시트(영국의 유럽연합 탈퇴)로 '전쟁 없는 유럽'의 개념에 균열이 생기고, 동북아도 미·중의 긴장 구도로 전환되면서 파국을 막기 위해 국제적 공조와 협력이 굉장히 중요해지고 있다는 것이다. 철의 실크로드는 이런 구상을 실현할 핵심 프로젝트다. 시베리아횡단철도(TSR) 만주횡단철도(TMR), 몽골횡단철도(TMGR), 중국횡단철도(TCR) 4개 대륙 철도망과 한반도종단철도(TKR)를 연결하는 프로젝트다. 그는 "이 길들은 수 천년 전부터 한민족이 국가를 건설하고 활동하던 무대다."라며 "철의 실크로드가 다시 한민족의 활동무대가 될 것이다."라고 말했다. 김 전 위원장은 의미심장하게 세계가 깜짝 놀랄 제안을 준비하고 있다고 귀띔했다.

―역사에 원래 관심이 많았나?

"관심이 아주 많았지. 원래 사학과를 가려고 했다. 나의 존재, 우리 민족은 어디서 연원했는지 이게 굉장히 궁금했다. 사학에 인생을 걸어볼까 했는데 부모님이 강하게 반대하셨다."

―어쩌다 관료의 길을 택했나?

"내게 제일 안 맞는 게 공직이다. 보고하고 지시받고 이런 거 내 스타일 아니다. 좋았던 것은 판단의 근거가 공적 잣대라는 것, 또 원칙과 법대로 하면 된다는 것이다. 그런 점에서는 공직이 또 맞는다. 공공성과 원칙, 이 두 가지면 무서울 게 없지. 내가 젊을 때 한다면 하는, 결단의 사나이였다."

그가 처음 택한 길이 공직은 아니다. 대학 졸업 후 삼성물산

역사학자로 변신한 '대책반장' 김석동. (사진: 지평인문사회연구소)

에 취직했다. 돈 버는 방법을 금방 배웠다. 1년 만에 사표 쓰고 26세에 '주제실업'이라는 무역회사를 차렸다. 그러나 오일쇼크로 1년 만에 문을 닫고 말았다. 대우개발에서 연락이 와 면접을 봤지만 진득하게 대우만을 위해서 일하라는 뉘앙스에 거부감을 느껴 포기했다. 공직을 택한 것은 우연적이다. 대우 면접 후 녹번동 집으로 돌아가는 길에 서울역 앞에서 산 서울신문의 행정고시 광고를 보고는 4개월 준비해 시험에 덜컥 합격했다.

─관료 시절 '장관급 과장', '대책반장' 등 별명이 많았다.

"기마병 체질로 야전사령관만 했다. 유학도 못 가고 청와대 못 가보고 장관 된 놈 있으면 나와 보라고 해라."

─공직생활 중 언제 가장 힘들었나?

"외환위기 당시다. 1997년 1월 외화자금과장으로 부임해 6개월 동안 하루 두 시간씩 자며 일했다. 그땐 나라를 살려야겠다는 일념뿐이었다. 일이 다 끝나고 세 번 암 수술 받았다."

그렇게 큰일을 겪고 나서 그는 공직을 그만두려다가 부인의 말에 맘을 바꿨다. "결정 잘하셨다. 그런데 이상한 게 있다. 그렇게 힘들게 일하면서도 한 번도 불평하신 적이 없다. 삼성물산 다니고 사업할 때는 불평, 불만이 입에 붙었는데…." 그는 "와이프의 말을 듣는데 망치로 머리를 맞은 듯했다."라고 회고했다.

─경제문제를 안 물어볼 수는 없다. 가계부채 걱정을 많이 하셨는데.

"가계부채를 걱정 안 하면 뭘 걱정하겠나. 칼이 줄에 매달려 머리를 정조준하고 있는데. 이명박 정부에서 건설업자들이 많이 설쳤다. 김석동 때문에 분양 안 돼 경기 죽는다고. 정종환 국토부 장관은 LTV(주택담보인정비율), DTI(총부채상환비율) 완화하겠다고 난리였다. 2011년 1월 1일 금융위원장 부임하면서 첫 서별관회의에서 가계부채 문제 들고 갔다. 지금 심각하다고 얘기하며 대책 강화해야 한다고 했다. 윤증현 기재부 장관이 '관리 가능하다더니 위원장 바뀌더니 위기라니 어떻게 된 거냐'고 하더라. 그때 김중수 한은 총재도 걱정된다고 하니 분위기가 확 바뀌었다." DTI는 그가 차관보 시절 주도해서 만든 주택금융 규제다. 갚을 수 있는 사람에게만 빌려주라는 안전장치다.

─꿈을 실현하려면 다시 공직을 맡아야 하는 것 아닌가?

"그럴 일 없다. 확고하다. 나는 사학자니까. 학자라고 하면 남들이 웃겠다. 역사학도니까… 지금 하는 일, 보람된 과제다. 전업으로 풀베팅할 거다. 그래야 현재가 극복된다. 이제 기존의 틀로는 안 된다. 패러다임을 완전히 바꿔야 한다. 미래는 과거의 연장선상에 있지 않다. 세계경제 침체는 1929년 대공황 때보다 훨씬 오래 갈 것이다."

김석동은

1953년 부산 출생
경기고, 서울대 경영학과 졸업
1990년 재정경제원 5·8부동산 특별대책반장
1993년 재정경제원 금융실명제 대책반장
1997년 재정경제원 외화자금과장
2004 ~ 2005년 재정경제부 금융정책국장
2007 ~ 2008년 2월 재정경제부 1차관
2008년 농협경제연구소 대표
2011 ~ 2013년 3월 금융위원장
現 지평인문사회연구소 대표.

05 | 원망 삭인 280일 수의생활, 태아처럼 다시 태어나다

누명 벗고 새 삶 도전하는 김광수 전 금융정보분석원장

2017. 01. 13.

뇌물 혐의로 수감되어 공직의 삶 잃었지만 새롭게 태어나
빈곤, 양극화 등의 자본주의 모순 해법을 공유경제에서 찾아나설 것

'너의 어제 오늘이/ 알게 모르게 꽃 너울길 걸어왔다.' 여류 시인 김경의 시 〈큰 바람 소리 — 이오이공〉 첫 구절이다. 경제 관료로 출세길을 달리다 뇌물 혐의에 걸려 넘어진 사위를 위해 지은 시다. 시에 등장하는 '너'는 시인의 사위이고 이오이공(2520)은 수인번호다. '어느 날 마른 번개 치고/ 산등성이 넘어오는 큰 바람에/ 때 아닌 푸른 나뭇잎/ 부서지는 우지끈 소리'가 들리며 시 속 사위의 삶은 잿빛으로 변했다.

비운의 주인공은 김광수(59) 전 금융정보분석원장. 종국엔 무죄 판결이 났지만 잃어버린 공직의 삶을 되찾을 수는 없었다.

김광수 전 금융정보분석원장. 김 전 원장이 뇌물혐의로 구속돼 구치소에서 보낸 시간은 280일이다. 그는 필자와의 인터뷰에서 "아기가 생겨 태어나기까지 걸리는 시간이 280일이다. 나도 그 시간을 거쳐 다시 태어났다"고 말했다. 2년5개월 법정싸움 끝에 최종 무죄 판결을 받았으나 끝내 그는 공직자의 삶을 되찾지는 못했다. (사진: 은행연합회)

복직은 했으나 권부 핵심은 끝내 그의 자리를 허락하지 않았다.

인간지사 새옹지마라 했던가. 세상일 한때 좋다고 다 좋은 게 아니듯 나쁘다고 다 나쁜 건 아니었다. 시련은 그에게 새로운 세상을 열어줬다. 원망을 삭인 감옥에서의 280일은 그에게 기적 같은 시간이었다. 꽤 많은 책을 읽었고 다른 삶을 살던 이들을 만났다. 그렇게 값어치 있게 보낸 시간이 또 있을까를 자문하며 되새길 만큼 그곳의 경험은 값진 것이었다. 공직을 떠난 지 햇수로 3년. 시련을 겪으며 인생 공부를 톡톡히 한 내공일까. 새해 벽두 서울 대치동 사무실에서 마주한 그의 표정은 밝고 평온했다. 공직을 떠난 뒤 언론과의 첫 대면이다. 그는 법무법인 율촌에서 고문으로 일하고 있다.

―수감생활이 어땠나?

"독방서 지내며 책을 많이 읽었다. 성경을 두 번 정독했고, 역사 철학 과학 등 다양한 분야의 책을 족히 100권 이상 읽었다. 안에서 책을 읽으면 공허감이 밀려온다. 한 권을 다 읽고 난 뒤의 공허감이다. 다음 책을 시작하는 데 시간이 걸렸다. 면회 온 친구 석구(한겨레신문 정석구 편집인)가 알려준 DJ(김대중 전 대통령) 독서법으로 극복했다. 한 권만 죽 읽는 게 아니라 오전엔 역사, 오후엔 철학 이런 식으로 나눠 읽는 것이다. 시간대별로 독서하는 습관을 그때 익혔다."

―세상에 대한 원망이 컸을 텐데.

"처음엔 원망 많이 했지. 동생이 의사인데 『부다의 뇌』라는 책을 넣어주더라. 저자가 미국 뇌과학자다. 불교에서의 수행과 뇌의 관계를 다룬 책이다. 화라는 게 밖에서 누가 자극을 주면 그 화살을 내가 다시 나에게 쏴야 화가 되는 거라고 한다. 인간이 화를 내는 메커니즘이다. 처음에 원망이 없을 수 없고, 쳐다보기도 싫고 그러다 그 울화통에 스스로 무너지는 거지. 그걸 멈추는 법을 고찰한 책이다. 5·18 광주민주화운동 때 전남대 교수들이 억울하게 구속됐는데 대부분 오래 살지 못했다. 억울한 마음을 삭이지 못해 화병이 난 거지."

불운이 느닷없이 그의 삶을 덮쳤다. 금융정보분석원장 시절이던 2011년 6월 초 서울 마포 한 식당에서 공직 선배와 점심 식사를 하려는데 여직원에게서 전화가 왔다. "검찰서 수색할 게 있다고 나왔어요." 며칠 뒤 그는 구속됐고 보석으로 풀려나기까지 경기도 의왕의 서울구치소에서 280일을 살았다. 부산저축은행 김양 부회장에게서 대전저축은행 인수와 관련한 청탁과 함께 수천만 원을 받은 혐의였다. 김 부회장은 그의 고교(광주일고) 6년 선배다. 1심은 유죄 판결이 났지만 항소심에서 뒤집혔다. 항소심 재판부는 "김 부회장의 진술을 믿기 어렵다."라며 무죄로 판결했다. 대법원도 돈 받은 사실이 없다는 그의 손을 들어줬다. 2년 5개월간의 피 말리는 싸움이었다.

―무죄를 어떻게 입증할 수 있었나?

"보석으로 풀려난 뒤 알리바이 증거를 직접 찾기 시작했다. 돈 줬다고 하는 날 CCTV, 하이패스, 아파트 차량 출입기록 등 등 다 뒤졌다. 알리바이를 입증할 증거는 여럿 나왔는데 특히 잘 가던 교대역 근처 카페 여주인의 장부가 결정적이었다. 그날그날 몇 번 테이블에 어떤 손님이 어떤 종류의 술을 시켰는지, 계산은 카드인지 현금인지 등을 수기로 다 기록해뒀더라고. 그 기록으로 내가 돈 받았다고 하는 그날 그 시간에 전혀 다른 장소에서 후배들과 술을 마시고 있었던 게 확인된 거다. 그 여주인에게는 명절 때 집사람이 홍삼도 선물하고 그런다."

무죄 판결로 시련이 끝난 것은 아니었다. 2013년 말 복직했지만 분위기는 싸늘했다. 처음엔 금융위에서 기업은행장으로 추천했는데 청와대 검증에서 권선주 씨(전 기업은행장)에게 밀렸다. 증선위원(증권선물위원회 상임위원) 자리로 가는 것도 청와대 반대로 무산됐다. 김기춘 비서실장·우병우 민정비서관 라인에서 막았다. "검찰에서 기소했으면 유죄를 입증하지 못한 거지, 무죄냐는 논리였던 것 같다."라고 그는 말했다.

―그래서 공직을 떠난 건가. 장관의 꿈도 있었을 텐데.

"그렇게 있느니 내가 알아서 나왔다. 장관의 꿈 갖고 있었지. 그러나 그게 날아갔어도 이제 자유로워졌다. 집사람은 요즘도 공무원 시절 얘기한다. 미련 갖지 말라고 오히려 내가 위로 한다."

─무죄가 났어도 억울함이 해소되진 않았겠다.

"억울함을 당하지 않고 사는 사람이 얼마나 되겠나. 그러나 변양호 선배가 글도 몇 번 썼던데, 검찰이 누구를 기소해 무죄가 나면 그에 대한 코스트(비용)를 치러야 하는데 우리 검찰은 아무런 책임도 지지 않는다. 그들은 일단 관료 한 명 집어넣는 게 쉬울지 몰라도 당사자는 완전히 다른 삶을 살게 된다." 그는 구치소에서 280일을 살았는데 "아기가 엄마 뱃속에서 생겨 태어나기까지 걸리는 시간이 280일."이라며 "같은 시간을 거쳐 나도 다시 태어났다."라고 말했다.

변양호 전 보고펀드 대표와의 인연은 각별하다. 그에 앞서 금융정보분석원장을 지냈고 오랜 법정 공방 끝에 무죄 판결을 받은 것도 같다. 구치소에서 도움을 준 사형수와의 인연도 그가 맺어줬다. 변 전 대표는 재정경제부 국장 시절 외환은행을 론스타에 헐값에 매각했다는 시비에 휘말려 4년 동안의 법정 공방을 벌인 끝에 무죄 판결을 받았다. 이후 관가에서 "책임질 일에는 손대지 않는다."라는 이른바 '변양호 신드롬'이 생겼다.

— **사형수와의 인연은 뭔가?**

"양호 형도 거기서 수감생활을 했는데 그때 알게 돼 나에게도 소개해줬다. 살인범인데, 사회에서 못한 선행을 구치소에서 하는 것인지, 사람이 선하기만 하더라. 언제 무슨 반찬이 나오는지, 라면은 어떻게 끓여 먹는지, 구치소 생활 노하우들을 하나하나 가르쳐줬다. 보석으로 풀려난 뒤에도 편지를 주고받는다. 양호 형은 그 친구 아들 학비도 대줬다더라. 인간의 본성을 다시 보는 기회였다."

— **관료 시절 가장 기억에 남는 일은?**

"1993년 사무관 시절 갑자기 금융실명제 시행 계획이 발표됐다. 재무부 금융정책과에 근무할 때인데 전혀 몰랐다. 철저한 보안 속에 세제실 중심으로 소수만 관여했다. 오후에 발표됐는데 김석동 장관(전 금융위원장·당시 주무 서기관)과 과천호텔에 들어가서 밤을 새웠다. 다음날 아침 보완대책을 발표해야 하니까. 중소기업들이 어마어마하게 부도날 수 있거든. 사업자 등록증만 있어도 신용보증기금 보증을 받아 5,000만 원 이상 돈을 빌려주는 대책을 발표했다. 그렇게 풀린 돈이 2조 원 이상 됐다. 그 과정을 통해 실명제가 정착할 수 있었다."

김광수 전 금융정보분석원장. 공직을 떠난 뒤 법무법인 율촌 고문,
NH농협금융지주 대표이사 회장을 거쳐 전국은행연합회 회장으로 재직중이다.
(사진: 은행연합회)

―박근혜·최순실 게이트로 나라 꼴이 엉망이다. 침묵하거나 동조한 관료들도 책임이 크지 않나.

"초심이라는 게 참 중요한 거 같다. 관료를 처음 시작할 땐 장관이 되겠다는 생각보다 정책을 통해 공공성에 기여하겠다는 생각들이었을 것이다. 고위직이라면 부당한 것에 대해서는 결단을 해줘야지. 장·차관, 1급 이상이면 하시라도 사표 낼 각오는 하고 살아야 한다. 그게 초심이다."

―율촌에서 어떤 일을 하시나.

"금융 관련 자문역이다. 방향과 포인트를 짚는다. 스스로 계속 공부하고 자기계발을 해야 하는 자리다. 각 분야 고문이 30명쯤 된다. 논의해보면 집단지성이 나온다. 어떤 주제든 20~30분이면 정리가 딱 된다."

―요즘 관심 쏟는 주제는?

"4차 산업혁명과 공유경제다. 원래 세상은 공유경제였다. 어느 순간 누군가 사유화하는 시스템이 됐지만 다시 공유로 갈 거다. 디지털 세상이 열리고 4차 산업혁명이 진행되면서 한계비용(생산량을 한 단위 증가시키는 데 필요한 생산비 증가분)은 거의 제로가 된다. 그런 사회에선 공유개념이 중요해진다. 경제학자 제러미 리프킨(『한계비용 제로 사회』 저자)에 따르면 공유경제에선 자기가 필요로 하는 물건은 늘 가까이 있다. 필요로 하는 것은 비용 없이 이용할 수 있는 세상이 된다. 노인빈곤, 청년실업, 양극화 등 자본주의 모순의 해법을 공유경제에서 찾을 수도 있지 않을까. 굉장히 큰 주제이기 때문에 장기 테마로 계속 생각을 넓혀볼 필요가 있다."

"인생 철학이 뭐냐?"라는 물음에 그는 "철학이라고까지 할 건 없고, 내 마음의 부끄러움이 없도록 할 뿐."이라고 말했다. 그런 그를 김경 시인은 '큰 바람 소리'에서 이렇게 격려했다.

'어려움이 깊고 깊어 되레 살맛나는 세상/ 오늘같이 환한 시간이 오리라는 예감으로/ 사라지지 않는 불연의 약속/ 사람의 향기로 위풍당당 걸어간다.' 그의 시집 『가을빛 사서함』은 2015년 한국출판문화산업진흥원 우수도서로 선정됐다.

김광수는

1957년 전남 보성 출생
광주제일고, 서울대 경제학과 졸업
행정고시 27회
청와대 경제수석실 행정관
재정경제부 금융정책과장
공적자금관리위원회 사무국장
금융위원회 금융서비스국장 / 금융정보분석원장
법무법인 율촌 고문
現 전국은행연합회 회장.

06 설계 잘못된 한국 사회 '리셋' 하고 싶다

정치권 뛰어든 주진형 전 한화증권 사장

2016. 06. 11.

증권업계 개혁가에서 정당 정책가로 변신한 돈키호테
우리 체제의 가장 큰 문제는 저성장·고령화 시대의 소득 양극화

그는 어떻게 거센 반발 속에서 돈키호테처럼 개혁을 밀어붙일 수 있었을까. 그러고는 훌쩍 정치권으로 간 이유는 또 무엇인가. 증권업계 개혁가에서 정당 정책가로 변신한 주진형 전 한화투자증권 사장. 그는 끊임없이 대중의 호기심을 자극하는 사람이다. 인터뷰를 요청하면서 큰 기대는 하지 않았다. 한화투자증권 사장 시절 그는 인터뷰 안 하기로 유명했다. 업계가 깜짝깜짝 놀랄 개혁안을 쏟아내면서도 그는 언론과의 직접 만남을 피했다. 대신 SNS(소셜네트워크서비스)를 적극 활용했다. 하고 싶은 말은 몽땅 거기에서 쏟아냈다.

주진형 전 한화증권 사장. 금융인에서 정치인으로 변신했는데 스타일은 한결같다. 에둘러 가는 법 없는 '직진남'이다. 논리가 쾌도난마다. (사진: 주진형 제공)

"하겠습니다. 내일 만날까요?" 인터뷰 요청 세 시간 만에 날아온 휴대전화 문자는 그래서 더 반가웠다. 하긴 정치권으로 간 뒤 20대 총선을 거치면서 그에게 언론 접촉은 일상화한 터다. 그는 오전 10시 반 약속장소인 서울 반포 매리어트호텔 커피숍에 먼저 도착해 있었다. 지난 2월 더불어민주당으로 간 그는 4·13총선 당시 국민경제상황실 부실장으로 공약 생산에 깊이 관여했으나 20대 국회가 출범한 현재 공식 직함이 없는 상태다.

―정치권으로 왜 가셨나?

"정권을 바꿔야 한다고 생각했다. 거기에 일조할 수 있을까 해서."

―정권을 왜 바꿔야 하나?

"한국 근대사는 일본 근대사회를 생각 없이 베낀 것이다. 우리가 대단하게 설계해서 만든 게 아니다. 이제 상황이 바뀌었다. 재설계해야 한다. 그런데 오리지널인 일본도 재설계를 못하고 있다. 그러니 더 이상 베낄 수가 없지. 지금 정권이 바꿔볼 생각이라도 하면 모르겠는데 퇴행적이니 정권이라도 바꾸고 봐야겠다 생각했다. 한국은 지금 디자인이 아주 잘못돼 있는 나라다."

―일본을 베꼈다는 게 무슨 말인가?

"투자 용처는 정부가 정하고 그걸 갖고 대기업이 수출해서 그 이익을 나눠 갖는 식의 경제 발전 모델을 말한다. 우리는 그 기본 틀을 벗어나지 못하고 있다. 이게 성장이 될 때는 문제가 없는데 이제 성장률이 내려가지 않나. 물이 차면 배가 뜨지만 물이 내려가면 그 동안 방치했던 문제들이 드러난다. 이제 암초를 제거해야 하는데 사람들은 물이 다시 올라가겠지, 생각한다."

―어떻게 재설계해야 하나?

"저성장·고령화 시대에 소득 양극화가 심하다. 우리 체제의 가장 큰 문제가 그 안에서 국민의 70~80%가 안정적으로 살 수 없다는 것이다. 근본적 문제는 원청·하청 체제, 지대추구의 사회가 되었다는 점이다. 이게 전체 파이가 커질 때는 괜찮았는데 성장률이 떨어지면서 중하위층에 주름이 잡히게 된 것이다. 둘째, 소득 재분배다. 국내총생산(GDP) 대비 20%도 안 되는 세율로는 소득분배 문제를 해결할 수 없다. 이 두 가지를 건드리지 않고 양극화를 해소하겠다는 건 거짓말이다." 지대추구(地代追求, rent seeking)란 기존의 부에서 자신의 몫을 늘리는 방법을 찾으면서도 새로운 부를 창출하지는 않는 활동을 포괄해 일컫는 경제학 용어다.

―역대 정권 모두 제대로 대처하지 못한 것 아닌가.

"노무현 정권만 하더라도 문제의식은 있었는데 이명박 정권 들어서면서 되돌아갔다. 747(경제성장률 7%, 국민소득 4만달러, 7대 강국) 공약이 그렇듯 성장률로 어떻게 다시 한번 단물 빨아먹어 보자 한 거지. 국민들은 달콤한 첫 키스의 추억처럼 고속성장의 추억에 연연하니 이를 이용해 먹은 거다. 박근혜 정권은 경제민주화를 팔아먹고 다시 퇴행했다. 경제정책은 정신적으로 파산했다."

―타이밍을 놓친 것인가?

"김대중, 노무현 정권 모두 리셋 하겠다고는 했지. 그러나 한국 사회는 준비가 안 돼 있었다. 보수정권 추억에 젖어 있었다. 그런데 여당 집권 8년 동안 트리클다운(낙수효과)은 완전히 깨졌다. 리셋 할 타이밍으로는 지금이 10년 전보다 좋다. 변화의 열망이 굉장히 강하다."

그는 더민주에도 비판적이다. "대선 전에 경제민주화특위에 친구인 유종일(KDI 교수)이 와 달라고 해서 갔더니 내실 없는 껍데기라고 느꼈는데 이번에도 마찬가지다."라며 "한마디로 떴다방 같은 느낌."이라고 말했다.

— 그럼 왜 더민주인가?

"문재인 쪽 사람을 통해 작년 12월에 처음 들었으나 그땐 거절했다. 가망이 없어 보였으니까. 당이 무너져가는데 수습할 리더십이 보이지 않더라. 혹시 김종인 박사가 가시게 되면 모르겠다고는 생각했는데 우연찮게도 그렇게 됐다. 그래서 김 박사가 같이 일하자고 했을 때 해볼 만하겠다 생각했다."

— 비례대표로 배지를 달았어야 하는 것 아닌가?

"생각도 없었지만 주지도 않더라. 정책 플랫폼을 만드는 일을 할 수 있을 거라 생각해서 간 거지 비례대표가 목적이 아니다. 내 취미가 경제정책 아닌가. 생각이 같으니 같이 일할 만하다는 것일 뿐 난 김종인 사람도 아니다. 김 박사와는 시각이 비슷하다. 그의 복지국가, 경제민주화에 공감한다."

김종인 더민주 비상대책위원회 대표와의 인연은 2007년으로 거슬러 올라간다. 당시 범여권 유력 대선주자로 거론되던 정운찬 전 서울대 총장의 불출마 선언을 돕기 위한 자리에서 처음 만났다고 한다.

— 첫인상이 어땠나?

"당시 국민연금이 엄청나게 중요한 경제정책 이슈인데도 별로 얘기가 안 되더라. 관심도 없고, 아는 사람도 없었다. 정운찬 불출마 선언을 계기로 알게 되었는데 이 양반이 국민연금 개혁 얘기를 하더라. 아, 이분이 뭘 좀 아네 했다. 김 박사는 처음으로 국민연금 이슈에 대해 통한 사람이다."

그러고 보니 더민주 공약 중 '국민연금을 활용한 공공임대주택 확대'가 있었다. 국민연금을 활용해 총 주택수 대비 공공임대주택 비율을 6%에서 12%로 끌어올리겠다는 것이다. 서민층은 주거비 부담을 덜고 국민연금은 안정적 투자처를 찾는 윈윈 모델이라는 설명이다. 더민주는 건강보험료 소득기준 부과, 노인 기초연금 30만 원으로 인상, 국공립대 등록금 사립대의 3분의 1로 인하 등도 내걸었는데 모두 그가 밀어붙인 공약들이다. 그는 뚝심 있게 밀어붙이는 데 일가견이 있다. 한화증권 사장 시절의 개혁도 그래서 가능했을 것이다.

—한화증권 사장 시절의 개혁은 실패라는 평이 있다.

"동의하지 않는다. ELS(주가연계증권)에서 리스크 관리를 잘못해 대규모 손실이 났지만 개혁으로 손해 본 것은 없다. 회사 상태는 훨씬 좋아졌다. 회사와 고객이 윈윈하는 모델이 가능하다는 것을 보여주려 했다. 고객 뜯어먹는 식의 주식영업 하기 싫은 직원들 중엔 이게 가능하고 바람직하다고 생각하는 이들이 많았다. 양심적으로 불편했는데 좀 덜 벌어도 떳떳해서 좋다고 하더라."

2013년 9월 한화증권 사장 취임 이후 그는 줄기차게 개혁 조치들을 쏟아냈다. 불필요한 과당매매 제한, 매도 의견의 리포트 비중 확대 등 기득권이 된 관행을 깨고 투자자의 이해를 돌보는 일이었는데 항명 사태 등 반발이 이어졌다. "잦은 주식거래로 수수료 수익을 챙겨 보너스를 받기 원하는 직원은 고객 보호를 통해 영업하려는 우리 회사가 원하는 직원이 아니다." 그는 페이스북을 통해 반박하며 개혁을 밀고 나갔다.

―삼성물산·제일모직 합병 당시 부정적 리포트로 한화그룹과의 갈등설이 불거졌는데.

"합병 무산 가능성을 지적한 리포트를 내기 전날 어떻게 알았는지 전화를 했더라. 삼성과의 관계도 있으니 자제해 달라고. 알아서 하겠다고 답하곤 그대로 발표하라고 했다. 그 뒤 삼성물산 대주주인 국민연금의 합병반대 가능성을 언급한 리포트를 냈더니 그룹에서 전화해 경질될 수 있다고 하더라." 작년 9월 말 임기 6개월 남은 그의 자리엔 후임이 내정됐다.

이력을 보면 그는 자리에 연연하는 사람이 아니다. 우리투자증권 전무이던 2007년 느닷없이 사표를 던지고 오랜 백수 생활에 들어가기도 했다. "경영 임원 해보니 사람 망가지겠더라. 사람을 도구로 보게 되더라."라고 회고했다. 배경으로 돈이나 출세를 우습게 보는 집안이라고 가풍을 소개했다. 2년 전 작고한 그의 부친(주종환)은 진보적 경제학자로 참여연대 참여사회연구소 초대 이사장을 지냈다.

지나치게 검소한 것도 가풍의 영향인 듯하다. 그의 차는 15년 된 구형 SM5다. 25인치 브라운관 TV를 재작년까지 봤다. 친구인 조준호 LG전자 사장이 집에 오더니 "너 같은 사람 많으면 우리 회사 망하겠다."라면서 집에서 쓰던 LCD TV를 선물해 그제야 바꿨다고 한다.

어린 시절엔 까칠한 모범생'이었다. "돈 좀 갖다 주면 편애하고 불공평하게 대하는 선생님들을 보면 말 안 듣고 대들었다."라고 한다. 국민(초등)학교 성적표엔 매 학년 공통적으로 "고집이 세고 책임감이 강하다."라고 기록되어 있다. 그는 우리 사회 주류에 대해 "길들여진 모범생 출신들이 자리 욕심에, 기득권에서 탈락하지 않기 위해 할 말 안 하고 입을 닫는 게 문제."라고 말했다.

주진형은

1959년 서울 출생
서울대 경제학과 졸업, 미 존스홉킨스대 경제학 박사과정 수료
삼성증권 마케팅담당 상무대우
우리투자증권 리테일사업본부 전무
한화투자증권 대표이사
더불어민주당 국민경제상황실 부실장.

07 | 시위대 맨 앞줄의 서울 법대생, 경제 파수꾼 되다

허창언 금융보안원장

2017. 09. 01.

제주 작은 마을 소년의 서울대 입학, 시위대 앞줄에 서다
새로운 도약 준비, 보안기술 수출하는 길 찾기에 나서

서울대 법대 합격은 가문의 영광이었다. 제주 촌부는 영민한 아들이 판·검사가 되리라 믿고 바랐다. 그러나 혼탁한 세상은 순수한 소망을 허락지 않았다. 박정희 독재정권의 유신헌법을 배워야 하나 고민하던 터에 10·26사건(박정희 대통령 피살)이 터졌다. 이어 전두환의 군부 쿠데타가 다시 세상을 뒤집었다. 혈기 넘치는 아들은 도서관을 뛰쳐나왔다. 최루탄 쏟아지는 시위대 맨 앞줄에 섰다. 판·검사의 꿈은 점점 멀어져 갔다. 허창언 금융보안원장의 대학 시절 소묘다.

허 원장은 지금 '보수적 가치'를 위해 일한다. 그가 선택한 직

허창언 원장은 서울대 법대 시절 검도부였다.
주변에서 '서울 법대 체육학과 출신'이라는 농담이 오간다. (사진: 보험개발원)

업이 그렇다. 한국은행, 금융감독원을 거쳐 지금의 자리까지 왔다. 모두 국민경제, 금융시장의 안정과 질서를 위해 존재하는 기관이다. 특히 금융보안원은 금융시장 보안의 첨병 역할을 하는 곳이다. 허 원장은 "보안 없는 4차 산업혁명은 사상누각."이라며 그 중요성을 강조하곤 한다. "해커들이 이게 웬 떡이냐며 가로채면 아무 소용없다."라는 것이다.

그의 대학 시절은 사뭇 달랐다. 안정이나 질서와는 거리가 멀었다. 최루탄과 술, 검도의 기억이 거의 전부다. 숱한 날들이 데모로 시작해 데모로 저물었다. 불의에 저항하며 세상을 바꿔보려는 '진보적 삶'이었다. 그렇다고 운동권 서클에 가입한 것은 아니었다. 교장 선생님이 서울대 입학원서에 '싸인'해 주면서 조건을 걸었다. 이념서클에 가입하지 말 것! 그는 약속을 지켰으나 가슴속에서 치밀어오르는 분노는 어쩌지 못했다. 그래서 찾아간 곳이 검도부였고, 검도부라서 시위대 맨 앞줄에 섰다.

그의 삶에서 보수와 진보의 경계는 무의미한 것이다. 애초 둘을 갈라 어느 한쪽을 선택한 삶이 아니었다. 보수적인 한국은행에서도 그의 행동방식은 진보적이었다. 한은 독립성을 위한 투쟁에서도 그는 맨 앞줄에 섰다. '재무부 남대문출장소'로 불리던 한은의 독립은 지난한 투쟁의 결과이지 거저 주어진 것이 아니다. 중앙은행 독립성은 중장기 시계로 운용되어야 할 통화정책이 단기 시계의 정치권력에 휘둘리는 것을 막기 위한 필요조건이다. '물가안정을 도모함으로써 국민경제의 건전한 발전에 이바지한다.'(한은법 1조)는 존재 이유를 증명하는 길이기도 하다. 그의 진보적 행동이 보수적 가치 실현에 기여한 셈이다. 며칠 전 서울 여의도 금융보안원 교육센터에서 그를 만났다. 그의 어제와 오늘을 묻고 다이내믹한 삶의 궤적을 훑었다.

─ 그 시절 시위대 맨 앞줄에 아무나 못 서는데.

"검도부니까, 힘 좀 쓸 테니 앞에 서라는 거지."

검도 실력을 묻자 "뭐 그냥 유단자."라고 했다.

─ 그러면서도 끝내 운동권 서클에는 가입하지 않은 건가?

"가입할 뻔하기는 했다. 친구가 좋은 서클이 있다고 해서 다방에서 보기로 했는데 장소가 엇갈렸다. 난 신림동 '대학다방'으로 갔는데 그쪽은 봉천동 '대학촌다방'에서 몇 시간을 기다렸다고 하더라. 장소가 엇갈리는 해프닝만으로도 인연이 아닌 것 같아 그만뒀다. 가입했다면 인생이 달라졌을 것이다. 운동권으로 나갔겠지."

윤석열 서울중앙지검장과는 법대 동기로 절친이었다. 기질이 서로 맞았다고 했다. 그는 "서로 어울려 술도 많이 마시고, 나 따라 한은에 입행하려고도 했다."라고 회고했다. 윤 검사장은 한은에 원서를 내고 기다리던 중 사법고시에 최종 합격했다고 한다.

— 윤 검사장도 시위에 참여했나?

"그 친구가 서울 금수저 출신 아닌가. 부친이 유명한 통계학 교수(윤기중 전 연세대 교수)셨다. 금수저 출신들은 데모 현장에 잘 나타나지 못했다. 우리 같은 흙수저 출신과는 다르지. 부모님들에게 영향 가니까. 그래도 석열이는 데모 끝나고 뒤풀이할 때 꼭 나타나 같이 어울렸어. 생각을 공유하는 게 많았지. 사정을 뻔히 아니까 왜 데모 현장에 안 왔냐, 이런 얘긴 안 하지."

윤 검사장은 밤 12시가 다 돼 소주 됫병을 들고 허 원장의 신림동 하숙집을 찾곤 했다. "무 한 통과 김치, 쥐포 두 개를 안주로 밤새 전두환 치하의 시국에 관해 얘기하며 술잔을 들이부었지. 그때 고작 그런 술자리를 놓고 '평생 우리가 이 정도만 보장되면 욕심내며 살 필요 있느냐'는 얘기를 한 적이 있는데 이 친구가 지금도 그 얘기를 한다."

—한은에 입행해서도 데모를 하셨나?

"1987년부터 10년을 싸웠다. 단식투쟁까지 했다. 당시 한은은 재무부 남대문출장소라는 비아냥을 들을 때였다. 도저히 이건 아니다 싶더라. 판·검사의 길 대신 한은을 택한 이유가 있지 않겠나. 공적 가치에 뜻이 있었기 때문인데 현실은 비루했다.

총재 퇴진운동을 하다 민원상담센터로 좌천됐는데 4년 반 동안 빼주지 않더라. 선배들이 '저 녀석 일 좀 하는데' 하며 데려가려 하면 위에서 '안 된다'고 태클을 걸었다."

한은 독립운동을 한 셈인데, 금융감독원으로 자리를 옮긴 뒤에도 공적 가치에 대한 신념과 저항기질은 그대로였다. 금감원에서도 그는 금융감독의 독립성을 주장하는 쪽이었다. "금융이 중립적 가치를 갖고 가야지, 실물경제의 도구로 활용되면 안 된다."라는 게 그의 지론이다. 그는 외환위기를 상기시키며 "재벌이 쓰러져 가면 금융자본 갖다 대주다 국가경제시스템이 무너지면서 위기가 온 것 아니냐."라고 말했다.

─법조인의 길을 가지 않은 것에 미련은 없었나?

"미련이 왜 없었겠나. 한은에 입행해서도 다시 사시를 볼까도 생각했다. 그런데 한은에서 대학원을 보내줘 상법을 공부할 때 고려대 정찬형 교수가 또 다른 가치를 일깨워 줬다. '목표 달성에 한 가지 길만 있는 게 아니다. 지금 그 자리도 법조계 못지않게 중요한 자리다.' 그분이 고시에 미련이 남은 것을 간파하고 그 말씀을 해주신 건데, 내겐 새로운 가치에 눈을 뜨게 된 내 인생의 변곡점이었다. 그 뒤 사시 미련을 완전히 떨쳐버렸다."

허 원장의 고향은 제주 중문의 작은 마을이다. 지금은 한 시간이 채 안 걸리지만 그의 유년시절 중문에서 제주시를 가는

데만 한나절이 걸렸다고 한다. 원희룡 제주지사는 같은 마을에서 자란 후배다. 원 지사는 그에 대해 누가 물으면 '초중고대 선배'라고 소개한다. 원 지사는 구로공단에 위장취업해 노동운동을 할 때 힘들면 그를 찾아 고민과 울분을 토하곤 했다. 허 원장은 "말단에서 저항운동을 계속하는 거보다 힘을 길러 높은 곳에서 하는 게 어떠냐며 달랜 기억이 난다."라고 소개했다.

―학창시절 어떤 학생이었나?

"공부만 하는 모범생은 아니었다. 6학년 때는 배구선수로 활동했다. 제주 소년체전에서 우승도 했지. 중학교 때는 학생회장 선거에 출마했는데 30여 표 차이로 떨어졌다. 떨어진 이유가 '창언'이라는, 어려운 이름 때문이었다. 사표가 많이 나왔다. 이름을 적는 투표였는데 창헌, 창원, 창현으로 써 무효가 된 표가 50표가량 나온 거다."

―인생 좌우명은?

"바르게 살자는 것이다. 법대에 들어갈 때 면접에서 '왜 법대 지원을 했느냐'기에 '약자를 도와주기 위해 지원했다'고 하니 교수가 질책하더라. '약자를 도와주는 게 법인가. 법은 옳은 사람을 도와주는 거다'라면서. 그래서 얼른 순발력 있게 '약하면서 옳은 사람을 도와주고 싶다'고 답했지. 지금도 그 생각을 간직하고 있다. 옳으면서 강한 분들은 스스로 해결능력이 있지 않나."

―임기가 내년 말까지다. 임기 내 목표는?

"금융보안원에 간다고 하니 우리 애들이 '듣보잡'이라고 하더라. 그런데 이젠 세상이 알아주는 조직이 됐다. 우리 보안기술은 상당한 수준이다. 개발도상국 중심으로 수출해 놓으면 우리 금융사들이 진출하는 것도 편리할 것이다. 이제 새로운 도약을 위한 준비를 하고 있다. 하반기에 보안기술 수출과 관련해 양해각서부터 체결하는 길을 찾고 있다." 금융보안원은 2015년 4월에 설립된 금융권 유일의 보안 전담기관이다.

허창언은

1959년 제주 출생
제주제일고, 서울대 법대 졸업
고려대학교 대학원 상법학 석사
한국은행
금감원 법무실장·공보국장·뉴욕사무소장·보험감독국장
금감원 부원장보
2대 금융보안원장
금융보안포럼 회장
現 보험개발원장.

08 노인환자의 인간다움 지키려
권력 갑질과 싸우다

김옥희 참예원의료재단 행정원장

2018. 04. 21.

노래 즐겨 부르던 여대생이 인간 존엄성에 눈뜬 순간
쉽지 않았던 길, 갑질에 시달리며 최고 의료법인 건립에 전념

아침 햇살을 가득 품은 로비. 널찍한 공간에 고급스러운 의자의 배치가 여유롭다. 가운데 우뚝 선 미술품은 공간의 품격을 높이고, 한쪽에서 에스프레소를 뽑는 커피머신의 기계음이 음악처럼 흘러내린다. 이런 곳이 병원이라니. 간간이 오가는 환자들이 아니었다면 호텔인 줄 착각할 뻔했다. 한쪽의 분리 공간도 커피 내리는 소리를 듣고서야 카운터가 아니라 카페인 것을 알았다.

"안녕하세요.", "안녕하세요." 하이톤의 경쾌한 인사가 정적을 깨며 환자를 태우고 오가는 휠체어 사이를 가른다. 한눈에 패

김옥희 참예원의료재단 이사장. 참예원은 서울 지역 네 곳에서 노인요양병원을 운영한다.
김 이사장은 "병든 노인의 인격, 인간의 존엄성을 존중하는 병원을 추구한다"고 말했다.
이상은 고귀한데 현실은 비루하다. 김 이사장은 행정원장 시절 수년간 권력 갑질에 시달려야 했다.
(사진: 참예원의료재단)

션 감각이 돋보이는 미모의 여성이 환자들과 휠체어를 미는 도우미들에게 허리 굽혀 인사하며 살갑게 안부를 묻는다. 서울 우면동 서초참요양병원의 아침 풍경이다. 하이톤 목청의 주인공은 김옥희(52) 참예원의료재단 행정원장. 재단 이사장을 지낸 이 병원의 오너다. 참예원은 서울 강남, 송파, 서초, 성북 네 곳에 노인요양병원을 운영하는 의료재단이다. 모두 900병상으로 노인병원으로는 서울 최대 규모다. 김 원장은 "질적으로도 최고 수준."이라고 했다. 지난 16일 서초참요양병원에서 김 원장을 만났다. 고령사회의 노인 건강과 복지에 투신한 삶. 그 이유와 이력을 들어보려 한 건데 첫 관심사는 호화로운 로비였다.

─로비가 호화롭다. 호텔인가 했다.

"호화롭게 보일 뿐 사실은 소박하다. 내가 의자부터 샹들리에, 미술품까지 직접 설계해 제작했다. 비싸 보이지만 돈은 정말 적게 들었다."

로비만이 아니다. 전체 건물 설계와 인테리어에서 정원 조경, 집기 하나하나에 이르기까지 김 원장의 손길을 거치지 않은 것이 거의 없을 정도다. 김 원장의 집무실엔 고급스러운 대리석 테이블이 있는데, 이 역시 직접 설계해 만들었다고 한다. 김 원장은 "대리석을 직접 공장에 가서 샀다. 10만 원이면 되더라."라고 소개했다.

—겉모습만 번지르르한 것은 아닌가?

"우리 병원은 환자의 복지, 인간의 존엄성을 최고의 가치로 여긴다. 그래서 환자를 결박하는 신체억제대를 사용하지 않는다. 힘들지만 환자를 위해 결정한 것인데, 오히려 억제대 미사용으로 검찰에 고발된 적도 있다. 결국 무혐의로 종결되기는 했지만. 환자 식단도 고급이다. 복분자를 발효시켜 드레싱 소스를 만들고 오리와 연어, 전복까지 올린다."

김 원장은 "쉽지 않은 길을 선택하면서 별 이익을 보지 못하거나 손실이 나기까지 하지만 의약품 리베이트를 받지 않고 투명한 회계 처리를 하며 정도경영을 해왔다고 자부한다."라고 말했다. 참예원의료재단은 2017년 소비자대상을, 김 원장의 남편 김선태 이사장은 보건복지부 장관상을 받았다.

—왜 노인요양병원인가?

"1990년대 말 대학원에서 사회복지학을 공부하면서 장기간의 노인질환을 위한 병원 인프라가 턱없이 부족하다는 걸 알았다. 간병을 하려면 며느리나 부인이 희생해야 하는 시절이었다. 하루는 의사인 남편과 지방의 노인요양시설을 방문했는데, 키가 큰 노인이 공동화장실에서 엉금엉금 기어나와 닦아달라고 하시는 모습을 보게 됐다. 늙고 병 들면 인간의 존엄성도 보호받을 수 없는 것인가. 그분의 모습이 너무나 처량하고 불쌍

했다. 병든 노인의 인격을, 인간의 존엄성을 존중하고 보호해주는 병원의 필요성을 절감한 순간이었다."

김 원장과 남편의 노인요양병원 사업은 2001년 서울 화곡동의 노인전문병원 개원으로 출발했다. "처음부터 환자들이 너무 많이 몰려 감당하기 어려울 정도였다."라고 한다. 병원부지를 마련하고 환자를 위한 공간을 충분히 배려해 더 크고, 넓게 새 건물을 지었다. 그렇게 참예원은 서울 4개 구에 노인요양병원을 운영하는 의료재단으로 성장했다. 탄탄대로였던 것은 아니다. 성북구에 병원을 열기 위해 미완성 납골당 건물 경매에 참여해 낙찰됐는데, 이후가 문제였다.

김 원장은 "낙찰은 됐지만 권리를 행사하기까지 너무 힘들었다. 목숨이 위태로울 수 있겠다는 생각이 들 정도였다."라고 말했다. 낙찰은 받았으나 복잡한 이해관계로 권리를 행사하는 데 상당한 저항과 위협에 직면했던 것이다. "분위기가 험악했다. 일본 야쿠자 자금이 들어와 있다는 얘기까지 있었다."라고 김 원장은 회고했다. 강남구립 행복요양병원을 수탁하면서 겪게 된 시련은 그중 최악이었다. 신연희 구청장, 시의원, 구의원, 심지어 지역 국회의원까지 권력자의 갑질이 줄기차게 이어졌다. 채용 청탁, 보험 강매, 금품 요구 등 범죄나 다름없는 압력들이었다. 거절하면 보복했다.

"이런 사람 필요하지 않나요." 신 구청장의 채용 청탁은 이런

서울 성북참요양병원 로비에서 꽃과 마주한 김옥희 이사장. (사진: 참예원의료재단)

식이었다고 한다. 2012년 신 구청장의 요구로 채용한 A씨는 나중에 알고 보니 신 구청장의 제부였다. 김 원장은 "강남구청측 요청으로 채용한 B씨는 한 달도 되지 않아 전 직원의 주민번호와 계좌번호를 확보하고 의료재단 내부자료를 수집한 자료가 발견되어 사직시킨 일도 있다."라고 밝혔다. 당시 직원들은 "강남구청에 개인사찰을 당했다."라며 분노했다. "이후 강남구청은 병원운영이 차질을 빚을 정도로 7,600여 장의 자료를 하루 만에 요구하기도 했다."라고 김 원장은 말했다. 지방선거가 있던 2014년엔 신 구청장의 측근 인사가 정치자금을 요구했는데, 응하지 않은 후 보복이라 의심할 만한 조치들이 이어졌다. 신 구청장은 업무상 횡령과 직권남용 등 혐의로 지난 2월 말 구속됐다.

구의원 L씨의 갑질도 만만찮았다. 중요한 일로 꼭 만나야 한다면서 자기 아내를 소개했는데, L씨의 아내는 곧바로 김 원장에게 월 보험료 2,000만 원짜리 생명보험을 들어달라고 청탁하고 또 "남편이 강남구청장에 출마하려는데 학벌이 좋지 않다."라면서 학기당 5,000만 원씩 2억 5,000만 원의 학비를 요구했다. L씨는 이런 과정에서 참예원의료재단 임직원에게 욕설을 퍼부으며 모욕하기까지 했다. 김 원장은 "이제까지 강남에 살아왔는데 한 번도 경험하지 못한 비리가 버젓이 눈앞에서 벌어지는 것을 보고 큰 충격을 받았다."라고 말했다. 이에 대해 신

구청장은 인사청탁한 사실이 없다고, 구의원 L씨는 "(보험 가입은) 이사장의 요청이었으며, 그밖의 일도 정당한 의정활동이었다."라고 반박한다.

— 어려움 없이 자란 '금수저' 출신 같다. 권력의 갑질을 견디기가 쉽지 않았을 텐데.

"금수저, 전혀 아니다. 대학 시절 절망적이었다. 어떻게 하면 질병이 주는 고통을 잊고 죽을 수 있을까 진지하게 고민하던 날들의 연속이었다."

기타 치며 노래하는 것을 좋아하던 김 원장은 대학 시절 '노래얼'(고려대 노래패)에서 활동했다. 전두환 독재정권에 대한 저항이 치열했던 시절이었다. 선배들과 동기들이 학생운동으로 수감되거나 군에 입대했다. 수많은 공연을 감당하며 과로한 탓인지 어느 날 몸에 이상이 생겼다. 큰 수술을 받았고 고운 목소리를 잃었다. 고 김광석, 안치환 형과도 함께 음악활동을 했었는데, 이젠 100미터도 걸을 수 없는 39킬로그램의 병든 몸! 절망뿐이었다."라고 김 원장은 회고했다.

남편을 만난 것은 그때였다. 1991년 3월 어느 날 극심한 복통으로 병원에 갔는데 병원장은 예비군 훈련으로 부재 중이었고 선한 얼굴로 진지하게 질문하는 앳된 의사를 만났다. 지금의 남편이다. 김 원장은 "처음 본 순간 이 사람과 결혼할 것 같다는 생각이 스쳤다."라고 했다. 그럼에도 김 원장은 처음엔 만남을 거절했단다. 너무 어려 보였다는 게 그 이유다. 여성 특유의 '밀당'(밀고 당기기) 심리였을까. 결국 '오늘이 마지막.'이라고 작정한 앳된 의사와 튕기기만 하다 '오늘도 전화하면 만나겠다고 해야지.'라고 결심한 밀당녀의 마지막 통화가 둘을 묶었다. 두 사람은 이듬해 1월 결혼했고 이후 김 원장은 서서히 건강을 회복했다. 고운 목소리도 되찾았다. 요즘 그는 대학 동기들과 만든 밴드에서 기타와 보컬을 맡고 있다.

—사업으로 치면 역경을 딛고 큰 성공을 한 건데.

"진정 좋은 병원을 만들려면 희생이 필요하다. 자기 소유를 주장할 때 병원이 올바로 가기 어렵다. 확고한 생각이다. 남편과 나의 영향력을 줄이고 고루 분배할 때 서로를 견제하면서 좋은 조직이 될 것이라는 확신이 있다. 우리 아이들(1남1녀)에게는 물려주지 않겠다고 이미 선언했다." 김 원장은 "애초 전 재산을 교회에 기부할까 고민하다가 대형 기성교회가 너무 타락해 2011년 의료법인을 만들게 된 것."이라고 말했다.

—직원들에게 월급도 많이 주겠다.

"회사가 망하지 않을 만큼 준다. 직원복지, 급여 모두 공평하게 하려고 노력한다. 우리 병원엔 직원 한 명 한 명의 인생이 녹아 있다. 직원들도 우리 병원은 우리가 만들었고 우리가 지켜갈 것이라는 생각들을 갖고 있다." 김 원장은 직원들에게 '드라마 인생론'을 펼친다. "여러분은 모두 각자 자기 드라마의 주인공이다. 너보다 소중한 존재는 없다."라고.

그러고 보니 병원 곳곳에서 만나는 젊은 직원들의 표정, 말투가 스스럼없다. 그들에게 김 원장은 눈치를 봐야 하는 직장 상사는 아닌 듯했다. 그보다는 믿고 따르는 '큰언니', '큰누나' 같은 존재가 아닐는지.

김옥희는

1966년 전남 해남 출생
1989년 고려대 졸업
2003년 백석대학교 사회복지 대학원 졸업
2001년 참노인전문병원 행정부원장
2011년 참예원의료재단 이사
2013년 참예원의료재단 이사장
2014년 고용노동부 장관상 수상
現 참예원의료재단 이사장.

09. 25년째 빨간펜 들고 매일 언어 수술하는 구순의 국어학자

이수열 솔애울 국어순화연구소장

2018. 01. 06.

우리말을 바르게 지키는 것은 우리 민족의 운명이 걸린 일

빨간펜 놓지 않는 이유, 우리말에 대한 뚜렷한 소신 때문

이수열 선생은 1928년 2월생이다. 한 달 뒤면 만 아흔이다. 책을 읽기도 글을 쓰기도 버거울 연세다. 그러나 이 선생의 삶은 아직 뜨겁다. 요즘도 매일 새벽 신문을 펼쳐 든다. '수술'을 위한 준비작업이다. 돋보기 너머 각종 칼럼을 꼼꼼히 읽고 문법에 맞지 않는 단어나 표현을 잡아낸다. 이 선생은 이 작업을 수술이라고 부른다. 수술대에 오른 글의 필자에게는 며칠 뒤 어김없이 편지가 배달된다. 빨간펜의 수술 흔적이 선연한 자신의 글이다.

벌써 25년째다. 1993년 2월 서울여고 국어교사를 정년퇴직

빨간펜을 들고 신문 칼럼의 오자, 비문을 잡아내는 이수열 선생. 국어 교사 출신인 이 선생은 아흔 나이에 매일 새벽 일간신문을 훑으며 어법에 맞지 않는 단어나 표현을 잡아내는 고된 일을 멈추지 않는다. 이 선생은 이 작업을 '수술'이라고 부른다. (사진: 이수열 선생 손자 이진섭 제공)

한 이후 시작한 인생 2막이다. 새삼스러운 일은 아니다. 교사 시절에도 헌신했던 국어순화 운동의 연장일 뿐이다. 세밑 서울 불광동 자택을 방문해 감사 인사부터 했다. 기자도 이 선생에게서 편지를 받은 터였다. 우리말을 비교적 바르게 쓴다고 자부하던 기자의 글도 수술 자국투성이였다. 이 선생의 직함은 '솔애울 국어순화연구소장'이다. 솔애울은 이 선생의 고향 파주의 마을 이름이다.

―**힘들게 왜 이런 일을 하시나?**

"아무것도 안 하면 심심하지 않나. 소일하는 거지." 거창한 명분을 말하지 않았다. 그러나 그저 시간 때우기로 할 수 있는 일이 아니다. 침침한 눈을 비벼가며 틀린 단어, 잘못된 표현과 씨름하는 고된 작업이다. 작업량도 적잖다. 금세 떨어지는 우표가 말해준다. 200장을 사다놓으면 보름 만에 없어지기도 한다. 때로 반박과 항의도 받는다. 그럼에도 구순이 되도록 '메스'(빨간펜)를 놓지 않는 것은 우리말에 대한 뚜렷한 소신과 역사적 통찰 때문일 것이다.

"왜놈들이 어떻게 했는 줄 아나. 우리말 연구하는 사람들을 40여 명 잡아갔다. 1942년 조선어학회 사건이다. 고문으로 학자들이 죽었다. 우리말을 연구한 죄로. 왜놈들이 왜 그랬나. 민족혼을 없애기 위해서였다." 이 선생은 "글이란 한 민족의 얼."

이라고 했다. 그러니 "우리말을 바르게 지키는 것은 우리 민족의 운명이 걸린 일."이라는 게 이 선생의 생각이다. 조선어학회 사건 당시 일제 경찰은 조선어사전 편찬에 가담하거나 협력한 이들을 치안유지법상의 내란죄로 몰았다.

―요즘 글에 잘못된 표현이 많나?

"아주 많지. 누구나 말은 하지만 말답게 하기는 어렵다. 말이 곧 글이고. 교사로 재직 중엔 교과서에 잘못된 표현도 많이 고쳐서 교육부 편수국에 보내곤 했지. 전화로 상의도 하고 편수관과 싸움도 엄청 했다."

이 선생의 기준은 매우 엄격하다. 3인칭 대명사로 쓰이는 '그녀'나 '그'조차 용납하지 않는다. 원래 우리말이 아니라는 게 이유다. '그녀'는 일본말 '가노조'(かのじょ·彼女)를 그대로 직역한 말이다. 문인 김동인이 신문학 초창기인 1919년경 처음 쓰기 시작했다고 한다. "가노조는 그 사내의 계집이란 뜻이다. 말의 됨됨이가 남녀평등이 아니다. 여자는 남자의 종이라는 성차별적 의식이 들어 있다. 그런 말을 써서야 되겠나." 이 선생은 말과 글이 곧 정신이라고 했다.

―기자들이 흔히 잘못 쓰는 말은 뭔가?

"무슨 무슨 입장이다, 이렇게 쓰는 거다. 입장(立場)도 우리말이 아니다. 일본말로 서 있는 장소, '다치바'이다. 우리말로 쓰려면 '~처지에 있다'로 써야 한다. 방송 뉴스에서 '유명세를 타다'는 말도 많이 쓰던데 난 도대체 이게 무슨 말인지 모르겠다. 그런 말은 없다." 국어사전을 찾아보면 유명세(有名稅)란 세상에 이름이 널리 알려진 탓으로 겪게 되는 어려움이나 불편을 세금에 비유하여 이르는 말이다. 그러니 유명세는 '타는' 게 아니라 '치르는' 것이다.

이 선생의 지적은 꼬리를 문다. "'서로가 서로를 위해야 한다'는 말도 틀린 말이다. '서로'는 부사이므로 격조사를 붙일 수 없다." '서로 위해야 한다'로 고쳐야 한다는 게 이 선생의 지적이다. "예전에 누가 '한 번 부사는 영원한 부사냐, 부사가 무슨 해병대냐'고 따지기에 그랬지. 영원한 부사라고. 해병대보다 더 영원하다고."

이 선생이 워낙 완고한 원칙주의자이다 보니 반론에 부닥치곤 한다. 언어도 고정불변이 아니라 시대 흐름에 따라 변화·진화하는 게 순리 아닌가. 국립국어원 표준국어대사전에도 이 선생이 결연히 반대하는 대명사 '그녀'나 '그', '유명세'와 같은 단어들이 진작 실렸다. 그럼에도 소신을 굽히지 않는다. 그래서 때때로 충돌한다.

"문화부장관 했던 이어령 씨가 한 일간신문에 '말'이란 제목으로 50회에 걸쳐 글을 쓴 적이 있다. 영어를 많이 섞어서 썼더

라. 그래서 고쳐서 보내줬지. 그랬더니 다음 편에 '이런 국수주의자가 다 있다.'라면서 반론을 폈어. 그런 걸 섞어 써야 우리말이 풍성해진다나. 그러면서 그렇게 순수를 외치는 자가 왜 '국민학교' 명칭에 대해선 말이 없냐고 하대. 그래서 '당신 참 좋은 말 했다. 당신 문화부장관 할 때 뭐 했냐. 그때 뭐 하고 있다가 사돈 남 말 하듯 하느냐.'고 했지. 정년퇴직한 교사들이 건의는 많이 했었거든." 반대로 감사 인사를 받는 경우도 적잖다. "서울대 교수의 글이었는데 잘못된 표현을 고쳐 보냈더니 '다음부터는 제 글의 교열을 부탁한다.'고 하더라. 부담돼서 못 한다고 했다. 이후에도 그 교수가 '존경하는 분이 돌아가셨는데 조사를 썼다. 고쳐달라.'고 글을 보내 고쳐주기도 했지."

―어떻게 국어와 연을 맺게 됐나?

"국민학교(초등학교)만 졸업하고 주경야독해 교원 자격 검정고시를 봤는데 한글학자 최현배 선생의 우리말본을 달달 외워 합격했다. 분량으로나 권위로나 최고였다. 국어교사 검정고시에 합격하는 순간부터 국어는 나에게 한평생 같이할 생명이 된 거지."

―언제까지 하실 건가?

"나이 90인데 다했지, 뭐. 시력이 약해져 너무 힘들어. 무엇보다 혼자 해가지고는 효과라는 게 창해일속(滄海一粟), 바닷속 좁쌀과 같아. 그래서 얼마 전 문체부에 탄원서를 냈다. 나 홀로 20여 년 했는데 아무리 해도 효과라는 게 안 보이니, 이건 국가가 해야 한다고. 법부터 강화해야지. 지금 국어기본법이라는 게 있기는 한데 그 법의 존재를 아는 사람이 있나. 법 이름부터 국어보호법, 국어정화법이라고 바꿔야 한다."

이 선생의 원칙을 그대로 따르기는 쉽지 않다. 당장 '그'라는 대명사를 쓰지 않고 글을 쓰기가 여간 어색한 게 아니다. 그렇다고 우리말을 바르게 쓰자는 주장을 외면할 수도 없다. 외면하자니 마음이 불편하고, 따르자니 글쓰기가 불편해진다. 원칙과 현실 둘 중 하나를 선택해야 하나, 둘 사이에서 적당히 타협해야 하나. 이 대목에선 문학평론가 황현산 고려대 명예교수의 촌평이 도움이 될 듯하다.

"말에 관한 한 나는 현실주의자이지만, 선생의 순결주의 같은 든든한 의지처가 있어야 현실주의도 용을 쓴다. 선생의 깊은 지식과 열정은 우리말의 소금이다. 이 소금이 너무 짠 것은 사실이다. 그러나 고쳐 생각한다. 소금이 짜지 않으면 그것을 어찌 소금이라 하겠는가."

이 선생의 일생을 기록하면서 각별히 신경 썼다. 국어순화 운동에 평생을 바친 이의 삶을 논하는 글에서 오염된 언어를 쓰면 되겠는가?. 그럼에도 글을 마무리하면서 은근히 걱정된다.

이 글이 다시 이 선생의 수술대에 오르는 것은 아닌지.

이수열은

1928년 경기 파주 출생
국민학교(초등학교) 졸업 후 조선타이어 공장 노동자, 문화학원 급사로 일하며 주경야독
16세에 국민학교 교원자격 시험 합격
1944년 파주 봉일천 국민학교에서 교생 실습
1969년 중등교원 채용고시 합격
용산중, 서대문중, 면목고, 서울여고 국어교사 재직 후 1993년 2월 정년퇴임
2004년 한글학회·문화관광부 장관, '우리글 지킴이' 위촉
現 솔애울 국어순화연구소장
2021년 8월 타계.

10 | 성에 능동적인 여성 그렸다는 이유로 공권력에 짓밟히다

비운의 문인 마광수 교수

2003. 12. 11.

즐거운 사라 출간 이후 암흑의 40대를 보낸 비운의 교수
이중적 성문화가 지배하는 세상, 여성의 능동적 성 그렸을 뿐

『즐거운 사라』는 1990년대 초반 우리 사회를 떠들썩하게 했던 마광수 교수(52)의 소설이다. 마 교수는 이 소설로 구속까지 됐다. 1995년 대법원은 이 소설을 음란문서로 규정하고 그의 유죄를 확정했다. 그 후 10년 세월이 흐르는 동안 마 교수의 삶은 그의 표현대로 엉망진창이 됐다. 학교에서 쫓겨나고 죽음을 생각할 만큼 극심한 우울증에 시달리는 등 참담한 시간이 그의 삶을 지배했다. 그렇게 세속의 일상에서 사라졌던 그가 지난 9월 모교인 연세대 강단에 복귀해 한 학기 강의를 마쳤다. '암흑의 40대'를 보내고 흰머리가 성성한 50대에 접어들어서야 인생

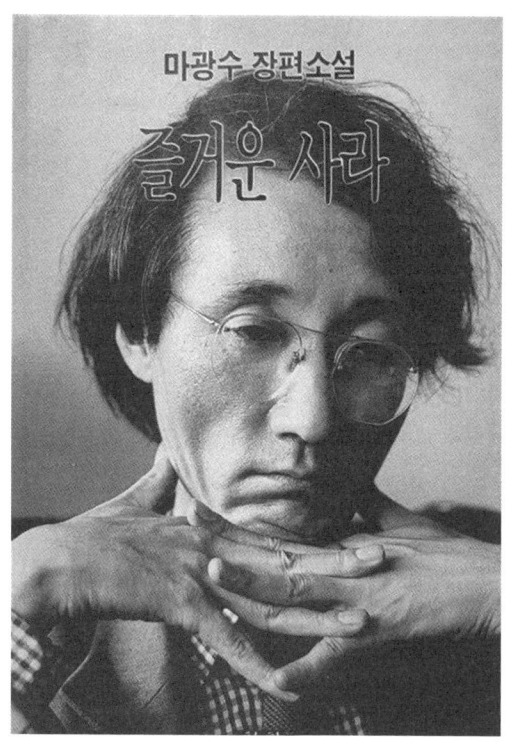

마광수 소설 '즐거운 사라'. 주인공 사라는 성에 능동적이 여성이다. 마 교수는 이 소설 하나로 인생이 파탄났다. 그 시절 대한민국은 문명국가였을까. 불과 30년전 일이다.

의 전환점을 맞은 셈이다.

　그런 그를 만나 인터뷰하기까지는 삼고초려의 정성과 인내가 필요했다. 자신을 버린 세상과 화해하기엔 너무 이르다고 생각한 것인지, 그는 번번이 "다음에 하죠"라며 인터뷰 요청을 받아들이지 않았다. 수차례 요청 끝에 그에게서 "연구실(외솔관 203호)에서 보자"는 대답을 들을 수 있었다. 그런데 하필이면 만나자는 시간이 낮 12시다. 그는 "신경성 위염 때문에 점심식사를 하지 않는다"고 했다. 정신적으로도 그는 여전히 우울증에 시달려 통원치료를 받고 있다고 했다.

　그의 연구실은 황폐해진 그와 닮은꼴이었다. 책장엔 책 한 권 꽂혀 있지 않았다. 책상 위에 쌓인 책 20여권과 난 화분이 고작이었다. 연말 있을 교수 재임용 심사에서 어찌 될지 몰라 책을 아예 갖다 놓지 않았다고 했다.

　성에 능동적인 여자 『즐거운 사라』는 그의 40대를 그렇게 앗아갔다. 그 스스로 "나야말로 '즐거운 사라'의 최대 피해자."라고 말했다. 예기치 않은 삶의 굴곡이 원통한지 "그렇게 잡혀갈 줄 알았다면 쓰지도 않았을 것."이라고도 했다. 그러면서도 그는 여전히 즐거운 사라에 애착을 느낀다고 했다. "남자로서 성에 능동적인 여자 얘기를 쓴다는 게 쉽지 않았죠. 여성 심리를 묘사하기 위해 학생들에게 물어보고 취재하고 공을 많이 들인 작품이었어요."

그런 만큼 그는 사법부의 유죄 판결을 지금도 납득하지 못한다. "남자의 이중적 성문화가 지배하는 세상에서 여성의 능동적 성을 그린 것이 남자들의 분노를 산 게 아닌가 생각합니다." 그의 유죄 판결에 '괘씸죄'라는 초법적 판단이 작용한 것이 아니냐는 의구심을 떨칠 수 없다는 얘기다. 그러나 엄연히 즐거운 사라엔 팬티를 입은 채로 정사를 치르는 장면 등 변태적인 장면이 담겨 있다. 이에 대해서도 마 교수는 견해를 달리했다. "애당초 변태는 없습니다. 특이한 성적 유희, 개성적 유희가 있을 뿐이죠." 그는 또 "즐거운 사라에서 성행위 묘사는 전체의 3%에 불과하다."라고 말했다.

성 문학도 엄연한 문학, 마음대로 쓸 수 있는 세상이었으면

그렇다면 그가 즐거운 사라를 통해 전하려 했던 메시지는 무엇일까. "이중적 성 관념에서 벗어나 솔직한 성을 얘기하고 싶었습니다. 갇혀 있는 성 담론은 해방되어야 하며, 그래야만 성 문제도 해결될 수 있다고 생각합니다." '내가 하면 로맨스, 남이 하면 스캔들' 식의 이중적 성문화가 판치는 한 성 문제는 해결될 수 없다는 게 그의 지론이다. 과거 그는 스스로 광마(狂馬)라고 일컬었다. 문단에서는 작가들이 냉대한다고 해 '차가운 감자'로 불린다고도 했다. 즐거운 사라 말고도 『가자 장미여관으로』, 『나는 야한 여자가 좋다』 등 제목만 들어도 점잖은 교수 체면에 어울리지 않는 작품을 잇달아 쓴 그에게 자연스레 따라붙은 별명들이다.

정반대로 그에게는 '소년'이란 별명도 있다. 출판업계에서 지어준 것이라고 한다. 해냄출판사 김수영 편집장은 담백하고 순수한 성품 때문이라고 별명이 생긴 이유를 설명했다. "적어도 나는 이중적이지 않습니다." 별명이야 어찌 됐건 그가 늘 자신 있게 하는 말이다. 그런 그의 눈으로 볼 때 세상은 솔직하지 않은 사람들투성이다. 그는 이 같은 자신감으로 다시 세상을 향해 외치고 싶은 말이 있다고 했다. "제발 표현의 자유를 보장하라."는 게 그것이다.

그렇지만 그는 더 이상 즐거운 사라처럼 법적 논란을 야기할 작품을 쓸 엄두가 나지 않는다고 했다. 글을 쓰다가도 피해의식 탓에 이건 괜찮을까 하며 자기검열을 하고 있는 자신을 발견하고는 그만 주체할 수 없는 분노와 짜증을 느낀다고 했다. 그는 향후 집필 계획을 묻자 "지금 새로 구상 중인 것은 없지만 아예 헤르만 헤세류의 소설로 방향을 돌려볼까도 생각 중."이라고 말했다. "한국엔 금병매, 아라비안나이트 같은 제대로 된 성 문학이 없었죠. 그래서 쓰게 됐던 것인데…." 깊은 피해의식에 궤도 수정을 해야 하는 게 못내 안타까운 듯 그는 말했다. "성 문학도 엄연한 문학입니다. 책을 좀 마음대로 쓸 수 있는 세상이었으면 좋겠어요."

마광수는

1951년 수원 출생

대광중·고 졸업

연세대 국문과 수석입학(4년 장학생)

1983년 윤동주 연구로 연세대 국문학 박사학위 취득

2003~2016 연세대 국문학과 교수

2017년 9월 자택서 사망.

9장

기자의 시선, 1,000자 칼럼

01 박근혜 vs 이재오

2012. 04. 30.

둘의 악연은 길고 질기다. 영원히 섞일 수 없는 물과 기름 같다. 새누리당 박근혜 비상대책위원장과 이재오 의원 얘기다. 이 의원이 다시 포문을 열었다. 언론 인터뷰에서 박 위원장을 두고 "'나 혼자 가겠다'는 오만이 넘친다."라고 했다. 이걸로 끝이 아니다. 싸움은 이제 시작일 뿐이다. 이 의원도 곧 대선 출마를 선언한다. 둘의 전쟁이 본격화할 것이다.

이들의 악연은 운명적이다. 유신 시절 '대통령의 딸'과 '민주화 투사'로 엮인 각별한 악연이다. 유신 막바지인 1979년의 일이다. 박 위원장은 새마을봉사단 총재, 이 의원은 국제앰네스티 한국지부 사무국장이었다.

"안동댐에 갔는데 '대통령 따님인 박근혜 총재가 이곳에서 봉어 몇 마리 풀었다'는 방생기념탑이 사람 키보다도 크게 세워져 있더라. 그런데 댐 건설을 하다가 죽은 20여 인부 위령탑은 구석진 곳에 조그맣게 서 있는 거라. 그래 즉석 연설을 했지. '이런 게 바로 유신독재의 실체다. 정상적인 민주주의라면 비석을 반대로 해놓지 않았겠느냐.'라고."

이 의원이 기회 있는 대로 소개한 악연의 시작이다. 그는 다음 날 중앙정보부로 끌려가 고문을 당하고 구속됐다. 이때 그는 죽을 고생을 했다. "서울구치소에서 맹장염을 앓았는데 꾀병이라며 복막염이 되도록 방치했어. 그러다 겨우 수술을 해줬는데 배 안에 거즈를 그대로 넣고 봉합해 열두 번 배를 쨌지." 그에겐 인생 전체를 뒤흔든 사건이었다. 그래서 더욱 이 의원은 박 위원장에게 집요하다. 딸로서 유신독재에 대해 사과하라고 공개적으로 촉구하곤 했다. 그럴 때면 박 위원장은 "고통받은 분들에게 수도 없이 했다."라며 불쾌한 감정을 드러냈다.

적대감만 커질 뿐 화해는 아득했다. 싸우면서 닮는다던가. 공격의 언어는 비슷해졌다. "좌시하지 않겠다.", "오만의 극치." 같은 표현들을 서로 번갈아 써먹는다. 악연의 끝은 어디일까. 일단 대선 경선 때까지는 전쟁이다. 그 이후는? 화해한다면 역사적 사건이 될 것이다. 한국 현대사의 두 줄기, 산업화와 민주화 세력의 화해라는 함의가 담겨 있기 때문이다. 그래서 더욱 쉽지 않겠지만 말이다.

02　장준하

2012. 08. 17.

장준하는 1975년 8월 17일 숨진 채 발견됐다. 수사당국은 등산 중 실족사한 것으로 결론지었다. 경기도 포천 이동면 약사봉에서 추락해 숨졌다는 것이다. 뼈마디가 온전치 못했을 것이다. 그러나 37년 뒤 모습을 드러낸 그의 유골은 딴판이다. 다리나 갈비뼈엔 골절 흔적이 없다. 대신 두개골의 오른쪽 귀 뒤쪽에 지름 6㎝가량의 원형 함몰이 뚜렷하다. 장준하기념사업회가 최근 파주 통일동산의 장준하 추모공원으로 유골을 이장하면서 공개한 것이다. 마치 땅속에 누워 있던 유골이 뒤늦게 세상으로 나와 뼈에 새긴 증거로 수사당국의 결론을 뒤집는 형국이다. 진중권 동양대 교수는 트위터를 통해 "킬링필드를 증언하는 유해."라고 촌평했다.

그의 죽음은 처음부터 논란이었다. 박정희 정권에 의한 타살 의혹이 끊이지 않았다. 그가 박정희의 유신을 앞장서 반대했던 인사였기 때문이다. 사망 전까지 그는 개헌운동을 주도했다. 유족의 요청으로 시신을 검안했던 이는 중앙정보부로 끌려가 협박당했다. 타살 의혹을 부추기는 정황 증거들이다. 그는 애당초 박정희와는 악연이었다. 6대 대선에서 윤보선 지지 유세 중 박정희의 친일, 남로당 경력을 문제삼았다가 국가원수 모독죄로 옥고를 치렀다. 7대 대통령 선거 때는 "우리 독립광복군에 총부리를 겨눴던 일본군 출신이 대통령이 되는 건 나라의 수치."라고 일갈했다.

1918년생으로 박정희보다 한 살 아래인 그는 광복군 출신이다. 일제강점기 학도병으로 지원해 중국에서 복무 중 목숨을 건 대장정 끝에 광복군에 합류했다. 광복 후 귀국해 백범 김구의 비서를 지냈고 1953년 월간지 〈사상계〉를 창간해 반독재 운동을 벌였다. 사상계는 이승만 정권을 신랄하게 비판하면서 4·19혁명의 단초가 됐다. 사상계의 민주화 공로로 그는 1962년 한국인으로는 처음으로 막사이사이상을 받았다. 대선을 앞둔 시점에서 유골의 등장은 민감하다. 유신의 업보가 여권의 유력주자 박근혜의 발목을 잡을 가능성 때문이다. 그로서는 뛰어넘어야 할 또 다른 장벽을 만난 셈이다. 정면돌파가 필요할 듯하다. 유골의 증언이 너무 생생하지 않은가.

03 유시민, 이정희

2012. 06. 01.

 1일 오전 그에게 전화를 걸었다. '회의 중'이라는 문자가 날아왔다. 1시간 30분 뒤 전화가 걸려왔다. "저~ 유시민입니다." 말투가 부드럽고 공손하다. 예전의 어법이 아니다. 9년 전 첫 대면 당시가 떠올랐다. 2003년 금배지를 막 단 그의 방을 찾았을 때 그는 차가웠다. "무슨 일이시죠?" 안 그래도 날카로운 인상에 말투까지 쌀쌀맞았다. 의원들 사이에선 '싸가지'가 없다는 평이 돌았다.

 정치인 이정희는 반대의 흐름이다. 출발과 이후 과정 모두 좋았다. 똑똑한 데다 부드러웠다. 원칙, 소신, 합리의 긍정적 이미지를 만들어갔다. 소신이 막힐 때는 눈물로 호소하기도 했다. 짧은 시간에 차가운 이성, 뜨거운 감성을 지닌 차세대 여성 리더로 우뚝 섰다. 그러나 모두 옛날 얘기다. 지금 그에겐 수구 좌파의 주홍글씨만 남았다.

둘은 공통점이 많다. 서울대 운동권 출신 정치인이다. 논리 정연하고 똑똑하다. 얼마 전까지 함께 통합진보당 공동대표를 맡았다. 그러나 대중정치인으로서의 이미지는 묘하게 엇갈린다. 첫 등장에서 유시민은 차가웠고 이정희는 부드러웠다. 지금은 정반대다. 통합진보당 부정경선 사태가 둘의 운명을 극명하게 갈랐다. 당권파의 부정과 우격다짐에 맞서면서 유시민은 얻은 게 많다. 원칙, 합리, 공정의 가치를 강화했다. 유연함과 융통성의 이미지도 챙겼다. 반면 이정희는 기껏해야 주사파 운동권 출신 정파의 대변인으로 전락했다. 유시민이 대중정치인으로 재평가되었다면 이정희는 대중정치인으로서 생명이 끝장나다시피 했다.

유시민은 최근 언론 인터뷰에서 "이정희는 한국 정치의 큰 자산.", "이석기보다 백배는 중요한 사람."이라며 "원통하고 원통하다."라고 했다. 당권파가 "이석기를 지키려고 이정희를 버렸다."라는 것이다. 그러나 이정희는 사태 당시 당 대표였다. 무거운 책임을 느끼고 사태를 해결해야 할 중책을 맡고 있었다. 누가 그를 희생시킨 게 아니다. 결국 그의 선택이었을 뿐이다. 유시민은 "대권주자로 성장할 수 있는 정치인의 추락이 안타까워 한 얘기다."라고 했다. 부질없는 회한이다. 둘은 이미 다른 길로 들어섰다.

04 | 萬事兄通 이상득

2012. 06. 29.

이상득 전 의원은 이명박 대통령에게 하늘 같은 형이다. 여섯 살 터울인 둘은 성장기에 잘난 형과 못난 동생이었다. 2007년 대선 경선 당시 이 전 의원은 "우리 집안은 서열이 명확하다. 명박이가 날 좀 어렵게 생각한다."라고 했다.

대통령이 된 뒤에도 성장기의 구도는 유지됐다. 2007년 12월 대선 직후 경주의 한 리조트. 선거 공신 몇몇과의 회식에서 한 인사가 "이런 날 한방 돌려야지요."라며 폭탄주를 제안했다. 이 당선인은 대답 대신 형의 눈치를 살폈다. 이 전 의원은 주저 없이 "안 돼."라고 했다. 분위기는 썰렁해졌다. 둘의 관계를 상징적으로 보여주는 일화다. 적어도 그 회식 자리에서 권력은 이 대통령의 것이 아니었다.

잘난 형에겐 별명이 따라붙었다. '모든 일은 형님을 통하면 된다.'는 만사형통(萬事兄通), 영일대군, 상왕 등등. 억측도 없지 않았겠으나 그의 권세를 말해주는 별명들이다. 제어되지 않는 권력의 위험성을 알리는 작명이기도 했다. 2008년 총선을 앞두고 친이명박계 정두언 의원을 필두로 소장파 의원 55명이 '형님'의 불출마를 요구한 것은 선견지명의 결단이었다.

형님은 불출마 요구를 거절했지만 행동거지에 각별히 신경 썼다. 2009년 8월 정치 불개입을 선언하고 자원외교에 나섰다. 부패한 세상이 그런 그를 가만두지 않은 것인가. 온갖 권력형 비리에서 끊임없이 그의 이름이 오르내렸다. 그는 억울했던 모양이다. 지난해 12월 총선 불출마를 선언하면서 "대통령 친·인척이라는 이유로 온갖 억측과 비난을 받을 때에는 가슴이 아팠지만 묵묵히 소임을 다하며 올바른 몸가짐에도 최선을 다해왔다."라고 밝혔다.

그러나 그는 최대 위기를 맞고 말았다. 7월 3일 검찰에 소환된다. 솔로몬저축은행 임석 회장에게서 퇴출되지 않도록 해 달라는 청탁과 함께 돈을 받은 혐의다. 검찰이 형님을 부른 것은 자신감이 있어서일 것이다. 잘난 형이 진작 정계를 떠났다면 어땠을까. 비리와 결별했을 거라 장담하기는 어렵겠다. 촌부인 노건평 씨마저 권력형 비리에 휘말렸다. 권력의 말로는 왜 늘 이 모양인가.

05 정치자금

2012. 09. 20.

정치판엔 돈이 몰린다. 정치자금이다. 당비, 후원금, 기탁금, 보조금을 총괄하는 개념이다. 선거철이 피크다. 대목에 돈이 풀리는 것은 자연스럽다. 문제는 형식과 내용이다. 돈이 무슨 이유, 어떤 경로로 전달됐는가, 그 돈은 어디에 어떻게 쓰였느냐다.

이를 규율하는 실정법이 있다. 정치자금법이다. 입법기관인 국회가 만들었다. '정치자금의 적정한 제공을 보장하고 그 수입과 지출내역을 공개하여 투명성을 확보하며 정치자금과 관련한 부정을 방지함으로써 민주정치의 건전한 발전에 기여함을 목적으로 한다.' 제1조는 정치자금법의 존재 이유를 이렇게 밝히고 있다. 현실은 딴판이다. 법의 이상을 조롱하듯 현실은 추악하기만 하다. 정치자금법은 허수아비 신세다. 정치자금은 여전히 음습하고 불투명하다. 정치인들이 그렇게 만들었다. 법을 만든 자가 앞장서 법을 어기는 모순의 극치다.

송영선 전 의원이 적나라하게 보여줬다. 언론에 폭로된 그와 사업가 A씨의 대화 녹취록은 정치자금의 실체를 발가벗기는 귀중한 자료다. 친박근혜계인 그는 "(새누리당) 박근혜 후보를 대통령으로 만드는 데 필요하다."라며 1억 5,000만 원을 요구했다. 주군을 팔아 돈을 끌어모으는 호가호위의 전형이다. "그러면 투자할 수 있는 게 남양주 그린벨트가 있다."라며 미끼도 던진다. 대가성을 스스로 입증한 셈이다. 말이 정치자금이지, 실체는 뇌물이다. 송 전 의원처럼 대놓고 돈을 요구하는 건 그래도 정직한 축에 속하는가 보다. A씨는 2007년 한나라당 대선후보 경선 당시 친박계 H씨에게 2억여 원을 빌려줬다가 아직 돌려받지 못했다고 했다. 당시 H씨는 송 전 의원처럼 '달라'고 하지 않고 '빌려달라'고 했던 모양이다. 송 전 의원의 대답이 가관이다. "이미 공중분해가 다 된 돈이다. 돌려받으려는 건 잘못된 생각이다." 상식의 세계에서는 들어볼 수 없는 말이다.

새누리당은 서둘러 송 전 의원을 제명했다. 서병수 사무총장은 "송 전 의원의 행위가 사실이라면 그야말로 구태이고 정치사에서 없어져야 할 행태."라고 일갈했다. 현실이 따라줄까. 그럴 것 같지 않다. 돈 추문은 꼬리를 물고 있다.

06 진보의 가치

2012. 06. 07.

　작금 한국 정치판은 가치 논쟁이 한창이다. 그리 반갑잖은 이념논쟁이 다시 벌어진 것이다. 원인은 진보세력을 자처하는 쪽에서 제공했다. 통합진보당 당권파의 부정 경선으로 시작된 논란은 종북주의 논쟁으로 비화했다. 때마침 민주통합당 임수경 의원까지 '땔감'을 제공하면서 이념논쟁의 불길이 무섭게 번지는 상황이다. 이런 혼돈 중에 길을 잃고 헤매는 가치 하나를 발견하게 된다. 바로 진보라는 이름의 가치다. "진보정당이기 때문에 진보정당이 지켜야 할 최소한의 원칙과 가치가 있다." 통합진보당 이석기 의원은 서울시 당기위가 부정 경선의 책임을 물어 제명을 결정하자 이같이 말했다. "계엄하에 있는 군사재판도 이렇게 졸속 처리하지 않는다."라면서. 이 의원 측 관계자는 한술 더

떠 "이적행위에 가까운 정치살인이자 진보의 이름으로 행해진 자기부정."이라고 성토했다.

　말은 청산유수다. 그러나 설득력이 전혀 느껴지지 않는다. 진보의 자격을 갖추지 못한 이가 진보를 말한 탓이다. 목적을 위해 민주적 절차를 무시하고, 이게 들통났는데도 오리발을 내밀거나 폭력을 행사하는 정파의 실세가 부정을 바로잡으려는 이들에게 진보의 가치를 가르칠 수는 없는 일이다. 적반하장도 이쯤 되면 병적이다. 그들의 의식세계에서 길을 잃고 헤매는 진보의 가치가 연상된다. 진보가 무엇인가. 국립국어원의 표준국어대사전을 보면 ①정도나 수준이 나아지거나 높아짐 ②역사발전의 합법칙성에 따라 사회의 변화나 발전을 추구함이다. 그들의 부정과 우격다짐 어디에서 수준 향상이나 역사발전의 합법칙성을 찾아볼 수 있는가.

　임 의원의 의식세계에서도 진보는 길을 잃은 듯하다. 그는 탈북자들을 변절자 취급했다. 먹고살려고 탈북했을 뿐인 이들에게 이념적 낙인을 찍은 것이다. 그에게 진보는 뭐고 인권은 또 무엇인가. 그의 의식세계에서 사람을 사람으로 보지 않고 이념의 부속물로 보는 냉전의 유물을 본다. 진보정당이 지켜야 할 최소한의 원칙과 가치는 남에게 할 말이 아니다. 이 의원 자신을 향해 던져야 할 명제다. 임 의원도 예외가 아닐 것이다.

07 일본 제국주의

2012. 08. 14.

오늘은 광복절이다. 일본 제국주의에서 벗어난 날이다. 1945년 일본 제국주의는 사망했다. 리틀 보이(Little boy)와 팻 맨(Fat man)이 숨통을 끊어버렸다. 원자폭탄이 광기의 시대에 마침표를 찍은 것이다. 원폭은 그해 8월 6일과 9일 히로시마와 나가사키에 떨어졌다. 인류 역사상 최초의 원폭 투하였다. 코믹한 이름과 달리 가공할 위력이었다. 항복을 끝내 거부한 일본 제국주의는 버섯구름과 함께 비참한 최후를 맞았다. 1868년 메이지유신에서 출발한 일본 제국주의는 그렇게 패망했다. 침략전쟁을 지휘한 총리 도조 히데키는 형장의 이슬로 사라졌다.

메이지유신 정치인들의 목표가 처음부터 제국주의였던 것은 아니다. 그들은 19세기 후반 몰아치는 서구열강의 공세에 맞서

부국강병을 이루고자 했다. 산업화를 이루고 강력한 군대를 구축해 나라를 지키는 것이 목표였다. 무능한 막부체제를 타도하고 천황을 권력의 중심에 세운 것도 그래서였다. 그러나 의도와 달리 그들의 목표는 궤도를 완전히 벗어났다. 전체주의, 군국주의, 식민지주의로 치달았다. 결과적으로 궤멸의 길이었다.

그러나 일제(日帝)는 완전히 죽은 것이 아니었다. 비유하자면 뇌사 상태에 빠졌을 뿐이었다. 박멸되었다면 작금의 극우화는 어림없는 일이다. 과거사를 부정하고 독도 침탈 야욕을 노골화하는 흐름은 곧 일본 제국주의로의 회귀다. 애당초 그들은 참회의 시간을 제대로 갖지 않았다. 만주국 건국의 공로자 이시와라 간지 중장, 악명 높은 731부대 이시이 시로 중장 같은 전범이 처벌되기는커녕 기득권을 유지한 사실은 상징적이다. 전쟁범죄자가 버젓이 활보하는 세상에서 진정한 반성은 불가능하다. 일본이 뇌사 상태에서 깨어 극우화로 치닫는 근본 원인이다. 제국주의자들은 정교했다. 벚꽃마저도 전쟁 수단으로 활용했다. 천황을 위해 싸우다 사쿠라 꽃잎처럼 스러지라 독려하며 젊은이들을 죽음으로 내몰았다. 벚꽃으로 식민지 영토를 장식해 일본 제국령을 알리고 식민지 국민을 현혹했다. 추악한 역사가 되풀이될 조짐이다. 환생한 제국주의의 정교한 설계는 무엇일까. 정신 바짝 차리고 경계해야 한다.

08 아리랑

2012. 10. 23.

아리랑의 국적은 어디인가. 당연히 한국이다. 오랜 세월에 걸쳐 한국인의 삶에 단단히 뿌리내린 노래가 아리랑이다. 경기아리랑, 정선아리랑, 밀양아리랑, 진도아리랑…. 한국인이 사는 곳이면 어디를 가든 아리랑이 있다. 이국의 땅에서도 생명력을 잃지 않는다. 절절한 향수가 더해져 더욱 애절하다. 재외동포들이 아리랑을 부르며 주름진 얼굴에 눈물 한줄기를 쏟는 장면은 익숙하다.

조정래 대하소설 『아리랑』에도 이런 장면이 나온다. 1900년대 초 미국 하와이 사탕수수 농장에 팔려간 한 조선인 노동자는 저녁이면 시커먼 바닷가에서 아리랑을 부르며 눈시울을 적신다. 일본 제국주의의 팽창으로 한민족의 삶이 연해주로, 만주로, 하와이로 쫓겨나던 시절이었다. 그들은 아리랑을 부르며 향수를 달래고 울분을 토했으며 한을 삭였다.

아리랑은 힘없는 백성, 민초들의 노래였다. 태생부터 그랬다. 1860년대 중반 흥선대원군이 경복궁을 중수할 당시 백성들의 원성은 높았다. 밤낮 없이 부역에 시달린 탓이다. 사람들은 "차라리 귀가 먹었으면 좋겠다."라는 뜻의 아이롱(我耳聾)을 읊조리기 시작했다. 이 단어가 민요 가락과 합쳐져 아리랑으로 변해 확산되어 갔다는 설이다. 분명치는 않다. 아리랑은 그저 리듬을 맞추고 흥을 돋우는 무의미한 감탄사라는 설도 있다. 귀족이라고 해서 아리랑을 전혀 즐기지 않은 것도 아닌 모양이다. 황현의 매천야록(1900년)에는 아리랑이 궁궐 안에서까지 불렸다는 기록이 나온다.

분명한 것은 아리랑의 민족성이다. 그런데 논란이 벌어졌다. 중국이 유네스코에 아리랑을 인류무형문화유산으로 등재해 달라고 신청한 것으로 알려진 탓이다. 한국 홍보 전문가인 서경덕 성신여대 교수는 "중국이 아리랑을 빼앗으려 한다."라며 아리랑 광고 모금 운동을 벌이고 있다. 문화재청은 확인 결과 사실이 아니라고 밝혔다. 중국은 작년에 아리랑을 자국 국가무형문화유산으로 지정했을 뿐이다. 소수민족인 조선족의 문화유산이니 그럴 수 있다. 설사 중국이 유네스코에 등재 신청을 한다 한들 아리랑이 어디 가겠는가. 오랜 세월 민초들의 삶에 녹아 한민족과는 떼려야 뗄 수 없는 노래인 것을.

09 신용카드

2012. 10. 21.

　대학생 서넛이 학생회관 식당에서 점심 식사 중이다. 한 아주머니가 다가와 유산균 음료를 건네며 눈웃음 짓는다. "이거 한 장만 써줘요." 그가 내민 종이는 신용카드 발급 신청서. "학생이 무슨 신용카드냐?"라는 물음에 한 학생이 "카드 오면 가위로 잘라 버려요~" 하면서 주저 없이 대답한다. 과거 대학가의 흔한 풍경이다. 신용카드 발급 모집인들에게는 대학 캠퍼스도 시장이었다. 경제 능력이 없는 대학생까지 영업대상으로 삼았다.
　마음이 약해 신청서를 써 주고 만 이들은 배달된 신용카드를 잘라 버렸을까. 더러 그랬겠지만 상당수는 번쩍거리는 카드를 지갑에 고이 넣어뒀다. 그러다 '사고'를 쳤다. 술김에 카드를 빼들어 한두 번씩 분에 넘치는 소비를 하고 만 것이다. 그 이후 그들의 생활은 상당 기간 고달팠다. 용돈을 아끼든 아르바이트를 해서든 카드빚을 갚아야 했으니까.

신용카드(credit card)란 작명은 멋지다. 현금 없는 사회(cashless society)는 새로운 세상이었다. 그러나 실상 신용은 그리 멋진 것이 아니었다. 현금을 대체하는 것이 아니라 빚으로 남는 것이었다. 미래의 소득을 담보로 현재의 소비를 가능케 해줄 뿐이었다. 빚을 갚을 능력을 초과해 쓰게 되면 위험해지는 물건이었다.

2003년에 터진 카드대란은 그 위험성을 드러낸 사건이었다. 신용카드에서 비롯된 가계빚이 폭발한 것이다. 능력을 초과한 소비가 쌓이고 쌓인 결과였다. 카드대란이 터지기 전 신용카드 발급은 폭증했다. 1999년 4,000만 장 정도였던 신용카드는 2002년에 1억 장을 돌파했다. 소비자만 탓할 일은 아니다. 신용카드사들의 과잉 경쟁과 이를 방조한 금융당국의 책임이 컸다.

금융당국이 신용카드 발급 제한에 나섰다. 가처분소득이 월 50만 원을 넘지 않으면 신용카드를 만들 수 없도록 한다는 것이다. 만시지탄이다. 카드대란이 벌어진 건 9년 전이다. 카드대출에 따른 신용불량자는 다시 급증세다. 2010년 13만 명대에서 2011년 17만 명대로 늘었다. 외양간을 고쳐보겠다고 연장은 들었으나 뛰쳐나간 소를 찾을 수 있을지 의문이다.

10 아파트 재건축

2012. 07. 15.

오래된 아파트는 보물이었다. '황금알을 낳는 거위'와 같았다. 시멘트벽이 갈라지고 배관이 낡아 녹물이 나온들 무슨 상관인가. 아파트 값은 잘도 뛰었다. 낡아서 오히려 더 비싼 역설이 아파트 시장을 지배했다. 재건축 기대감 때문이었다. 모두 부수고 새로 지으면 황금알이 떨어졌다. 이른바 개발이익이다. 4층짜리를 20층, 30층으로 올리면 대박이었다. 건설회사와 집주인의 지갑은 두둑해졌다. 분양 걱정은 할 필요가 없었다. 시장은 우호적이었다. 주변 아파트 값부터 들썩거렸다. 엄청난 분양 수익률은 예정된 것이었다.

모두 옛날 얘기다. 지난 십수 년간의 아파트 재건축 공식에 금이 갔다. 서울 강남권의 아파트 값이 다시 하락세다. 15일 부동산114에 따르면 2008년 세계금융위기 직후 수준으로 떨어졌다. 금융위기 이후 고점 대비로는 30%가량 하락한 것이다. 경매시장으로 가보면 상황은 훨씬 심각하다. 이미 '반토막'이 났다. 한 부동산시장 관계자는 "얼마 전까지 9억 원선에 거래되던 개포동의 낡은 아파트가 4억 5,000만 원에도 낙찰이 안 되는 상황."이라고 전했다.

경기순환에 따른 일시적 침체일까. 기다리면 옛 영화를 되찾을 수 있을까. 전망은 비관적이다. 우선 아파트에 물린 빚이 너무 많다. 레버리지(빚의 지렛대) 효과는 아파트 값을 치솟게 했지만 이제 그 빚의 역습으로 추락이 가속화하는 상황이다. 주택담보대출 잔액 300여조 원이 시한폭탄처럼 재깍거린다. 개발이익도 한계에 달했다. 고층 아파트를 다시 지어봐야 가구 수를 늘리는 데 한계가 뚜렷하다. 게다가 인구는 감소 추세이고, 젊은 세대는 아파트 값을 감당할 능력이 없다.

사이클 순환이 아니라 패러다임 시프트다. 과거 재건축은 일종의 발명품이었다. 1990년대 초 고안자임을 자처하는 서울시 간부는 건설사와 집주인이 모두 원원하는 이 모델의 영속성을 주장했다. 그러나 20년을 넘기지 못했다. 이제 아파트에 대한 생각부터 바꿔야 할 것 같다. 낡은 아파트가 돈이 되는 세상은 지나갔다. 벽이 갈라지고 녹물이 나오는 아파트엔 감가상각의 회계원칙이 어김없이 적용될 것이다. 그게 정상이다.

# 11 전세(傳貰)

2012. 11. 04.

'전세'라는 주택임대차제도는 독특하다. 한국에만 있다. 한자 표기도 모호하다. 한자로 온전할 전(全) 자를 쓸 것 같은데 아니다. 전할 전(傳) 자를 쓴다. 한꺼번에 보증금을 낸 뒤 계약기간이 끝나면 임차인이 전액 되돌려받는 계약의 의미를 오롯이 담고 있는지 의문이다.

한국만의 전세엔 이유가 있을 것이다. 학계 연구로는 두 가지를 꼽는다. 우선 주택금융이 발달하지 않은 옛 환경이다. 과거 전세는 집주인이 목돈을 조달할 수 있는 손쉬운 방편이었다. 여기에다 오르기만 하는 집값이 거들었다. 너도나도 집을 사려는 세태에서 전세는 좋은 발판이었다. '전세 끼고 집 사재기'라는 과거 유행이 말해준다. 전세가 주택투기의 밑거름이 된 셈이다. 집값 상승을 부추겼다는 말이기도 하다.

　무주택 서민 입장에서도 장점이 없지 않았다. 월세에 비해 주거안정을 꾀할 수 있는 제도였다. 어디까지나 전셋값이 합리적일 때 얘기다. 집값이 무섭게 하락 중인 요즘엔 전세가 서민의 주거안정을 위협하는 상황이다. 지난 10월 서울 아파트의 매매가격 대비 전셋값 비율은 54%로 9년 이래 최고치를 기록했다.

　이유는 복합적이다. 우선 집을 사려는 이가 확 줄면서 전세 수요가 늘 수밖에 없는 환경이다. 이런 터에 전세 물량은 줄었다, 초저금리에 경기침체로 목돈을 굴릴 데가 마땅치 않자 집주인들이 월세로 전환한 탓이다. 거액의 보증금을 내야 하므로 말이 월세지, 기실 이도 반(半) 전세이지만 말이다. 집값 하락 속 전셋값 상승엔 수요·공급의 법칙이 작용할 것이다. 그러나 원론만으로는 기현상을 온전히 설명할 수 없다. 이 대목에서 하우스푸어의 '전셋값 올려 버티기'를 간과할 수 없다. 근본적 배경은 빚이 부풀린 주택가격 거품이다. 은행권만 따져도 9월 말 기준 주택담보대출 잔액은 309조 원이 넘는다. 전셋값 급등은 역설적으로 거품 붕괴가 임박했음을 알리는 시그널인 셈이다. 하우스런(매도폭주)이 신호탄이 될 가능성이 적지 않다. 한국은행은 최근 이 가능성을 언급했다. 전세는 존속할 것인가. 한국만의 주택임대차 제도도 운명의 시간을 맞을 듯하다.

12　렌트푸어

2012. 10. 19.

　가난한 국민이 급증했다. 하우스푸어, 렌트푸어, 에듀푸어…. 반갑잖은 유행어들이 말해준다. 이 중 하우스푸어와 렌트푸어는 한 묶음이다. 모두 집값 때문에 생겨난 경제난민으로, 전자가 늘면서 후자도 늘었다.

　빚을 잔뜩 내 아파트를 샀는데 집값은 무섭게 하락 중이다. 집을 내놔도 팔리지 않는다. 부를 안겨줄 것 같던 집이 이젠 무서운 짐이다. 팔린다 해도 빚을 갚거나 전세보증금을 돌려주면 남는 게 없다. 이른바 '깡통주택'이다. 20만 가구에 육박하는 것으로 추산된다. 하우스푸어 수는 유동적이다. 108만 가구라는 추정치가 있으나 집값이 더 떨어진다면 더욱 늘 것이다. 최악인 깡통주택 수도 마찬가지다.

집값 하락은 무주택자에게 좋은 소식이다. 내 집 마련의 기회일 수 있다. 전셋값 부담이 줄어들 수도 있다. 원론적으로는 그렇다. 현실은 반대다. 집값 하락에 무주택 서민의 집 없는 설움만 커지고 있다. 집값은 떨어지는데 전셋값은 확 올랐다. 예컨대 서울 올림픽선수촌아파트의 경우 전용면적 85㎡의 매매가는 6억 원대로 2년 전에 비해 2억 원 이상 떨어졌다. 반대로 전셋값은 4억 원대로 1억 원가량 올랐다. 집값 대비 전세보증금 비율이 60%를 뛰어넘은 것이다. 전셋값이 뛰는 이유는 복합적이다. 우선 집을 사려는 이가 확 줄었다. 집값이 어디까지 추락할지 모르는 터에 과거처럼 매수세가 형성되기는 어렵다. 전세 수요가 늘 수밖에 없는 환경이다. 이런 터에 전세 물량이 줄었다. 초저금리에 경기침체로 목돈을 굴릴 데가 마땅치 않자 집주인들이 서둘러 월세로 전환한 탓이다. 여기에 위기의 집주인들이 전셋값 인상으로 버티기에 들어가면서 상승 폭을 키웠다는 분석이다.

무주택 서민은 이래저래 서럽고 고달프다. 전세를 구하자니 적어도 수천만 원 빚을 다시 내야 한다. 그것도 여의치 않으면 은행이자보다 훨씬 비싼 월세를 감당해야 한다. 대선을 앞두고 정치권에서 논의되는 대책이라는 것도 하우스푸어에 초점이 맞춰져 있다. 하우스푸어라고 나을 것은 없다. 집이 있다고는 하나 깡통주택이 안락한 가정일 수는 없다. 집이 있어도 걱정, 없어도 걱정인 세상이다.

13 프로젝트 파이낸싱

2012. 04. 26.

　프로젝트 파이낸싱(PF·Project Financing)은 유용한 금융기법이었다. 불과 몇 년 전까지 그랬다. 부동산 전성시대의 일등공신이었다. 사업의 수익성만으로 수천억 원대 돈을 끌어모았다. 이자는 비쌌지만 문제될 게 없었다. 묻지마 투자 행렬에서 남아도는 아파트는 없었다. 남김없이 분양됐다. PF로 돈을 끌어모아 아파트 단지를 지어 떼돈을 버는 것은 땅 짚고 헤엄치기였다. 자고 나면 아파트값이 뛰던 시절이었다. 대한민국은 부동산 불패신화에 빠져들었다.
　이정배 파이시티 전 사장도 이 대열에서 승승장구하던 사람이다. 2000년 초반까지 아파트 단지 개발을 잇따라 성공시키며 PF업계 미다스의 손으로 불렸다고 한다. 그러나 부동산 불패신화는 빛을 잃어갔다. 파이시티는 그에게 죽음의 도시였다. 2007년 PF로 그가 차입한 돈은 8,600여억 원. 그러나 시간은 그의 편이 아니었다. 인허가가 지연됐다. 연 17%의 연체이자가 눈덩이처럼 불어났다. 자고 나면 4억여 원씩 갚아야 할 이자가 늘어간 것이다. 상환해야 할 원리금은 1조 원을 넘어서고 말았다.

2004년 서울 양재동 화물터미널 부지를 매입해 파이시티 프로젝트를 시작할 때만 해도 분위기는 좋았다. 그의 예상대로 2007년쯤 모든 인허가가 마무리되었다면 대박 행진이 이어졌을지 모른다. 그러나 토지 용도변경 등 인허가는 2009년 11월까지 나지 않았다. 그로서는 속이 타들어 갔을 법하다. 여기에서 불법 로비가 싹텄다. 그는 하루라도 빨리 인허가를 받으려고 로비자금으로 수십억 원을 뿌렸다. 하지만 끝내 목적은 이루지 못했다. 이명박 대통령의 멘토 최시중 전 방송통신위원장, '왕차관'으로 불리는 박영준 전 지식경제부 차관은 그에게 죽기 직전 움켜쥔 지푸라기였던 셈이다.

이미 저축은행들이 PF로 손쉽게 돈을 벌다 PF 부실로 퇴출됐다. 그 역시 PF로 흥했다가 PF 함정에 빠져 끝내 탈출하지 못한 것이다. 모두가 부동산 광풍이 남긴 상흔이다.

14　배당인가 증여인가

2012. 10. 25.

　기업은 순이익의 일부를 주식투자자들에게 나눠 준다. 이른바 배당이다. 실적이 좋은 기업의 주식에 투자하는 이유다. 그러나 한국의 주식시장에서는 좀처럼 통하지 않는 이론이다. '개미'들 중 배당을 바라고 주식투자를 하는 이는 드물다. 배당이 쥐꼬리 같아서다.

　한국기업지배구조원 분석에 따르면 10대 기업집단의 83개 상장 계열사의 지난해 평균 배당수익률은 1.09%에 불과했다. 배당수익률은 주당 배당금을 주가로 나눈 것이다. 주식 1만 원어치를 샀을 때 배당금이 100원을 겨우 넘긴 것이다. 배당의 매력이 떨어질 수밖에 없다. 예외가 있다. 배당의 매력이 철철 넘쳐흐르는 곳도 의외로 많다. 재벌 기업 중 비상장 계열사가 그런 곳이다. 재벌닷컴에 따르면 2010~2011년 이들 499개 비상장 계열사의 배당성향은 평균 41.21%에 달했다. 배당성향은 당기순이익 중 배당총액이 차지하는 비중을 말한다. 순이익이 100억 원이라면 41억여 원을 주주에게 나눠 준 것이다. 심하게는 배당액이 순이익을 초과한 곳도 있었다. 비정상이 아닐 수 없다. 이에 비해 상장 계열사의 배당성향은 평균 15.25%로 비상장사의 3분의 1 수준에 그쳤다.

무슨 차이일까. 비상장 계열사의 특성에서 이유를 찾을 수 있다. 비상장사의 경우 총수 일가의 지분율, 특히 오너 2세의 지분율이 압도적이다. 그런 기업에서 순이익 규모를 초과하면서까지 비정상 배당을 하는 데는 의도가 없을 수 없다. 편법 상속·증여가 아니냐는 시장의 의심은 합리적이다. 더욱이 재벌 계열사 일감 몰아주기가 횡행하는 마당이다. 공정거래위원회에 따르면 지난해 말 기준으로 재벌 계열사 중 2세 지분율이 50% 이상인 기업의 내부거래 비중은 56%에 달했다. 일감을 몰아줘 안정적으로 돈을 벌게 해주고 그렇게 거둔 수익을 오너 2세가 챙기는 흐름인 셈이다.

연말 대선을 앞두고 정치권에 경제민주화 바람이 거세다. 재벌 개혁이 핵심이다. 그들의 반발도 거세다. 그러나 정치권만 탓할 일은 아닌 듯하다. 일감 몰아주기에 배당 몰아주기까지 그들 스스로 경제민주화 욕구를 부채질하는 꼴이 아닌가.

15 | 최후의 결제수단, 금

2012. 06. 04.

금은 특별한 금속이다. 다른 귀금속과 다른 무언가가 있다. 위기에 특히 강하다. 경제가 어려울수록 더욱 빛이 난다. 1997년 말 외환위기 당시 대대적으로 벌어진 금모으기 운동은 금의 위상을 실감케 했다. 세계금융위기 이후에도 금값은 뛰었다. 최고의 안전자산으로 인식된 덕분이다. 단순히 귀금속이어서가 아니다. 금의 역사성 때문이다. 안전자산으로서의 지위는 하루아침에 생긴 게 아니다.

역사적으로 금은 '진짜 화폐'였다. 종이돈은 금을 담보로 발행한 형식적 화폐였다. 화폐 유동성을 위해 종이돈이 발명된 것이다. 1971년 미 달러의 금 태환제가 폐지될 때까지 금은 궁극의 진짜 화폐였다. 경제가 극한의 위기에 처할 경우 금이 최후의 결제수단으로 여겨지는 것은 이 같은 역사성에서 오는 필연이다. 『화폐전쟁』의 저자 쑹훙빙은 그래서 금과 대비해 종이돈을 '가짜돈'으로 표현했다.

그러나 지난해 9월 이후 이 같은 안전자산의 법칙은 깨진 듯했다. 금값은 내리막길이었다. 지난해 9월 1온스(약 31g)당 1,920달러까지 치솟았던 금값은 최근 1,500달러 중반까지 떨어졌다. 8개월 만에 20%가량 하락한 것이다. 안전자산 서열에서 미국 국채와 달러, 독일국채 분트(Bund)에 밀린 결과였다. 불변의 안전자산으로 여기고 금에 투자했던 이들은 배신감에 속이 탔을 것이다. 하지만 속단은 금물이다. 세계증시가 폭락하는 가운데 금값이 마침내 반등하기 시작했다. 한국 증시의 경우 4일 코스피가 2.80% 폭락했으나 금 투자 상품인 KODEX골드선물은 4.70% 폭등했다. 이 상품은 지난해 9월 초 주당 1만 4,750원에서 지난달 중순 1만 1,740원까지 20.4% 하락했다.

월가의 대표적 비관론자 마크 파버는 지속적으로 금 투자를 권한다. 지난해 11월 말 방한했을 때도 종이돈과 미국 국채를 믿지 말고 금을 사두라고 충고했다. "금이 단기 조정을 받고 있지만 장기 전망은 매우 매력적이다."라면서. 그가 금 투자를 권하는 것은 경제를 비관적으로 전망한다는 의미다. 금이 다시 기지개를 켰다. 경제가 극한의 위기에 처했다는 신호일 것이다.

16 피의사실공표죄

2012. 05. 21.

　피의사실 공표와 오프더레코드는 닮았다. 둘 다 잘 지켜지지 않는다. 형법 126조는 수사기관 종사자가 범죄 피의사실을 기소 전에 공표할 수 없도록 규정했다. 어기면 3년 이하의 징역 또는 5년 이하의 자격정지에 처해진다. 피의자 인권을 보호하고 수사보안을 유지하려는 취지다. 그러나 사문화한 지 오래다. 이 죄를 짓는 검사는 수두룩하지만 처벌 사례는 찾아보기 어렵다.
　사실 권력형 비리 같은 대형사건에서 피의사실을 기소 전까지 숨기기란 쉽지 않다. 당장 국민의 알 권리를 앞세운 기자들의 취재가 집요하다. 그렇다고 언론 핑계를 댈 일만은 아니다. 검찰 스스로 이 같은 역설적 상황을 이용하기도 한다. 기소 전 언론에 흘려 여론재판에 붙이는 식이다. 작금 노무현 전 대통령의 형 건평

씨 관련 수사의 피의사실공표 논란도 이런 맥락에서 불거졌다.

때로는 전혀 다른 용도로 이용되기도 한다. 상부 압력으로 수사를 중단해야 할 상황에서 검사가 언론에 피의사실을 흘려 수사를 계속 밀고 가는 경우다. 홍준표 전 한나라당 대표의 '모래시계' 검사 시절 사례는 유명하다. 그는 1988년 서울지검 남부지청에 근무할 때 대형사건을 맡았다. 전두환 전 대통령의 친형이 연루된 노량진수산시장 강탈사건이었다. 상부의 압력이 들어왔다. "속도를 조절하라", "○○○를 풀어줘라." 등의 주문이 잇따랐다. 그는 피의사실 공표로 정면돌파를 택했다. 새벽 퇴근길 차에 올라탄 D일보 L기자에게 전모를 알려줬고 다음날 사건이 대서특필됐다. 수사는 탄력을 받았고 그는 실체를 밝히는 데 성공했다.

비보도를 뜻하는 오프더레코드도 잘 지켜지지 않지만 범죄는 아니다. 기자들에겐 국민의 알 권리라는 명분도 있다. 그러나 피의사실 공표는 법에 명시된 이상 엄연한 범죄다. 검찰로서는 비현실적이고 거추장스러운 죄목일 수 있다. 외국 법체계에서 찾아보기도 어렵다. 폐지 주장이 끊이지 않는 이유다. 그러나 존속론도 만만찮다. 서울지검의 한 부장검사는 "그나마 그게 없다면 수사 보안이 전혀 지켜지지 않을 것."이라고 했다. 참으로 계륵 같은 죄목이다.

17 비정규직과 성상납

2012. 10. 12.

20대 초반 그의 얼굴은 앳되었다. 그는 막 문화권력의 횡포를 폭로한 터였다. 2003년 가을 영화계에 첫발을 내민 여배우 J. 그에게 영화판의 첫인상은 더러웠다. 자신을 캐스팅한 감독이 은밀한 요구를 집요하게 해댔다. 잠자리를 같이하자는 거였다. J는 거절했다. 그를 위해 옷을 벗는 대신 언론에 폭로했다.

그의 폭로에 등장하는 인물은 Q감독. 그가 누구인지 추측이 난무했다. 곽씨 성을 가진 영화감독이 도마에 올랐다. 서둘러 J를 인터뷰했다. 앳된 이미지와 달리 언변이 당찼다. "영화를 안 찍으면 안 찍었지 그런 요구에 응할 수 없었다."라고 했다. Q감독의 정체에 대해선 끝내 함구했다. 인터뷰를 마친 뒤 배웅하는 매니저에게 집요하게 물었다. "안 됩니다."를 반복하던 그는 결국 굴복했다. "기자님이 생각하는 사람이 맞을 겁니다." 간접적으로 그는 Q감독의 정체를 확인해 줬다. 곽씨는 아니었다. 꽤 유명한 감독으로 지금도 활동이 왕성하다. 반면 J는 정말 영화계를 떠난 모양이다. 그날 이후 그가 영화를 찍었다는 소식을 들은 적이 없다. 연예계 성상납은 놀랄 일도 아니다. "그 바닥이 원래 그렇지 뭐~" 반복되는 유사 사건으로 선입견이 생긴 탓이다.

그렇다고 연예계에 국한된 문제는 아니다. 지난달 감사원, 국가인권위 등에 진정서가 접수됐다. 서울시 한 구청 여성 주차단속원 K씨가 자신을 농락한 공무원을 처벌해 달라는 내용이었다. 같은 부서의 공무원이 정규직으로 전환시켜 주겠다며 성관계를 요구했다는 것이다. 한 중간 간부급 공무원도 정규직 전환을 미끼로 같은 요구를 했다고 한다. 당사자들은 "모텔엔 같이 갔으나 부적절한 관계는 없었다."라는 식으로 발뺌하는 모양이다. 수사로 밝혀질 일이다.

사실이라면 위계(位階)에 의한 간음죄가 성립할 것이다. 지위, 권한을 악용해 여성을 농락한 죄다. 뇌물죄도 가능할 수 있다. Q감독은 미수에 그쳤으나 성사되었다면 같은 죄가 적용될 것이다. 직업은 판이하나 피해자에게는 공통점이 있다. 영화 한 편 찍어보지 못하고 사라진 J도 비정규직이었다. 약자의 몸까지 노리는, 참으로 비열한 세상이다.

18 4대강 vs 가뭄

2012. 06. 28.

    4대강 자전거길은 매끈하다. 총 길이 1,757㎞. 강바람을 맞으며 질주하다 보면 국토 종주의 야심도 품게 되는 곳이다. 4대강 사업의 선물이다. 맹형규 행정안전부 장관은 소통과 화합의 길이라고 했다. 자전거길을 따라 사람이 넘쳐나듯 4대강엔 물도 가득하다. 여기까지는 그럴듯한 그림이다.

    눈을 돌리면 처절한 풍경이다. 전국의 논과 밭은 타들어간 지 오래다. 거북등처럼 갈라진 논에 비쩍 말라죽은 모는 처참하다. 4대강의 풍족한 물이 무슨 소용인가. 보에 갇힌 물은 쩍쩍 갈라지는 농심과 소통할 길이 없다. 홍수도 잡고 가뭄도 막겠다던 호언장담이 무색하다. 정부의 4대강 홍보 책자는 사업의 첫 번째 목적으로 가뭄 해결을 꼽고 있다.

처음부터 가뭄 해결은 4대강 사업과 어울리지 않았다. 보에 갇힌 물이 논밭을 적실 방도도 없이 가뭄 해결을 기대할 수는 없는 일이다. 기여도가 제로인 것은 아니다. 4대강 인근의 경작지는 보에 가득한 물의 혜택을 받는다. 경작지 전체의 2% 정도라고 한다. 22조 원을 쏟아부은 사업치고는 가뭄 해소 기여도가 초라하기 짝이 없다. 대다수 지천과 해안 지역의 농토에 4대강의 풍족한 물은 무의미한 것이다.

이명박 대통령은 그래도 꿋꿋하다. 지난 20일 브라질에서 "수자원 인프라 개선사업으로 홍수와 가뭄 모두를 성공적으로 극복하고 있다."라고 연설했다. 국제회의용이었는지 몰라도 농민들은 가슴을 쳤을 것이다. 홍수는 어떤가. 역시 이 대통령은 지난 11일 라디오연설에서 "4대강 사업이 마무리되면서 고질적 비 피해가 거의 사라졌다."라고 자랑했다.

가뭄이 지독한 터이니 홍수는 좀 기다려봐야겠다. 그러나 4대강 사업이 마무리되던 지난해 이미 전국적으로 물난리를 경험한 터다. 홍수가 4대강 본류가 아니라 지천의 문제였음을 생각하면 4대강 사업의 홍수 예방 효과도 과히 기대할 일은 아니다. 가뭄 해소도, 홍수 예방도 기대하기 어렵다면 4대강 사업엔 뭐가 남나. 이 대목에서 '짝퉁 대운하'가 떠오른다. 4대강 사업의 출발점은 대운하였고, 주요 기능은 물류였다.

19 샌드위치와 폭탄주

2012. 05. 13.

샌드위치가 개발 250주년을 맞았다. 영국 동남부 소도시 샌드위치 주민들이 최근 기념식을 가졌다. 1762년 이곳에 살던 백작 존 몬태구 샌드위치 4세가 카드놀이 시간을 아끼려고 간편히 만들어 먹은 게 샌드위치다. 우발적 발명 음식인 셈인데, 250년을 유지하면서 햄버거와 함께 간편 식품의 대명사가 됐다. 도박 중독자의 우발적 발명이 엄청난 부가가치를 만들어낸 것이다.

한국의 폭탄주도 우발적으로 시작됐다. 1983년 춘천의 기관장 모임. 군 장성은 늘 하던 대로 맥주컵에 양주를 가득 따라 돌렸다. 그때 한 참석자가 "이렇게 한번 마셔보자."라며 맥주를 채운 뒤 양주는 스트레이트 잔에 따라 맥주컵에 넣었다. 당시 춘천지검장으로 참석했던 박희태 전 국회의장은 "독한 양주에 겁먹은 참석자들이 다들 그 방식을 좋아해 이후 섞어 마시는 음주문화가 퍼졌다."라며 폭탄주의 유래를 밝힌 적이 있다.

물론 이것이 폭탄주의 기원은 아니다. 엄밀히 보면 박 전 의장의 기억일 뿐이다. 맥주 칵테일의 일종인 구미권의 보일러 메이커(Boiler Maker)도 유서가 깊다. '온몸을 취기로 끓게 하는 술'이란 뜻으로 노동자들이 즐겨 마셨다고 한다. 그러나 조선 후기에도 막걸리 한 사발에 소주 한 잔을 부어 마시는 혼돈주가 있었다는 기록이 전해진다. 북유럽에도 '잠수함'이란 폭탄주가 있었다고 한다.

원조를 자처할 자격은 의심스럽지만 한국의 폭탄주 문화는 독특하다. 집단주의와 섞이면서 급속히 전파됐다. 요즘은 대학생들도 즐긴다. 심지어 소녀시대 서현도 방송에서 폭탄주를 마신다고 고백했다. 대중화와 함께 폭탄주도 부가가치를 창출했다. 관련 주류업계가 톡톡히 재미를 봤다. 한국 폭탄주가 샌드위치처럼 긴 생명력을 자랑하게 될까. 문화심리학자 김정운 전 명지대 교수는 폭탄주를 집단자폐증상으로 규정했다. 맨정신에 마주보고 얘기하기가 두려운 한국 남자들에게 나타난 병적 현상이라는 것이다. 그의 진단이 아니더라도 폭탄주의 부정적 인식은 엄연하다. 역사적 생명력을 장담하기엔 이름만큼 불안한 감이 없지 않다.

20 복권의 경제학

2012. 07. 19.

　복권은 희망이다. 삶이 팍팍할수록 열망이 커진다. 서민들은 대박 환상을 꿈꾼다. 힘겨운 현실의 탈출구이다. 복권은 동시에 기만이다. 가능성이 제로에 가깝다. 1등 당첨확률이 나눔로또 814만분의 1, 연금복권 315만분의 1이다. 둘의 차이는 크지만 벼락 맞듯 당첨되기 전엔 모두 의미 없는 수치이기는 매한가지다.

　복권은 꼼수다. 공급자인 정부 측면을 들여다보면 그렇다. 사행심을 부추기는 성격이 그렇고, 이를 통해 재정 사업을 해결하는 것 또한 그렇다. 복권 판매액이 부자들의 지갑에서 나오지는 않는다. 절대다수의 서민 호주머니에서 돈을 거둬 극소수의 서민에게 몰아주는 거대 투전판이 복권사업이다. 정부는 서민에게 인생역전의 꿈을 팔고 '고통 없는 세금'을 챙긴다. 손쉽게 서민 호주머니에서 재정을 해결하는 셈이다. 복권 매출액의 절반가량이 당첨금으로 지출되고, 제반 비용을 뺀 나머지는 공익사업에 쓰인다.

불황일수록 활기를 띠는 복권사업은 그래서 이율배반적이다. 가뜩이나 힘겨운 서민들의 지갑을 훑기 때문이다. 복권위원회에 따르면 전체 복권(12종) 매출액은 한 주에 600억 원가량 꾸준히 유지되고 있다. 이 중 나눔로또가 540억 원으로 90%가량을 차지한다. 전체 흐름과 달리 시행 만 1년이 지난 연금복권은 시들하다. 지난해 말까지만 해도 매주 발행 630만 장이 모두 팔렸으나 지금은 판매율이 60%에 불과하다. 한방에 거액을 거머쥘 수 있는 나눔로또에 비해 매력도가 떨어진 탓으로 여겨진다.

연금복권 운영업체인 한국연합복권은 '복권에 담긴 희망 공모전'을 연다고 한다. 매출 급락에 따른 자구책 성격이 짙다. 마음이 급했던 것인가. 나이 제한 없이 국내 거주자 모두를 대상으로 했다. 청소년도 참여할 수 있다는 얘기인데, 법 취지와 충돌한다. 현행법상 복권은 청소년에게 팔 수 없다. 복권위원회는 부랴부랴 청소년은 배제토록 권고했다. "건전한 복권문화를 조성하려는 것."이라지만 시작부터 매끄럽지 않다. 그게 아니더라도 본질이 달라지는 건 아니다. 복권만이 희망인 세상은 절망적이다.

21 | **잡년 행진(Slut Walk)**

2012. 07. 30.

사춘기 여성은 거울을 자주 본다. 화장에 관심을 갖고 옷차림에도 부쩍 신경쓴다. 여성적 아름다움을 드러내 남성의 눈길을 끌려는 무의식적 시도라고 한다. 노골적으로 얘기하면 짝짓기 대상을 찾으려는 원시적 욕망의 표현이다. 여성 개개인의 의도나 계획이 아니다. 유전자 정보를 통해 전해지는 자연의 섭리라고 한다. 미국 신경정신과 의사이자 뇌과학자인 루안 브리젠딘은 저서 『여자의 뇌, 여자의 발견』에서 이 같은 이론을 제시했다. 이런 시각에서 사춘기 여성의 야한 옷차림은 자연스러운 현상이다.

그러나 성폭행이 난무하는 사회에서 이 같은 과학적 분석은 의미를 잃고 만다. 야한 옷차림은 그들의 자연스러운 선택이 아니라 성폭행을 유발하는 원인으로 왜곡돼 해석된다. 성폭행의 책임을 회피하려는 남성 중심의 사고 탓이다. 지난 28일 서울 탑골공원에서 열린 '잡년행진' 문화제는 이 같은 남성 중심적 사고에 대한 반발이다. 여성의 자연스러운 선택을 비겁하게 책임 회피 수단으로 악용하지 말라는 외침이다. 사회를 맡은 여성은 행사 개최 이유에 대해 "우리 사회에 아직도 성범죄의 책임을 피해자에게 돌리는 사람들이 있기 때문이다."라고 밝혔다.

슬럿 워크(Slut Walk) 운동은 2011년 캐나다 토론토 요크대학에서 열린 안전교육 강연이 발단이었다. "성폭행당하지 않으려면 헤픈 여자(slut)처럼 입지 말라."는 한 경찰관의 발언이 여성들을 화나게 한 것이다. 한국에서도 지난해 7월 잡년행진이라는 이름으로 시작됐다. 여성의 야한 옷차림이 남성을 성적으로 자극하는 것은 분명하다. 그러나 성폭행은 별개의 문제다. 돈이 탐난다고 누구나 은행을 터는 것은 아니다. 자유민주주의 국가에서 여성들은 원시적 욕망이든 아니든 '자유롭게 옷 입을 권리'가 있다.

그들이 야하게 치장하면서 성폭행을 각오할 리 만무하다. "내 몸 함부로 만지지 마!" 훤히 드러난 여성의 어깨와 다리에 적힌 글귀가 경종을 울린다. 성폭행 범죄자에게 야한 옷차림이 도피처일 수는 없다. 짐승의 욕구를 제어할 줄 모르는 자신을 탓할 일이다.

22 범털

2012. 05. 24.

죄수는 두 종류로 나뉜다. '범털'과 '개털'이다. 돈과 권력을 쥐었다면 전자, 그렇지 않은 대다수는 후자다. 똑같이 죄를 짓고 갇힌 처지이지만 대우는 하늘과 땅 차이다. 범털들은 독방을 쓰지만 대다수 개털들은 한 방에서 섞여 지낸다. 영화나 TV드라마를 통해 전입순에 따라 군기를 잡는 감옥 풍경은 익숙하다. 모두 개털들 얘기다.

아플 때 이들의 처지는 극명하게 엇갈린다. 이명박(MB) 정부 실세 최시중 전 방송통신위원장 사례가 생생히 보여준다. 지난 23일 오전 10시 서울중앙지법 형사 23부. 최 전 위원장의 구속집행정지 신청에 대한 공개 심리가 열렸다. 그러나 정작 수술을 받아야 한다며 풀어달라던 그는 보이지 않았다. 그 시간 그는 삼성서울병원에서 복부대동맥류 수술을 받고 있었다. 입원은 이미 이틀 전인 21일 이뤄졌다. 파이시티 인허가 알선 청탁과 함께 8억여 원을 받은 혐의로 18일 구속기소된 지 사흘 만에 판사도 검사도 모르게 구치소를 벗어난 것이다.

위법은 아니다. 형의 집행 및 수용자의 처우에 관한 법률 37조는 "(구치)소장은 수용자에 대한 적절한 치료를 위하여 필요하다고 인정하면 교정시설 밖에 있는 의료시설에서 진료를 받게 할 수 있다."라고 규정하고 있다. 그러나 구치소장의 판단과 재량만으로 이뤄진 일이겠는가. 법원의 허락이 없다면 법적으로 구속 상태인데, 모든 뒷감당의 책임을 떠안고 구치소장이 나홀로 이런 결정을 한다는 건 상상하기 어렵다. 그가 권력 실세가 아니었다면 어려운 일이다.

개털 수감자들은 아플 때 더욱 서럽다. MB정권 실세 이재오 의원도 과거 개털의 서러움을 뼈저리게 경험했다. 1979년 서울구치소에서 맹장염을 앓았는데 구치소 측은 꾀병이라며 복막염이 되도록 방치했다. 그때와는 다를 테지만 지금도 차별은 엄연하다. "아파서 풀려나는 것은 개털들에게는 꿈 같은 얘기."라고 재소자 이모 씨는 최근 언론 인터뷰에서 토로했다. 대우가 이렇게 다르니 죄의 뉘우침도 다를 것이다. 범털들은 풀려나면 대개 원위치한다. 사면과 복권 덕분이다. 끝없는 불평등의 악순환이다.

23 선행학습

2012. 08. 20.

한국 교육은 어지간히 빠르다. 초등학교 6학년 때 중학교 수학을 뗀다. 중학교 1학년이 되면 고등학교 수학과 씨름한다. 서울 강남의 사교육 시장에서 흔한 광경이다. 이만저만한 과속이 아니다. 다들 영재여서가 아니다. 그렇게 해야 경쟁에서 살아남는다고 믿는다. 사교육 시장은 최대한의 '진도 빼기'로 손님을 끈다.

과속 피로감은 상당하다. 청소년들은 주말까지 밤늦도록 학원을 오간다. 부모의 허리는 과도한 사교육비에 휜다. 그래도 멈추지 않는다. 아니, 멈출 용기가 없다. 학부모와 학생은 선행학습의 포로가 된 지 오래다. "이건 아니다." 하면서도 내심 그 대열에서 이탈하면 낙오자가 될 것이란 두려움에 떤다.

막대한 경제적, 정신적 비용을 치른 효과는 있을까. 긍정적 지표가 없지 않다. 경제협력개발기구(OECD)가 만 15세(고1)를 대상으로 실시하는 '학업성취도 국제비교 연구'에서 한국은 최상위권이다. 과속으로 내달린 교육열의 결실일 수 있겠다. 그러나 웃을 일만은 아니다. 교육의 궁극적 가치 중 하나인 창의력 측면에서 보면 얘기가 달라진다. 과학·기술 선진국인 독일이 학업성취도 평가에서 하위권에 머문 것은 상징적이다.

장하준 케임브리지대 교수는 한국의 선행학습을 '극장에서 일어서서 보기'에 비유한 적이 있다. 앞줄이 일어서니 맨 뒷줄까지 어쩔 수 없이 일어서지만 다리만 아플 뿐 영화도 잘 보지 못하는 상황과 같다는 것이다. 그의 지적이 아니더라도 과도한 선행학습은 소모전일 뿐이라는 건 학부모, 학생들이 잘 안다. 교육 과속을 규제하려는 움직임이 한창이다. 시민단체인 '사교육 걱정없는 세상'은 올 정기국회를 앞두고 선행학습 규제 입법을 추진하고 있다. 김승현 정책실장은 "진도빼기 방식의 선행학습에서 벗어나 창의력을 키우는 최소한의 교육 환경을 마련하려는 것."이라고 했다. 마침 여야 대선주자들도 저마다 사교육과의 전쟁을 벼르고 있다.

교육시장을 내달리는 '과속열차'에 브레이크가 걸릴 것인가. 물론 진짜 영재들은 예외다. 그들에게 선행학습은 과속이 아니다. 어디까지나 학원가에 보편화한 '진도빼기'용 선행학습 얘기다.

24　아마존의 눈물

2012. 08. 31.

할리우드 블록버스터 〈아바타〉(2009)는 단순한 오락영화가 아닙니다. 외계 행성에서 벌어지는 문명과 자연의 충돌은 자못 철학적이다. 무대는 지구에서 4.4광년 떨어진 판도라 행성. 지구 인간들은 '언옵티늄'이라는 자원을 얻기 위해 무분별한 채굴을 벌인다. 판도라 원주민 나비(Navi) 족은 자연을 지키기 위해 목숨을 걸고 저항한다.

　지구 문명의 무기는 가공할 위력이다. 최첨단 무기들이 판도라의 자연과 저항하는 나비 족을 짓밟는다. 나비 족의 전투력도 만만찮다. 그들은 지구인과 지능이 비슷하면서 체격은 두 배에 달한다. 무엇보다 자연이 전투력의 원천이다. 그들의 삶은 자연과 하나다. 자연과 교감하고 공생한다. 지구인에게 인공의 전투기가 있다면 그들에겐 자연의 익룡, '이크란'이 있다. 그들에게 자연의 훼손은 곧 삶의 파괴다. 모든 자연은 일체화해 지구인의 탐욕에 맞서 사생결단의 전투를 벌인다.

상상 속 외계 행성만이 아니다. 지구촌 현실 세계에서도 엄연히 벌어지는 비극이다. 무대는 아마존 밀림. 최근 베네수엘라 아마존 밀림의 한 마을에서 숯덩이가 된 80여 주검이 발견됐다고 영국 BBC가 보도했다. 주검의 주인은 자신들 언어로 '사람'을 뜻하는 야노마미 족. 브라질어로 불법 금 채취업자를 뜻하는 '가림페이루'에 의한 학살 가능성이 크다고 한다. 그들은 중무장했다. 폭탄과 총, 헬리콥터로 아마존 밀림을 헤집고 나비 족처럼 저항하는 원주민을 학살한 전례가 수두룩하다. 불행히도 아마존 원주민은 강하지 않다. 체격은 작고 하늘을 날게 해줄 '이크란'도 없다. 맨몸뚱이에 활과 창으로 무장해봤자 순식간에 살과 뼈를 관통하는 총알을 당해낼 수 없다.

80여 야노마미 족 원주민 학살은 지난달 초 발생한 것으로 전해졌다. 두 달이 다 되어가도록 잿더미에 감춰져 있다가 용케 발견된 것이다. 아마존 밀림엔 드러나지 않은 학살 사건도 적잖을 것이다. 돈도, 계급도, 전쟁도 모른 채 자연과 하나가 되어 사는 그들은 어디에 하소연해야 하는가. 아마존은 눈물조차 흘릴 여유가 없어 보인다. 문명 세계의 탐욕이란 얼마나 잔인한 것인가.

엉터리 보수
무늬만 진보
가짜 이념의 나라

초판 1쇄 발행 2023년 12월 8일

지은이 류순열
펴낸이 권무혁
펴낸곳 어나더북스 another books
기획·편집 김미성, 최영준
디자인 채홍디자인
인쇄 및 제본 비전프린팅
출판등록 2019년 11월 5일 제 2019-000299호
주소 (04029) 서울 마포구 월드컵로8길 49-5 204호(서교동)
대표번호 02-335-2260
이메일 km6512@hanmail.net

© 류순열, 2023

ISBN 979-11-978885-8-8 03300

* 책값은 뒤표지에 있습니다.
* 이 책 내용의 일부 혹은 전부를 재사용하려면 반드시 어나더북스의 동의를 구해야 합니다.
* 잘못 만들어진 책은 구입하신 서점에서 교환할 수 있습니다.